WHY NOT ME?

Readers' Praise for *Why Not Me?: A Feeling of Millions*

'Sach humesha kadva hota hain. But sach aakhir sach hi hota hai. This one is a must-read, especially for young and first-time lovers.' – *Aditi Grover*

'It was awesome. This story touched my heart u r superb. Itna sab kuch hone ke baad bhi u planned to make her feel special.' – *Riya*

'The first novel which I have read in my life ... the best novel. Bahaut cheezein seekhne ko mili ... love this book ' – *Komal Sardana*

'Awesome novel. I loved it very much, bahaut zyada emotional tha ... Thank you very much.' – *Nihal Kejriwal*

'People with can't-get-over syndrome should read this. Because if the author can get over it, then so can you♡' – *Sreehitha*

'I recommend everyone to read this one. I can bet you'll see yourself in the book through the author's words.' – *Aastha Anand*

'Full of true emotions ... each and every phase or situation is real ... totally relatable ... and in the end, the lessons is 💯. *Why Not Me?* is a full package of today's youth's emotions (happiness; madness; excitement; insecurity; crying; giving up; breakup and finally moving on) and motivates us to start a new and fresh life ... bestest novel 😍😊🙌🙌🙌😊😊' – *Mohit Meghwanshi*

'This is the most beautiful story I have ever read. I was so lost in the story that I completed it in just a single sitting in few hours ... If someone wants to move on from their past, this is the perfect book to read.' – *Arushi Kulshreshtha*

Based on a True Story

WHY NOT ME?

The Pain of One-Sided Love

(HINGLISH EDITION)

ANUBHAV AGRAWAL

HARPER
NON-FICTION

First published in India by Harper Non-Fiction 2024
An imprint of HarperCollins *Publishers*
4th Floor, Tower A, Building No. 10, DLF Cyber City,
DLF Phase II, Gurugram, Haryana – 122002
www.harpercollins.co.in

2 4 6 8 10 9 7 5 3 1

Copyright © Anubhav Agrawal 2024

P-ISBN: 978-93-6213-165-2
E-ISBN: 978-93-6213-449-3

This is a work of non-fiction. Some names and identifying details have been changed to protect the privacy of the people involved.

Anubhav Agrawal asserts the moral right
to be identified as the author of this work.

This book is an autobiographical insight into the Author's life capturing his moments of heartbreak and how he deals with it. The content of this book should not replace consultation with your doctor or qualified mental health specialists for anyone experiencing anxiety, depression, suicidal ideation, or any other emotional or mental health concerns. The Author and the Publisher disclaim any liability or responsibility to any person or entity for any loss, damage, injury, or expense that may arise from the use of any content in this book. Any use of, or reliance on, information in this book is
solely the responsibility of the reader.

All rights reserved. No part of this publication may be reproduced, stored in a retrieval system, or transmitted, in any form or by any means, electronic, mechanical, photocopying, recording or otherwise, without the prior permission of the publishers.

Typeset in 11/13.8 Warnock Pro at
HarperCollins *Publishers* India

Printed and bound at
Thomson Press (India) Ltd

This book is produced from independently certified FSC® paper
to ensure responsible forest management.

*Kya ek baar phir hoga
beintehaan mohabbat ka imtihaan?*

Contents

1. Kahaani abhi baaki hai — 1
2. Main bhi badalne laga — 4
3. Woh college ka aakhiri din — 12
4. Ek nayi zindagi ki shuruaat — 16
5. Haunted office — 22
6. Koi aane ko tha — 28
7. Woh gair ho kar bhi apni kyun lag rahi thi? — 34
8. Kya woh call karegi mujhe? — 40
9. Pyaar impossible hai — 46
10. Humdardiyan — 54
11. Izhaar-e-ishq — 64
12. Inkaar ya intezaar? — 75
13. Ek mulaqaat bhi zaroori hai na? — 83
14. Woh haseen mulaqaat aur ek khaas naam — 89
15. Nazdeekiyan — 100
16. Mard ki 'Na' bhi 'Na' hi hoti hai — 110
17. Woh pehla sukoon bhara hug — 123
18. Surprises ka silsila — 134

19. Bagair relationship ke ye kaise ho sakta hai?	144
20. Izhaar, takraar aur bahut sara pyaar	152
21. Tum, main aur saawan ki baarish	159
22. Din khoobsoorat bhi hue, badsoorat bhi	167
23. Career khatm?	181
24. Jism se rooh tak…	190
25. Birthday se pehle dhamaka	198
26. Best Birthday Ever!	205
27. Best Birthday Ever! (Continued)	215
28. The real struggle	229
29. Saloni ka birthday barbaad kar diya	238
30. Iwritewhatyoufeel ka end?	254
31. Kya Oman hai meri manzil?	260
32. Taiyyariyon ka aarambh	270
33. Judaiyaan	280
34. Kaanto bhara safar	290
35. Hawaon ka rukh badalne laga	299
36. Sab kuch khatm?	305
Acknowledgements	313

1
Kahaani abhi baaki hai

Asaan nahin tha mere liye woh 'na' keh paana, woh bhi us insaan ko jis se maine itni shiddat se itne saal mohabbat ki thi aur beete in saalon mein usey kabhi kisi cheez ke liye mana nahin kiya. Maine woh 'na' likhne se pehle hazaar baar socha tha; mera dil baar baar keh raha tha ki isey bula le apne paas, isey apna le, arey humsafar nahin par ek dost ki tarah hi sahi, par jaane mat de. Mere ishq ki taaqat usey kheench laayi thi mere paas.

Lekin meri rooh, uske toh ro ro kar aansu bhi ab sookh chuke the, bahut tadpi thi, bahut tarsi thi, aur cheekh cheekh kar keh rahi thi ki nikaal de usey apni zindagi se. Dil toh toot kar bhi chaahna jaanta hai, par kuch faisle dimaag se lene chahiye, kyunki dimaag hi sahi aur galat ki pehchaan rakhta hai.

Itne saal maine apne dil ki suni, woh sab kuch kiya jo dil mein aaya, woh sab kuch jis sey dil khush hota tha, par ye waqt dil ki sunne ka nahin, balki dimaag se chalne ka tha. Is baar main khud ko itna toot ta hua nahin dekh sakta tha, kyunki kisi ka kuch nahin bigadta, jo bigadta hai woh sirf usi shaqs ka bigadta hai jis ke dil ko dhokhebaazi aur ranjishon ke khanjar se maar maar kar zakhmi kiya jaata hai.

Pata hai? Maze ki baat toh yeh hai ki woh message bhejne ke kuch minutes baad hi mujhe is baat ka ehsaas ho gaya ki mera liya hua faisla bilkul sahi tha. Maine kuch der intezaar kiya uske message ka, yeh soch kar ki shayad, shayad woh mujhe mujhse chheen kar le jayengi, shayad woh zid karengi mujhse dosti karne ke liye, shayad woh mujhe manayengi meri naraazgi par, shayad woh mujhse maafi maangengi mera dil dukhane ke liye, mera dil berehmi se todne ke liye.

Par har baar ki tarah is baar bhi main galat tha, usne mud ke bhi nahin dekha, chali gayi woh. Na jaane laut ke aayegi ya nahin, kuch pata nahin, par filhaal woh chali gayi.

Kyun message aaya, kyun dosti ka haath aagey badhaya, mere na chahte hue bhi in sawaalon ne mujhe aakhir gher hi liya. Socha poochh hi lu ek message kar ke; par is baar ruk gaya, in sawaalon ke jawaab maine khud ko de diye.

Us insaan ka ahankaar bahut bada tha; meri ek 'na' se baat unke ahankaar tak panhuch gayi aur woh rok nahin paayi khud ko meri value ko giraane se. Par ab shayad bahut der ho chuki thi, is baar baari meri thi apne aatm-sammaan ko chun ne ki.

Maine chuna apna aatm-sammaan, poore haq se.

Par kya meri zindagi waisi hi rehne wali thi, jaise pehle hua karti thi? Dil se jawaab doon toh nahin. Ek breakup humein bahut utaar chadhaav se guzarwata hai. Kabhi bahut achha lagta hai soch ke ki aap ab azaad ho chuke hain ek tarfa mohabbat se, un zanjeeron se, un bediyon se jo pairon mein itne saalon se bandhi hui thi; toh kabhi bahut bura lagta hai ki itni shiddat se kisi ko chaaha tha, par qayanat ne bhi kya gazab khel khela, milaya hi nahin, milana toh door, rubaru tak nahin hone diya.

Din beete, kuch mahine beete, par ek sawaal ne jaise nichod diya ho mann mera. Ye sawaal ki itni shiddat se chahne ke baad, kisi ko itna pyaar karne ke baad, aansu kyun milte hain? Dil kyun toot ta hai? Kyun logo ka mann bhar jaata hai humse ek samay ke baad? Aakhir kyun?

Bhale hi mann mein ye sawaal baar baar ghoomte the, par main faisla kar chuka tha ki ab zindagi mein aagey badhna hai, mud ke nahin dekhna, apne ateet mein na hi jaana hai, aur na ateet ke logon ko wapas apni zindagi mein aane dena hai.

Apni zindagi apni sharton par jeeni hai, jo mann mein aayega woh karna hai.

Zoya ke zindagi mein aane se kuch aur hua ho ya nahin, par mera ek bahut bada nuksaan zaroor hua. Main apni padhai se bahut door ho gaya. Woh meri zindagi mein 10th class mein aayi thi; aur woh shayad aakhri baar tha jab maine academics mein achha score kiya tha. Uske baad ke guzre chaar saalon mein maine har cheez se dhyaan hata ke sirf unke upar laga liya tha.

Mohabbat insaan ko bahut majboor kar deti hai, bahut zyada majboor. Bahut door le jaati hai har ek cheez se, chahe woh apne ho, dost yaar ho, padhai likhai ho ya chahe woh hum khud ho. Insaan khud ko pehchanna chhod deta hai. Aaine mein bhi khud ko dekhta hai toh usey apna pyaar hi nazar aata hai. Khud ki pehchaan, khud ka wajood, khud ki khwahishein, khud ke sapne, sab kuch jal ke raakh ho jaate hain mohabbat ki aag mein.

Raaste badal jaate hain, sahi raah par chalne wale log galat raah par chalne lagte hain. Dhuein aur sharaab mein sukoon dhundne lagte hain. Dil lagane wale dil todna shuru kar dete hain, jismo ke saath khelna shuru kar dete hain. Na izzat ka lihaaj, aur na hi kisi par dobara aitbaar.

Bahut badal jaata hai ek insaan dil tutne ke baad.

Par main? Kya main bhi badalne wala tha? Kya mere andar bhi itne berehem badlaav aane wale the?

2
Main bhi badalne laga

Zoya se 2015 mein breakup hone ke baad, main khud ko woh insaan mehsus nahin kar pa raha tha jo main pehle hua karta tha. Mere andar ki insaniyat kam honi shuru ho gayi thi. Jo insaan zarurat se zyada achha hua karta tha, uski achhai bhi dhundhli honi shuru ho gayi thi.

Ek roz main aur Ankit kisi kaam se Moradabad gaye hue the; kareeb shaam ke 6 baje kaam khatm kar ke laut rahe the. Main raaste bhar kuch khaas bola hi nahin. Khamosh, gumsum, khidki se bahar jhankta raha, aur na jaane kin khayalon mein khoya raha. Waise toh aksar main hi car chalata hoon, kyunki mujhe shauq hai car chalane ka, par us din mera mann nahin kar raha tha.

'Kya hua bhai? Kahan khoya hai? Saale hua kya hai tujhe? Jab dekho munh latka rehta hai tera. Bata kiska game bajana hai?' Ankit ne halki si hansi ke saath mujhse poochha.

'Nahin bhai, kuch nahin! Sab sahi hai ...' maine zyada na kehte hue jawaab diya.

Ab zyada baat karne ka mann nahin karta, pata nahin kyun, koi kuch pooche toh seedha jawaab diya hi nahin jata, chaar lafzon mein baat khatm ho jaye utna hi bolne laga tha main.

'Abey ja na, duniya ko gyaan deta rehta hai, saale thoda

apne upar bhi apply kar liya kar. Ek ladki ne bawla kar diya hai tujhe! Achha khasa hansta khelta rehta tha, ab jab dekho apni alag hi duniya mein khoya rehta hai!' Ankit thoda chidchida kar bola.

'Bhai, sab theek hai, tu chill kar! Time ke saath saath apne aap sab normal hone lagega!' maine jawaab de kar phir chehra khidki ki ore ghuma liya.

Usne phir kuch khaas nahin kaha, shayad usey bhi bura lag raha hoga mujhe is halat mein dekh kar. Jo dost khaas hote hain na, sirf wahi aap ki khushi mein khush aur aapke dukh mein dukhi hote hain. Ankit unhi doston mein se ek tha jisko wakayi mein fark padta tha meri khushi aur gham se.

Khair, meri zindagi ruki nahin, badhti rahi; dheemi raftaar se hi sahi, par samay guzarta gaya. Idhar main apne Instagram par bhi zyada focus karne laga. Mere is bure samay ke baare mein har kisi ko idea nahin tha, na family mein kisi ko, aur doston mein bhi bas kuch chuninda doston ko hi pata tha.

Jab bhi main dukhi hota, mere mann mein koi sawaal ya thoughts aate, main unhein likh kar Instagram par post karne laga. Followers dheere dheere badhte gaye, kayi hazaar log judte gaye.

Maine college jana bhi bahut kam kar diya tha. Kyunki main roz roz unhi doston ke unhi sawaalon ke jawaab nahin dena chahta tha. Mujhe uljhan hone lagi thi ... na mujhe kisi ka sahara chahiye tha, aur na hi kisi ki humdardi, bas akele rehne ka mann karta tha mera. Pawni bhi aksar mujhse irritate ho jaati thi.

Bro? Kabhi college aake apni shakal bhi dikha de? Aisi kaunsi maut aayi hai tujhe jo humse milne ka bhi mann nahin karta tera?

Pawni ka text aaya mere phone par.

Haan aa jaunga, tu bata, kaisi hai tu?

Main toh theek hi hoon, mujhe kya hona hai? Par tujhe kya hua hai, 1 hafte se zyada ho gaya tujhe college aaye hue, na attendance lag rahi hai, aur teachers bhi poochte rehte hain!

Arey bhaad mein jaye, mujhe parwah nahin hai attendance ki, aana hoga aa jaunga, agar nahin baithne denge exams mein toh na sahi, mujhe jo karna hoga main karoonga!

Bhai! Chill kar! Mujhpe kyun chilla raha hai? Ek toh tere ko message kiya maine. Khud toh tujhse hota nahin hai ki msg call karke haal chaal hi lelu, aur main kar rahi hoon, toh tere tevar hi badle ja rahe hain! Phir se us Zoya ka message aa gaya kya?

Nahin aaya hai kisi ka message! Aur bhai tujhse kaha kisne hai msg karne ko? Main aaya tere paas? Nahin na! Aur yaar, mera sach mein mood nahin hai faltu ki ladaiyan ladne ka, toh tu mat hi baat kar, aur akela chhod de mujhe!

Bhaad mein ja! BYE!!! Pawni ka aakhri text aaya.

Maine apna phone side mein phenka aur aankh band karke let gaya. Aankhein band ki toh mere dimaag mein ajeeb-o-gareeb khayal aane lage. Kabhi main zor zor se cheekh raha hoon, fir ro raha hoon, idhar udhar bhaag raha hoon, aur logon ka dil dukha raha hoon.

Is sab ka mujhpe gehra asar hota ja raha tha. Main badal raha tha, mujhe nahin pata tha ki ye sab temporary tha ya meri personality hi badal rahi thi, kyunki mere saath ye sab pehli baar ho raha tha. Pehli baar breakup hua tha na, isliye.

Par ye jo bhi kuch ho raha tha, ye mujhe bahut beparwah banata ja raha tha.

Pehle agar main kisi se kuch bhala bura bol bhi deta tha toh baad mein maafi mangta tha aur samne wale ko manata bhi tha, par ab aisa lagne laga tha ki koi fark hi nahin padta mujhe.

Instagram ke inbox mein bhi bahut se logon se baatein chalti rehti thi. Wahan mera bartaav thoda alag tha; wahan main thoda shaant aur suljha hua insaan hi rehta tha. Anjaan logon se baat karne ka fir bhi mann karta tha mera, par jitne bhi jaan pehchaan ke log the, unse ek ajeeb si irritation hone lagi thi, shayad Zoya se related baat karne ki wajah se.

Subah 11–12 baje uthta, aur poora din Instagram chalata. Jo mann karta woh likhta tha, aur jo log mujhse help maangne ya problems share karne aate the, unse baat karta tha. Poora din isi mein nikal jata, raat guzar jaati aur kahin ja kar subah ke 5 baje main sota tha.

Instagram par popularity badh rahi thi, kaafi followers ho gaye the. Bahut se log mere content se relate karte the aur DM mein baat karte the; aur unmein zyadatar ladkiyan hi hoti thi. Kayi baar meri intention nahin hoti thi logon ko apne kareeb laane ki, par na chahte hue bhi, kuch log mere kareeb aa jate the. Jin ladkiyon ka dil toota hua hota tha meri tarah, unme se kuch mujhe pasand karne lagti thi. Par meri toh jaise zidd thi sabko apne se door rakhne ki. Maine dost banane bhale hi shuru kar diye the, par dosti ke aagey main kisi ko kuch nahin deta tha.

Kismat ka khel dekhein, jis insaan ko maine poore dil se chaha, usey woh mujhse door le gayi, uska toh pyaar bhi zyada din naseeb nahin hone diya. Aur jab maine apne dil ko zanjeero se baandh diya taaki koi us tak panhuch na sake, tab ek ke baad ek aise log aane shuru ho gaye jo daawa karne lage ki woh mujhe pasand karte hain. Kuch ne toh pyaar ka hi daawa karna shuru kar diya. Isi tarah meri wajah se logon ke dil tootne bhi shuru ho gaye.

Un kayi naamo mein ek naam Arushi tha. Arushi mere college mein hi thi, mujhse ek saal junior. Woh bhi mujhe kaafi pasand karne lagi thi. Humari messages aur calls par baat bhi hoti thi, magar maine usey kabhi koi commitment nahin diya. Usey bhi mer tarah likhne ka shauq tha. Usey meri writings bahut pasand thi; jo bhi main Instagram par post karta woh humesha us par comment karti aur apni feelings, apni baatein share karti. Pata nahin kab uske mann mein mere liye feelings aa gayi par maine kabhi usko koi aisa indication nahin diya ki main uske liye kuch feel karta hoon.

Hum chahe jitne bhi achhe insaan ban jayein, par jaane anjaane mein hum logon ke dil dukhate rehte hain. Humari wajah se log rote aur pareshaan hote hi hain. Mujhe yeh sab dekh kar achha toh khair nahin lag raha tha, par main majboor tha, kyunki mujhe kisi ke liye feelings nahin aati thi.

Mere liye ab pyaar kar pana shayad mumkin nahin tha. Bharosa nahin hota tha logon par, aisa lagta tha ki agar maine kisi se pyaar kiya, toh ek time ke baad log phir mujhse door ho jayenge. Zoya ki tarah hi log mujhse yeh kehna shuru kar denge ki, 'Tumhein pyaar karna bahut mushkil hai'.

Aaj bhi uski yeh baatein chubhti hain. Kabhi kabhi khuda se sawaal karta hoon, Kya wakayi mein mujhe pyaar naseeb nahin hoga ab kabhi? Kya main kisi se pyaar kar paunga kabhi? Kya Zoya ko meri yaad aati hogi? Kya woh mujhe miss karti hogi? Kya usey ehsaas hoga apne kiye ka?

Is tarah ke khayaal mujhe kitni baar toh sone hi nahin dete the. Ek din yunhi mera dil kiya, aur maine ek poem likhi. Bas apne jazbaat ko kuch shabd diye, aur likhna shuru kar diya.

Thoda sa dara hua hoon aaj main, thoda sehem bhi gaya
Achha lagta hai yeh soch kar ki ab tum finally nahin ho
Or thoda rona bhi aa jata hai ki ab tum finally nahin ho
Thodi yaad aati hai muskurahat tumhari
Jis tarah se tum hanske mera naam apne hotho se leti thi
Mujhe pukaar leti thi
Ajeeb lagne lagi hai ye duniya, ye log jinse milne laga hoon main
Isliye nahin ki un logon mein koi kami hai
Balki isliye ki unmein aaj bhi main sirf tumhe hi dhoond raha hoon
Na chah ke bhi tumhari baatein, tumhara saya mera peecha nahin chhodta
Na chah ke bhi tum aaj bhi mere saath ho
Na jaane kitna waqt beet gaya, lekin jo dard tumne mujhe diye
Un dardon mein bhi maine khushiyan dhund li, kyunki
Shayad vahi ek cheez thi jo tumne mujhe humesha di
Na jaane log itna kuch karke kaise
ek pal mein sab kuch bhula ke aagey badh jaatey hain
Woh bhi kisi aur ke saath
Main toh aaj bhi wahin usi mod par khada hoo.
Samajh nahin aata
Ki tumse door bhaag raha hoon ya tumhare paas aana chahta hoon

Aaj bhi jab kabhi tumhari tasveer meri aankhon ke samne aati hai
Thoda sa muskura deta hoon
Lekin uske baad jo aansu nikalte hain
Woh sab kuch bayaan kar dete hain
Meri haalat or mere halaat ke baare mein
Bahut mushkil se khud ko itna majboot banaya hai
Ki chah kar bhi tumse koi baat nahin kehta
Varna koi ek pal aisa bata do jismein mujhe tumhari yaad na aati ho
Ya main tumhari aawaz na sunna chahoon
Woh aawaz jo mere toote hue jism ko jod deti thi
Hansi aati hai mujhe ye soch kar
Tumne toh kabhi mujhe apni yaadon mein bhi nahin rakha
Varna kabhi ek baar toh aawaz deke mujhse mera haal poochha hota
Aansu bhi jaise sookh chuke hain
Hansi bhi jaise ruk si chuki hai
Na sone ka mann karta hai
Na hi so kar jagne ka
Chahta hoon kahin door bhaag jau
Shayad is duniya se hi
Lekin fir apne maa baap ka khyal kar leta hoon aur ruk jata hoon
Lekin sach mein, saansein bhi ab gin gin ke le raha hoon
Tumhara hasna, khelna, roothna
Aur phir khub chum ke manana, achha lagta tha
Lagta tha achha tumhara mujhse juda hone ke gham se ro padna
Aur meri hi baahon mein so jana, uthna aur phir mere maathe ko chum lena
Thoda sa toh yaad tum bhi karti hogi na mujhe

Jaan, shayad zindagi mein pehli baar kisi ko itni ehmiyat di thi ki, 'Jaan' bola,
Kyunki meri jaan hi toh thi tum
Subah ka suraj ugne se lekar raat dhalne tak sirf tumhari aawazein kaano mein gunjti thi mere
Hota hai na kabhi kabhi
Khud ki khushiyon se zyada dusron ki khushiyan zaroori lagne lagti hain
Bas, mere liye bhi tum hi meri saari khushiyan thi
Main tumhari ijaazat se har kaam karta tha bas tumhari khushi ke liye
Aur tum bhi nadaan mujhe har cheez ki ijaazat de deti thi meri khushi ke liye
Tum jab jab meri ore chal ke aati thi, meri saansein theher si jaati thi
Kuch der ke liye tham si jaati thi
Koshish aaj bhi karta hoon thoda door jau
Na khol ke dekhoon tumhare purane msg
Par jab bahut yaad satati hai toh dekh leta hoon
Uske baad ka manzar bayaan karna thoda mushkil hai
Kabhi kabhi sochta hoon tumhara haal puchne ke liye tumhe ek call karoon
Lekin ruk jata hoon, darta hoon kahin fir se is aaawaz se pyaar ho gaya toh?
Tumhare baare mein hi sochta hoon, yaad karta hoon har pal
Dua karta hoon khuda se ki tum jahan bhi ho jiske bhi saath ho, bas khush raho
Meri toh na ho saki, par jiski bhi rehna, humesha khush rahna
Bas, itna hi.

3
Woh college ka aakhiri din

Waqt aa gaya tha college ko alvida kehne ka. Apne yaaro ko humesha ke liye alvida kehne ka. Halanki aakhri ke kuch din main sahi se jee bhi nahin paya apni college ki duniya. Par college ka aakhri din shayad sabse dardnaak dino mein se ek hota hai.

Woh kehte hain na, kisi jagah ki value bhi tab hi samajh aati hai jab woh jagah humse bahut door chali jaati haï. Main dekh pa raha tha, mehsus kar pa raha tha khud ko us jagah ko miss karte hue. Asal mein yaad college ki nahin, yaad ab un natkhat doston ki aane wali thi jinki wajah se woh jagah aur bhi haseen lagne lagi thi.

Honey, Hanisha, Pawni, Tulya, Gopika, Saransh, Kajol, Khusro, Neel, ab in cartoon doston ki bahut yaad aane wali thi. Na jaane kab dobara mulaqaat hoti, kab mehfil mein baith kar woh hansi mazaak kar paate, kab ek dusre ki taang kheench paate. Sukoon the woh sab mere liye.

Jo chehre college ke teen saal sirf hanste muskurate rehte the, aaj woh saare chehre udaas hain, har ek ki aankhein namm hain, sab ki dhadkanein thami hui hain. Sab ek dusre ko gale laga kar ro rahe hain. Sab gham mana rahe hain judai ka.

Dost toh waise maine kayi banaye, par jisse sab se gehri dosti thi, woh bas Honey aur Pawni hi the. Sab ek dusre ko bye bol rahe the, main ek ek kar ke sabke paas gaya aur sab ko hug karke alvida kaha, par Honey aur Pawni ke paas jab gaya toh alvida kehne ka mann hi nahin kiya.

Kuch rishte bahut khaas hote hain. Tha toh bas dosti ka hi rishta, par unme ek ghar, ek apnapan dikhne laga tha. Ek ghar jismein khub hansi mazaak hota hai, sukh dukh baatein jaate hain, ladai jhagde bhi hote hain aur khub pyaar mohabbat bhi hoti hai.

Honey toh decide kar chuka tha ki woh Masters bhi Invertis se hi karega, lekin mera iraada kuch aur hi tha.

'Bhai tu bhi ruk ja na, do saal ki baat hai, phir na jaane kab milna ho, kab sang mil kar maze kar paye.' Honey ne mujhe convince karte hue kaha.

'Bhai, I wish aisa ho paata, par mujhe ab apna career banana hai, paise kamane hain, ek achhi zindagi banani hain, aur shuruaat main aaj se hi karna chahta hoon; do saal aur rukna nahin chahta,' maine kaafi sure hokar kaha.

'Arey kama lenge paisa, paisa kahan bhaag raha hai, lekin ruk ja na yahan, bahut maze aayenge,' Honey ne phir manane ki koshish ki.

'Nahin bhai, mere liye bahut zaruri hai, ghar pe sab ko support karna hai, khud ko aagey badhana hai, main nahin ruk paunga,' maine samjhaya.

'Chal theek hai yaar, main force toh nahin kar sakta tujhe, kyunki sabke apne apne goals hote hain. All the best, Bhai!' Honey ne bahut bhaari aawaz mein kaha.

Humne peeth thapthapate hue ek dusre ko gale lagaya aur main gate ki ore badhne lage. Raaste mein Pawni khadi thi, usne mujhe dekha aur naraazgi mein apna chehra dusri ore ghuma liya.

'Haan haan, bacha le nazrein, jaise ki main bada tere se milne ke liye mara ja raha hoon,' maine hanske taana maarte hue kaha.

'Dafa ho ja yahan se, baat mat kar tu kutte!' Pawni ne halke se gussa karte hue kaha.

'Mujhe pata hai tu mari ja rahi hai mujhse milne ke liye, lag bhi ja gale, aisa bhi kya bhav kha rahi hai?' maine hanste hue kaha.

'Mari ja rahi hoon? Main? Woh bhi tujhse milne ke liye? Shakal dekh aaine mein apni, phir baat karna,' usne gusse se naak tedhi karte hue kaha.

'Ye jo gusse se teri naak tedhi ho jaati hai na, badi manhus lagti hai tu, mat kiya kar!' maine mazaak udate hue kaha.

'Haan bete, ab toh manhus bhi lagungi tujhe, dosti toh pehle hi tod di tune!' Pawni ne taunt maarte hue kaha.

'Bhai maine koi dosti nahin todi hai, it's just that mera phase hi bakwaas chal raha hai, kuch achha nahin lagta mujhe, befaltu mein irritate hone laga hoon... chal na itna bhi kya sadh rahi hai tu, jaldi se hug kar aur bhaag yahan se,' maine baat ko shaant karte hue kaha.

'Par mujhe bura lagta hai, meri kya galti hai is sab mein jo tu mujhe sunata rehta hai jab dekho,' usne emotional hote hue kaha.

Main jawaab dene hi wala tha, itne mein Pawni ke peeche se Tulya aayi aur usne Pawni ko halka sa dhakka diya aur maine usey hug kar liya. Hum dono ki naarazgi kuch pal mein hi khatm ho gayi; na koi jawaab, na koi sawaal, bas aansu aa gaye is baat ko soch kar ki ye aakhri din hai, is tarah college mein nok jhok ladai jhagde karne ka.

Tulya bhi us hug ka hissa ban gayi aur teeno ke chehre par dard bhari muskurahat cha gayi. Aaj jab mud ke dekhte hain toh aisa lagta hai jaise kal hi ki toh baat thi jab pehla pehla din tha college ka aur sab anjaan the, par ye anjaan log, college khatm hote hote ek dusre ki jaan ban gaye the.

Phir sab ek dusre ko goodbye bol kar nikal gaye apne apne ghar, apni apni manzilon ki ore.

Iske baad ki zindagi sabki badalne wali thi. Chhodne ja raha tha main woh purana sheher, purane log, ek naye sheher, naye raasto par chalne ke liye, nayi unchaiya chhune ke liye, nayi udaan bharne ke liye. Waise kara toh maine bas graduation hi tha, aur padhai mein bhi kuch khaas achha nahin tha, isliye bahut zyada ummeedein bhi nahin thi ki bahut achhi job mil jayegi, kaafi sara paisa aa jayega, achha naam ho jayega, lekin aane wala kal kaisa hoga, kise pata?

4
Ek nayi zindagi ki shuruaat

College ke khatm hone ke kuch din baad hi maine faisla liya ki main Rampur se nikal kar Noida ya Delhi NCR mein koi job dhundhunga aur apne career ki shuruaat karoonga. Ghar mein sab logon ke saath discuss kar chuka tha; papa, bhai, sab maan gaye the ki, haan, agar kuch banna hai toh ghar se nikalna padega, ghar baithe sab kuch nahin mil sakta.

Apna koi business hota toh phir bhi soch sakte the, ab apne pairon par khud hi khada hona hai toh achhe sheher mein achhi job toh dhundhni hi padegi. Ye discussions hone ke baad maine plan banaya aur Delhi mein job karne wale apne doston ko contact kiya. Unse request ki ki woh jahan job kar rahe hain, wahan interview schedule karane mein meri help kar dein. Ye sab hone ke baad aakhir woh din aa hi gaya, jab main ghar se jaane wala tha, apni zindagi phir se shuru karne ke liye. Apna samaan liye, sabke aashirwaad lekar main bas darwaaze ke bahar aa hi raha tha ki itne mein maine mummy ke chehre ko dekha ... kuch pareshaan si lag rahi thi woh.

'Yaar mummy, kya itna pareshaan ho rahi ho aap bhi? Yahan Rampur mein job toh milegi nahin dhang ki, aur apna career agar banana hai, toh ghar se door toh jaana hi hoga na, itna pareshaan mat ho aap,' maine mummy ka udaas chehra dekh kar unse kaha.

'Beta, yahin koi achhi si job dekh leta toh kam se kam ghar par toh rehta. Ab bahar jayega toh pata nahin kaise reh payega, pata nahin kaisa khana milega, health kharab ho gayi toh? Koi dhyaan rakhne wala bhi nahin hoga ghar se itni door,' mummy ne chinta karte hue kaha.

'Mummy, humesha dependent toh nahin reh sakta na ab, na hi humesha comfort zone mein reh sakta hoon; agar life mein kuch banna hai, kisi achhe mukaam tak panhuchna hai, toh achhi job toh karni hi hogi, aur uske liye ghar se door jaana hoga. Ab aap zyada pareshaan mat ho, aur aashirwad do ki achhi si job lage, chaar paise kamau, aur bada aadmi banu,' maine mummy ko kaha.

'Beta, aashirwad toh humesha tumhare saath hai, bas chinta hoti hai, kyunki tujhe itni aadat nahin hai akele rehne ki, aur koi baat nahin hai,' mummy ne dukh zahir kiya.

Itna kehte hi maine unke pair chhue aur bhai ke saath motorcycle par baith gaya. Peeche mud kar dekha toh mummy ki aankhon se aansu ruk nahin rahe the. Unhein is haal mein dekh mujhe bhi rona aa gaya, par main aansuo se nahin roya, mera dil ro raha tha, bichhadne ke gham se, ghar se door jaane ke gham se.

Papa aur bhai log jaise taise khud ko sambhal hi lete hain, par mummiyon ki mamta hi itni gehri hoti hai ki jo dil mein hota hai, woh chehre par dikh hi jata hai; aur attachment bhi bahut hoti hai jiski wajah se apne bachchon se door hona bardasht nahin hota. Ladke apne emotions phir bhi chhupa lete hain, aansuo ko bhi thaam lete hain, par ladkiya zara zyada emotional hoti hain, unhein khud ko prepare karne mein thoda time lagta hai.

Chhod diya Rampur peeche, aur panhuch gaya Delhi apne ek friend Rajat ke yahan, jisse meri baat ho chuki thi. Wahan panhuch kar maine poora plan banaya ki kahan kahan job ke liye interview dene hain, kaunsi jobs achhi hain, aur kahan se main apne professional life start kar sakta hoon. Unhone jo suggestions diye the unhein bhi maine consider kiya. Ghar se door woh pehli raat thi, nayi zindagi ki shuruaat hone wali thi, thoda darr bhi lag raha tha ki sab kuch kaise hoga, thodi nervousness bhi ho rahi thi. Waisa hi lag raha tha jaise school mein PTM se pehle lagta tha, pet mein ajeeb si gud gud ho rahi thi.

Saari raat bechaini mein neend hi nahin aayi, kabhi koi khayal pareshaan karta, toh kabhi koi, par jaise taise khud ko sulaya, aur kuch ghante ki neend lene ke baad main 'iEnergizer', jo ki ek Business Process Outsourcing company thi, ke liye nikal pada.

Us waqt main itna kuch nahin samajhta tha ki kaunsi company kaisi hoti hai, kaunsi job kaisi hoti hai; bas dimaag mein ek junoon sawaar tha ki khud ko apne pairon par khada karna hai, aur apne sapne poore karne hain.

Wahan interview ke teen rounds the. Rajat ne mujhe pehle hi bata diya tha ki is sawaal ka ye jawaab dena hai, woh tabhi tujhe consider karenge. Uski baat bilkul sach saabit hui; jo jo sawaal usne bataye the, unhone wahi puche bhi! Rajat ne kayi baar iEnergizer mein interviews diye the; woh baar baar chhod deta tha, aur phir join karne aa jata tha.

Do rounds achhe se nikalne ke baad, main last round mein panhuch gaya tha. Woh randomly do logon ko ek saath baitha rahe the. Mere barabar mein jo shaqs baitha

tha, uska naam Ritabh tha. Hum dono ko ek hi process, matlab ke company jo ki EA Sports thi, ke liye select kiya gaya, ek hi salary offer ki gayi, toh issey hum dono thoda baat cheet karne lage ek dusre se.

'Kahan se hai bhai tu?' maine Ritabh se poochha.

'Bareilly, aur tu?' usne jawaab diya.

Bareilly sun ke toh jaise meri hansi hi chhut gayi. Matlab, mujhe thoda surprise bhi hua ki apne hi sheher ke paas se koi yahan job karne aaya hai. Dusri taraf main hairaan bhi hua ki duniya kitni chhoti si hai, Noida jaise bade sheher mein koi jaise jaan pehchaan ka hi mil gaya ho.

'Rampur se hoon, tu toh padosi nikla bey,' maine hanste hue kaha.

'Arey, sach mein? Kya baat hai! Chalo badhiya, waise tu kahan reh raha hai yahan pe?' usne curious ho ke poochha.

'Abhi filhaal toh main Delhi mein ruka hua hoon yahan ek friend ke yahan, baaki dheere dheere Noida mein hi koi PG dekhunga,' maine jawaab diya.

'Haan sahi hai, abhi toh hum bhi aise hi normal si jagah par reh rahe hain, baad mein kuch dekhenge,' Ritabh ne baat khatm karte hue kaha.

'Chal sahi hai bhai, milte hain jald...' maine jaate-jaate kaha.

Maine wahan se nikalte hi sabse pehle mummy ko phone kiya.

'Hello, pranaam maata!' maine call pick hote hi kaha.

'Haan beta, kya hua? Lagi job kahin?' mummy ne ummeed karte hue poochha.

'Haan mummy, lag gayi, aur salary ₹20,700 hai,' maine khushkhabri di.

'Arey waah, kya baat hai! Jiyo mere laal! Bahut bahut shubhkamnayein aur aashirwaad! Le papa se baat karle, bulati hoon unhein,' mummy ne aashirwaad dete hue kaha.

'Arey suniye, Anu ka phone aaya hai, khushkhabri suna raha hai woh!' mummy ne papa ko aawaz lagayi.

'Haan beta, kya hua batao? Kya khushkhabri hai?' papa ne phone lete hue poochha.

'Father Sahab, job lag gayi meri, aur salary ₹20,700 hai,' maine unhein bhi khushkhabri di.

'Arey waah kya baat hai, chalo badhiya hai. Kab se joining hai?'

'Agle mahine ki das tareekh se joining hai.'

'Achha, chal phir ghar kab aa raha hai?'

'Main pehle thoda yahan pe settle karlu, koi PG wagairah dekhlu phir aata hoon.'

'Haan haan beta, settle karke aana sab, koi jaldi nahin.'

'Okay papa, bye!' maine baat khatm ki.

Mummy papa se baat karne ke baad maine apne dono bhaiyon se bhi baat ki aur aashirwaad ke saath saath savings ki bhi salaah li. Unhone mujhe bataya ki main kam se kam ₹1000 ki RD (Recurring Deposit) kara du ek saal ke liye. Ye paisa mera har mahine salary credit hone par deduct toh ho jayega par ikattha hota rahega aur ek saal baad interest ke saath credit ho jayega. Mujhe shuru mein toh laga ki har maheene achha amount katega, par maine socha theek hai, ek achha amount save bhi ho jayega.

Is sab ke baad maine Siddhant ke saath coordinate kiya aur uske flat par kuch din rukne ka decide kiya. Woh apni behen Tejasvi di ke saath office ke paas hi Noida mein rehta tha aur job bhi iEnergizer mein karta tha.

Siddhant ke saath meri bonding humesha se achhi rahi. Woh bilkul mere jaisa tha, mast-maula, mazaak karne wala types, aur hum dono ki understanding bahut si cheezon mein ek jaisi thi. Humein trust bhi tha ek dusre par, jiski wajah se usne mujhe offer kiya ki jab tak mujhe flat nahin mil raha, main uske ghar reh lu.

EA Sports ek gaming company hai jiske bachpan se lekar ab tak humne bahut se games khele hain, especially Need For Speed, toh main is job ke liye bahut excited tha. Aaj mere liye bahut khushi ka din tha, meri pehli job lagi thi, mere career ki pehli job! Pehli job, pehli baar kaam par jana humesha special hota hai. Bhale hi woh aisi job na bhi ho jo aap saari zindagi karna chaho, lekin woh aapko bahut kuch sikhati hai, aatm nirbhar banati hai aur woh aapko apni chhoti chhoti khwahishein poori karne mein madad bhi karti hai.

Main aaj bahut garv mehsus kar raha tha khud par, aur yeh ehsaas mere liye bahut khaas tha, jisko main logon ke saath baantna chahta tha. Apne parivaar aur doston ke saath toh ye news baanti, par woh hota hai na, aap ek special someone ke saath sab kuch baantna chahte ho. Ek aisa insaan jo aap ki khushiyon mein khush ho, aapko pyaar kare, aapka dhyaan rakhe, aap ki salamati ki dua maange. Shayad main usi insaan ko miss kar raha tha apni zindagi mein.

Main nahin jaanta tha ki meri zindgai mein ab kaun aane wala tha, kaisa hone wala tha woh shaqs. Kya main dobara kisi se pyaar kar paunga, ya seedhe ab arrange marriage hi hogi? Ye toh sukoon tha hi ki mere career ki aaj neev pad gayi thi, ek shuruaat ho gayi thi, lekin is sukoon ke saath saath, ek gham, ek dukh ye bhi tha ki agar Zoya bewafai nahin karti, aur mere saath hoti, toh is khushi mein woh chaar nahin, aath, das, barah chaand laga ke isko aur bhi zyada khoobsoorat aur khaas bana deti.

Afsos, aisa nahin tha, bas yahi soch kar aankhon se aansu aa gaye.

5
Haunted office

Yun hi kuch din beetey, raatein guzri, aur main Siddhant ke saath uski motorcycle par apna saaman liye nikal gaya Noida ki ore. August ka mahina tha toh baarish bhi bahut mili raaste mein. Kahin kahin toh humne kisi shelter ke neeche rok kar khud ko baarish se bachaya, lekin kahin kahin par baarish ki un boondon ko gale laga hi liya, aur bahut bheege. Raaste bhar bheegte, sukhte hum aakhir Noida panhuch hi gaye.

Wahan panhuche toh Tejasvi Didi ne humare liye darwaaza khola, aur shaklein dekh kar unhone chaunkte hue poochha, 'Bhai kya halat bana li tum dono ne apni?'

'Arey didi, bahut baarish mili raaste mein, hum kitni baar toh bheeg ke sukhe bhi, lekin Noida mein bhi baarish ho rahi thi, toh phir sukhne ka scope khatm ho gaya tha,' maine hanste hue jawaab diya.

'Hahaha, ruko main tum dono ke liye towels lekar aati hoon,' Didi ne jaate jaate kaha.

Didi gayi aur hum dono ke liye towels laayi, hum dono ne jaise taise pocha khud ko aur kapde change kiye. Didi mast chai aur pyaaz ke pakode bana ke lekar aayi aur humne garajte baraste is mausam ko chai ki chuski aur lazeez pyaaz ke pakodon ke saath enjoy kiya.

Meri office joining agle hi din thi aur office jaane ka samay thoda atpata tha, dopahar 1.30 baje. Matlab, jab mujhe pata chala ki iEnergizer ki timings aisi hain, toh mujhe thoda achha bhi laga ki chalo, subah jaldi nahin uthna padega, aur araam se office aunga, lekin ye soch kar ajeeb bhi laga ki raat ko 11.30 baje office se niklunga toh phir kuch bachega hi nahin karne ko.

Subah subah office jane mein thoda aalas zaroor aata hai, par ussey humara routine bhi sahi rehta hai aur office ke baad chaar kaam karne ka samay bhi hota hai. Khair, ye toh mere bas mein nahin tha. Siddhant ke saath main office panhucha. Wahan ja kar pata chala ki do din tak orientation process chalne wala tha, jismein woh office ke basic rules samjhate hain, bank account open hota hai aur kuch documentation work hota hai.

Wahan main Ritabh se bhi mila, ussey mil kar mujhe bilkul anjaan sa feel nahin hua, aisa laga jaise wahan koi toh jaan pehchaan ka hai. Uske paas ja kar maine baat shuru kari.

'Aur bhai kya haal hain?' maine smile karte hue poochha.

Par maine uski shakal dekhi toh woh kuch ajeeb sa, dara hua sa lag raha tha.

'Tere ko kya hua bhai? Teri havaiyan kyu udi hui hain?' maine hairaan hote hue poochha.

'Bhai, lagta hai hum logon se kuch gadbad ho gayi!' usne ghabrate hue kaha.

'Kaisi gadbad? Kya hua?' maine uske jawaab par phir sawaal kiya.

'Yaar, tujhe pata hai, ye office haunted hai!' usne mathe ka paseena pochte hue kaha.

'Kya bakwaas kar raha hai bey? Itne saare log kaam kar rahe hain yahan pe, koi bhoot chudail hote toh kaun tikta yahan? Bhaag nahin jaate?' maine usey surprise ho kar samjhate hue kaha.

Halaanki, maine kabhi asal zindagi mein aisa kuch experience nahin kiya hai, lekin phir bhi is tarah ki baatein dara deti hain mujhe.

'Bhai bakwaas nahin kar raha, ye le ye padh,' Ritabh ne phone dikhate hue kaha.

Usne mujhe apne phone mein ek article padhwaya, jismein likha tha ki, iEnergizer se pehle is building mein Phoenix Shoe Factory thi. Yahan par bahut saari aurtein aur bachhe kaam karte the, ek din factory mein aag lag gayi aur bahut se log zinda jal ke marr gaye.

Ye padh ke mere hosh ud gaye, wahan par kuch log aur baithe the jo iske baare mein jante the, usme se ek shaqs bola, 'Kehte hain is building ka first floor poori tarah se seal kiya hua hai, lift bhi seedhe second floor pe rukti hai! Kitni baar yahan pe aise haadse hue hain jismein logon ne ye tak kaha hai ki unhone cheekhne ki aawazein suni hain, aur bahut se logon ka ye bhi kehna hai ki unhone kisi ka saya apne sang chalte hue mehsus kiya hai.'

Aisi baaton ne mere hosh uda diye, baar baar dil se aawaz aa rahi thi ki chhod ye jagah, ye job, kahin or try kar lete hain; par dimaag keh raha tha ki aisa kuch nahin hota, chill kar aur yahin reh. Mujhe samajh hi nahin aa raha tha, mere colleagues bahut maze le rahe the ek dusre ke, dara rahe the, par jaise taise kar ke maine woh baat dimaag se nikali aur apna focus job par lagaya. Jab humara training period shuru hua, tab maine ek-do seniors se bhi confirm kiya woh haunted wali baat ko lekar. But unhone bataya ki pichle chehh-saat saalo mein unhone kuch experience nahin kiya hai, aur aisa kuch hai bhi nahin, bas logo ne entertainment ke liye story banayi hui hai.

Ek mahine ke training period ke baad maine finally kaam start kiya. Training period ke dauraan meri Ritabh se kaafi achhi dosti ho gayi. Maine chaar-paanch din mein Siddhant ke ghar se shift kar ke ek PG le liya. Woh PG kisi hospital se kam nahin tha, jiske bade se, lambe se, dark se room mein cheh bistar bichhe hue the, usi bistar ke andar apna samaan rakho, usey lock karo aur wahi 6 feet chauda, aur 3-feet lamba hi tumhara personal space hai, aur uska rent tha ₹6,000. Mujhe ye bilkul suit nahin kar raha tha par majboori thi, jab tak kuch aur nahin mil raha tha tab tak wahan par kaam chalana tha. Main din raat isi talaash mein rehta ki, kahin achha sa flat mil jaye toh is jagah se peecha chhoote. Phir kuch din baad ...

Us din humara week off tha. Main, Ritabh aur Rajeev, hum teeno ne mil kar ek flat dekha Gaur City mein. Saari formalities poori hone ke baad humne woh flat rent par liya aur hum chaaro apni apni jhopdiyon se apna samaan utha ke nikal gaye apne naye aashiyane ki ore.

Ek chhote sheher ke ladke ne apni zindagi mein itna kuch nahin socha tha ki woh kisi apartment mein rahega, ek unchi si building, ek badi si society aur tenth floor par flat. Mere liye woh bhi ek achievement se kam nahin tha. Jab maine ghar mein bataya ki, main ek society mein office ke hi kuch colleagues ke saath shift ho raha hoon, toh unhein bhi hairat hui par phir unhein achha laga.

Hota hi hai, hum middle class logon ko safar mein milne wale chhote chhote achievements khush kar dete hain. Pehli job, pehli salary, ek bade sheher mein, badi society mein unchi si imarat mein ghar lena, kiraye par hi sahi, par woh bhi ek safalta hi hai.

Jaise jaise us naye flat par kuch din beete, humari dosti aur bhi gehri hoti gayi, khaaskar Ritabh aur meri. Rajeev bhi bahut achhe nature ka tha, ussey bhi meri bahut achhi banti thi. Usey khaana banane ka bahut sahuq tha aur khana bahut achha banata bhi tha, toh hum logon mein yahi decide hua tha ki khaana Rajeev bana liya karega aur baaki ke kaam hum dono dekh lenge, woh bahut khush bhi tha is faisle se.

Ritabh bilkul mere hi jaisa tha, soch mein har ek cheez mein, gaane ka shauq hum dono ko tha. Jis tarah ke gaanon ka shauq usey tha, mujhe bhi tha, matlab mushkil se aisi koi cheez hogi jo uski aur meri alag thi.

Uska chaar saal ka relationship tha aur breakup ho gaya tha, mera bhi chaar saal ka pyaar tha, aur breakup hua tha. Usne bhi ek page banaya tha instagram par, maine bhi ek page banaya tha, uske page ka naam 'Scribbling pain' tha, aur mere page ka naam 'Iwritewhatyoufeel' tha.

Aur kahin na kahin hum dono hi ek sachha pyaar karne wala shaqs talaash rahe the. Ek insaan toh chala gaya tha, aur temporary log bhi beech mein kayi aaye, par intezaar tha toh bas ek sachhi mohabbat ka, jo do tarfa ho. Aisi bhi nahin jismein main kisi ka dil dukhau usey pyaar na kar paane ke dukh mein, aur aisi bhi nahin jismein koi mera dil tod ke chala jaye ek baar phir.

Office mein bhi jab main apne colleagues se unki prem kahaniyan sunta, toh mujhe bhi ek shaqs ki kami mehsus hoti thi apni zindagi mein. Par waqt waqt ki baat hai, jo hona hota hai waqt ke saath saath hota hai, aagey ki zindagi kitni romaanchak thi, kya kya haasil karne wala tha main, kitne utaar chadhaav se guzarne wala tha main, uski toh khabar bhi nahin thi, bas ek ummeed par hi jee raha tha.

Aap chahein kitna bhi gehra zakhm lekar chalte raho apni zindagi mein, dil ke kisi na kisi kone mein aap itni gunjayish lekar chalte hi ho, ek ummeed lekar chalte hi ho ki, kaash, koi phir se mujhe pyaar kare, in zakhmon ko apne hothon se chum kar bhar de. Maine bhagwaan se ye nahin kaha ki bhejo mere paas koi shaqs, par maine yahi maanga ki ab agar koi aaye, toh please aisa aaye jo meri zindagi ko adhura se poora kar de.

Itni shiddat se chahne ke baad, dil-o-jaan se mohabbat karne ke baad haasil kuch bhi nahin hua, mila bas dhoka hi. Jitna bebas aur lachaar khud ko mehsus kiya tha, dobara nahin chahta tha aisa kuch bhi mehsus karna ... kisi keemat par nahin.

6
Koi aane ko tha

◆

Office mein kaam karte hue chaar mahine beet gaye the. Hum sabki day shift chal rahi thi, toh aaj hum office se paanch baje ghar aa gaye the. Hum teeno agle din office ke off hone ki khushi ko hanste gaate enjoy kar rahe the ki subah uthne ki tension nahin hai.

Main aur Ritabh aksar office se aa kar khub gaane gaate the. Kabhi khud ko record karte, toh kabhi Instagram par live aate aur log humein sun ke khub enjoy karte. Waise koi bahut achhi aawaz nahin thi meri, matlab proper singers type nahin thi, but haan itni buri bhi nahin thi ki kaanon mein se khoon nikal aaye.

In sab ke alawa kuch aur bhi chal raha tha mann mein. Bahut mahinon se main soch raha tha ki apna phone change kar lu, aur haal hi mein market mein ek naya phone bhi aya tha, MI A1 jo mujhe bahut pasand tha.

Mahine ki saat tareekh aa chuki thi. Raat ki neend kuch kachhi kachhi rahi, zyada gehri neend mein so nahin paya tha. Subah utha toh ek message aaya hua tha phone pe:

Salary credited in your account

Ab ye message dekh kar meri khushi ka thikana na raha, khushi se naachne gaane lage sab. Har koi apni

apni list le kar baith gaya ki is baar salary se woh kya kya khareedega.

Khwahishein mujhe bhi bahut si cheezon ki thi, par mera phone kaafi kharab hone ki wajah se main bas wahi change karne ka soch raha tha. 4 mahine paise jodne ke baad aaj maine woh phone MI A1 finally order kar diya. Ritabh aur Rajeev ne iPhone 6 aur 6S order kare. Woh dono zyadatar paise save kar lete the, par main thoda zimmedariyon mein bandha tha isliye apne paas nahin jod pata tha.

Hum middle class ladke jab ghar se nikalte hain, toh zimmedariyan peeche chhod kar nahin, sang lekar nikalte hain. Bahut se log apne apne shauq pure karte hain, par humein apni family ko support bhi karna hota hai, mahina bhi guzarna hota hai, aur office aane jaane ka kharch alag. Mere budget mein jo phone tha, main wahi le paya, par is baat ka koi gham nahin tha mujhe; khushi thi ki finally, apne paison ka ek phone liya maine.

'Bhai, aaj yaar woh Sector 18 ke paranthe khaane ka bada mann kar raha hai, chalein? Maza aayega, mast ek bike ride bhi ho jayegi,' maine Ritabh se kaha.

'Bhai, tu kitne paranthe khayega? Office mein bhi tere paranthe aur cold drink chalte rehte hain, aur tujhe office ke bahar bhi wahi khana hai, thoda pizza, thoda dosa bhi kha liya kar,' Ritabh ne mujhse irritate hote hue kaha.

'Sun oye, jacket pehen aur bahar aa, main lift ke paas wait kar raha hu, munh mat chala, haath pair chala. Aaj hi salary aayi hai, mast party karenge parathon ki,' maine mazakiya tareeke se usey manaya.

'Abey bhai sun, tujhe pata hai na Rajeev ki motorcycle lekar jao, toh woh bahut chik chik karta hai ki, mera petrol kharch kar diya ye woh ...,' Ritabh ne phir mana karne ki koshish ki.

'Woh so raha hai, usey pata bhi nahin chalega, hum aa bhi jayenge, aur petrol ka kya hai, ₹20–30 ka padwa denge na, tu chill kar, aur ready ho, main jab tak uski key uthata hoon.'

Itna bol kar maine bed se apna wallet uthaya, aur Rajeev ke room mein gaya, woh soya hua tha, darwaaze par hi usne apni jeans taang rakhi thi, usme haath daal ke maine key nikali aur chup chaap darwaaza band karke bahar aaya aur lift ke paas jaa kar Ritabh ka wait karne laga.

Hum dono lift se neeche panhuche, wahan se Rajeev ki motorcycle uthayi aur nikal gaye Sector 18 ke liye. Sardiyo ki woh raat thi, aur raat mein sheher kuch zyada hi khoobsoorat lagne lagte hain. Raat ki chandni mein sheher ki khamoshi, sadkon par door door chalti hui gadiyan, aur aise mein motorcycle se kahin jana, woh bhi apne khaas dost ke saath, ek sukoon bhara ehsaas tha woh.

Raaste bhar hum aise hi idhar udhar ki baatein karte hue gaye. Jab Sector 18 panhuche toh humesha ki tarah kaafi bheed thi wahan par. Raat ke ek baj rahe the, lekin bheed dekh kar aisa lag hi nahin raha tha ki itni raat ho rahi hai. Jab main wahan khada tha toh ek chota bachha mere paas aaya, aur mujhse paise maangne laga. Chhote bachhon ko is tarah bheekh mangte dekh mujhe achha nahin lagta.

Aaj hi meri salary aayi thi, aur main phone bhi order kar chuka tha, toh kuch paise ghar kharch ke liye nikalne ke baad mere paas filhaal ₹500 hi bache the, wahi rakh kar main laya tha. Maine us bachhe ki taraf dekha, bahut masoom sa lag raha tha, aur nazar utha ke dekha toh uski poori family wahan baithi hui thi. Bahut bebas aur lachaar se lag rahe the woh sab log. Mujhe behad bura laga ye manzar dekh kar.

Kaise sab kuch ho kar bhi hum duniya bhar ki shikayatein karte rehte hain ki humare paas kuch nahin hai, is cheez ki kami hai, us cheez ki kami hai, lekin thodi door tak dekho toh logon ke paas woh bhi nahin hai jo humare paas hai.

Mujhse raha nahin gaya, maine Ritabh se kaha, 'Tu aloo pyaaz ke paranthe aur cold drink lekar aa, main aata hoon abhi.'

Ritabh bheed se nikalte hue wahan panhucha aur order dene laga. Main us bachhe ke saath uski family ke paas gaya aur poochha, 'Khana khaya aap logon ne aaj?'

'Nahin babu ji, subah se bhooke hain, kuch khila do, bhagwaan aapka bhala karega,' us bachche ke papa ne bahut hi dard bhari aawaz mein kaha.

'Chai aur paranthe khaoge?' maine muskurate hue poochha. Ye sun kar un sab ke chehre par ek bahut badi muskaan aa gayi.

'Babu ji aap jo khila doge, kha lenge khushi khushi, bhagwaan aapka bhala karega babu ji,' uncle ne khush ho kar kaha.

Main us bachhe ko apne saath lekar gaya aur usko paranthe bhi dilaye aur chai bhi dilayi, taaki woh aur uska parivaar bhooke pet na soye. Usko pakadne mein dikkat ho rahi thi toh maine uski madad kari aur sara saaman uski family tak pahunchaya.

Khane ko dekh sab ke chehre khil uthe, aur sab jaldi jaldi paranthe ka swaad aur chai ki chuski lene lage. Unhein khana khata dekh meri aankhein bhi jaise bhar si aayi, ek sukoon mehsus hua dil ko, jaise bhagwaan ne hi aashirwad de diya ho. Khana khatm karne ke baad un uncle ne mujhe apne paas bulaya aur mere sar par haath rakh kar mujhe aashirwad diya aur kaha, 'Beta, bhagwaan tumhari saari khwahishein poori kare, har kami ko poora kare, aur bahut bada insaan banaye tumhein.'

Unhone woh kaha aur mujhe sun kar kuch ajeeb sa mehsus hua, bura ajeeb nahin, achha ajeeb, jaise kisi ne mere andar kuch bhej diya, aur mere pure shareer ko jaise behtar kar diya. Mujhe nahin pata tha mera aane wala kal kaisa hoga, kya hoga, par jo bhi tha, bas ek ehsaas hua ki jo bhi hoga achha hi hoga.

Main wahan khada hi tha ki Ritabh paranthe aur cold drink lekar aa gaya. Jaate jaate mere paas jo ₹200 bache the, maine woh bhi un uncle ke haath mein rakh diye aur unhein sambhal ke kharch karne ko kaha.

Hum dono ne bhi pet bhar kar khaya aur nikal diye ghar ke liye. Jaate jaate mere dimaag mein woh sab kuch chal raha tha jo abhi abhi mere saath hua, un gareeb logon ko khana khilana, unki madad karna, unka aashirwaad dena, woh sab kuch, aur ye sab sochte sochte kab ghar aa gaya pata bhi nahin chala.

Main society mein motorcycle park kar hi raha tha ki, mere phone mein ek notification aayi.

New Message on Instagram

Maine khol kar padha nahin, kyunki mere paas har waqt Instagram messages ki notification aati rehti thi. Maine phone wapas apni pocket mein rakha aur motorcycle park kar ke lift ki ore gaye.

'Tu un gareeb logon ke paas kya kar raha tha? Tu janta tha kya kisi ko?' Ritabh ne mujhse poochha.

'Nahin bhai, janta toh nahin tha, bas aise hi un logon ko khana khila raha tha, woh log subah se bhooke the, kam se kam chain se soyenge ab,' maine gehri saans lete hue kaha.

'Sahi hai, but tere paas paise the? Mujhse le leta,' usne kaha.

'Nahin nahin, kuch paise pade the mere paas,' maine ussey kaha.

Ritabh meri financially help karta rehta tha, jab jab mujhe zarurat padti thi, woh mujhe de deta tha, aur main usey salary milne par lauta diya karta tha.

Lift tenth floor tak panhuchi aur hum dono apne flat mein aaye. Flat khola toh Rajeev abhi bhi soya hua tha. Maine uski key wapas uski jeans mein rakhi aur chupke se bahar aa kar apne room mein ja kar let gaya.

Letne ke baad main apna phone chalane laga. Main kareeb do mahine se Instagram par kisi se baat nahin kar raha tha. Kyunki logon ki problems sun sun ke kahin na kahin mera sar bhari hone lagta tha. Madad main humesha se karna chahta tha, par maine thoda break liya tha messages par reply karne se. Sirf post karta tha, aur jo bhi comments aate the, unhein padh kar, reply kar ke, phone side mein rakh deta tha.

Main yunhi messages se guzar raha tha, toh sabse upar maine ek message dekha, naam tha **'Saloni Bector'.** Naam padh kar maine woh message khola toh usmein likha tha:

Hey, your posts are really relatable.

Bahut din beet chuke the kisi ke message ka reply kiye hue. Mere mann mein na jaane kyun aaya ki main is message ka reply karoon. Maine bina zyada soch vichar kare us message ka reply kiya:

Thank you so much!

7
Woh gair ho kar bhi apni kyun lag rahi thi?

Qareeb 15 minutes baad phir se mere phone mein ek notification aayi, maine open kar ke dekhi toh Saloni ka hi reply aaya tha.

Kya main aap se kuch poochh sakti hoon? I hope aap meri help karenge!

Message padh ke mujhe pata chal hi gaya tha ki shayad relationship ki koi problem discuss karni hogi unhein. Maine kaafi samay se kisi se in sab cheezon ko lekar baat nahin kari thi, par pata nahin aaj kyun mera sunne ka mann kara, kuch ajeeb si feeling aayi mujhe. Pata nahin kyun aisa hua, itne saal se main unknown logon se baat kar raha hoon, ek baar bhi aisa nahin hua ki mujhe aisi feeling aayi ho, par Saloni ko lekar jaise poora universe mujhe bol raha tha ki, suno isey, madad karo iski!

Message mere samne hi tha, itna sab sochne ke baad maine reply kiya.

Ji kahiye?

Main aapko ek situation deti hoon, aap batana ki aisi situation mein kya karna chahiye? Saloni ne kaha.

Theek hai. Maine bhi reply kiya.

Maan lijiye ek ladki hai, usko uske boyfriend ne cheat kiya, aur jhooth bola apne baare mein kuch. Lekin woh ye sab baatein kisi se share nahin kar sakti kyunki usey darr hai judge kiye jaane ka, toh usey kya karna chahiye? Saloni ne apna sawaal poochha.

Message padhne ke baad main ye toh samajh gaya tha ki ye situation Saloni ke saath beet rahi hai tabhi woh mere paas aayi hai. Bas ye baat bina zaahir kare woh ek random situation bana kar poochh rahi hain, taaki main unhein judge na karoon. Phir thoda soch kar maine unhein reply kiya.

Dekhiye, aisa nahin hota ki har koi aapko judge karta hai, agar aapke boyfriend ne aapko cheat kiya hai toh ismein aap ki koi galti nahin hai. Aap bejhijhak hoke apne kisi best friend ke saath share kar sakti hain, ismein koi badi baat nahin hai.

Hmm, ok. Saloni ka reply aaya.

Ab is tarah ka reply dekh kar main thoda theher gaya. Mujhe aisa laga ki woh mere jawaab se satisfied nahin hui. Ye mere liye bahut hi sharmnaak baat thi, kyunki main itne saalon se logon se baat kar raha hoon, kayi hazaar logon ki madad kari, humesha log satisfied ho kar jaate the, par Saloni ke message se aisa laga unhein mera jawaab pasand nahin aaya.

Kya hua? Aapko satisfaction nahin mila mere answer se? Mujhse ruka nahin gaya aur maine unse poochh hi liya.

Nahin, mujhe nahin mila. But it's okay. Unka reply aaya.

Ab mere liye ye challenge ho chuka tha ki Saloni ki problem ko achhe se sun kar, samajh kar, phir reply karoonga.

Aap mujhe achhe se batao ki baat kya hai, tabhi main poori situation ko samajhte hue aapko advise de paunga. Maine message bheja.

Main intezaar karta raha, par unhone mujhe reply nahin diya. Mujhe bhi samajh mein nahin aa raha tha ki main unka intezaar kyun kar raha hoon, par mujhe aisa lag raha tha ki Saloni jagi hui hain bas mujhe reply nahin dena chahti. Pata nahin kyun aisa soch raha tha main, issey pehle kabhi aise khayal kisi ke liye nahin aaye the, but Saloni, woh aisi adhuri baat cheet chhod kar mere mann mein sawaal khade kar ke chali gayi thi.

Us raat unka jawaab nahin mila mujhe. Raat beeti, subah ke kareeb 11 baje main utha, maine apna phone check kiya is ummeed mein ki shayad unhone reply kiya hoga, but nahin tha. Maine bhi socha shayad unhein aagey baat karne mein koi dilchaspi nahin hogi, isliye unhone baat karna zaruri nahin samjha.

Shaam ke kareeb 5 baj rahe the. Main balcony mein khada sheher ki ore dekh kuch soch raha tha, itne mein peeche se Ritabh aaya aur usne mujhse poochha.

'Bhai, kin khayalon mein khoya hua hai?'

'Kuch nahin, bhai ... bas aise hi.'

'Achha sun, coffee piyega?'

February ka mahina tha, aaj ki shaam thodi thandi lag rahi thi, toh maine bhi haami bhar di aur kaha, 'Haan, le aa bhai, bahut thand hai aaj, kuch garma garam piyenge toh araam milega.'

Maine pocket se phone nikala toh Saloni ka message aaya hua tha. Message dekh kar maine raahat ki saans li.

Hey Sorry! Main reply nahin kar paayi raat, neend aa gayi thi. Unhone likha tha.

It's okay, toh aap kuch poochh rahi thi mujhse? Maine ummeed mein likha ki shayad ab bata dein.

Actually ek saal pehle mera breakup hua tha. Usne mujhse bahut saare jhooth bole the apne baare mein, aur mujhe kaafi saalon baad pata chala, maine phir bhi usey chance diya but still things didn't work out. Move on bhi nahin kar paayi hoon ab tak, bas ye sab baatein kisi se share nahin kar paati, kyunki sab log ya toh judge karte hain, ya niyat kharab kar lete hain physical hone ke liye, toh aise mein mujhe kya karna chahiye? Saloni ne apni kahaani ka ek hissa bataya.

Achha, aur aap mere saath share karne mein comfortable ho? Maine curious ho kar poochha.

Pata nahin, tumhare quotes padhe hain maine, toh socha tumse hi poochh loon, strangers se judge hone ka koi risk nahin hota na. Unka jawaab aaya.

Haha, waise theek hai, judge toh main kisi ko bhi nahin karta, chahe apne ho ya paraye. Sabki koi na koi kahaani hoti hai, aaj koi jaisa hai, uske aisa hone ke peeche koi na koi wajah hogi, woh bhi kisi cheez se guzra hoga. Waise tumhein na move on kar lena chahiye ussey. Zindagi mein jitna bojh lekar chalogi, utna dheeme chalogi, apne bojh ko halka karo aur life mein aagey badho, aur haan, rahi baat kisi par bharosa karne ki, toh woh waqt aane par ho hi jaata hai, jab koi sahi insaan takrata hai humse.

Baat toh sahi hai, par ye bharosa and all, ab na ho payega mujhse. Pyaar, relationships, in sab mein barbadiyan hain aur kuch nahin, paanch saal ke relationship ke baad maine toh yahi seekha hai. Unhone fir jawaab diya.

Jo seekha hai, filhaal ke liye sahi bhi hai, kam se kam time pass ya physically use karne wale ladkon se toh door hi rahogi. Maine haami bharte hue kaha.

Haan, yahi main bhi sochti hoon, door hi rehna hai sabse. Unhone bhi agree kiya.

Waise aap kahan se ho? Maine unke baare mein thoda jaanne ke liye poochha.

Delhi... Unka reply aaya.

Oh, Delhi Girl! Maine hansne wali emoji banate hue kaha.

Haha, yes yes! Unka bhi hanste hue jawaab aaya.

Chalo badhiya hai, btw main Instagram pe zyada active nahin rehta Inbox mein, toh kabhi kuch share karne ka mann kare ya poochne ka mann kare toh yeh hai mera number, bejhijhak call kar lena. Maine ek chota sa bharosa dilate hue kaha.

Oh, sure, waise ummeed karti hoon zarurat na pade call karne ki. Unhone jawaab diya.

Zarurat bata ke nahin padti, bas pad jaati hai. Maine shayarana andaaz mein kaha.

Achha ... Unhone kaha.

Maine Saloni ko Instagram par follow kar liya. Ab tak maine sahi se dekha nahin tha unhein kyunki ek profile picture mein kitna hi pata chalta hai, par jab unhone meri request accept kari aur follow back kiya tab maine dekha unhein. Woh behad khoobsoorat thi, matlab bahut zyada khoobsoorat. Maine mann hi mann mein socha, *Koi itne khoobsoorat chehre ke saath dhokadhadi kaise kar sakta hai? kaise koi jhooth bol kar bewafai kar sakta hai?*

Baat karte karte maine apni Instagram feed ko update kiya toh dekha, Saloni ne ek picture post kari thi 2 minutes pehle, toh maine us post pe comment na karte hue, us post ko unhein inbox mein bheja aur likha.

Bas bhi karo, apna toh dil tudwa hi liya hai, ab auron ke dil todne ka iraada hai kya?

Haha, nahin nahin, kisi ka dil nahin todna aur na apna dil tudwana hai.

Main thodi bahut baat cheet mein itna toh samajh hi gaya tha ki Saloni ka nature woh nahin hai jo dusron ko judge kare. Zaahir si baat hai, jo insaan khud ke judge hone ka itna darr rakhta ho, woh dusron ko kyun judge karega.

Par, kuch alag ehsaas tha Saloni mein, matlab, unka aana mujhe aisa mehsus kara raha tha ki ek aisa shaqs aaya hai jisko meri bahut zarurat hai. Mujhe nahin pata ki, bas ek chhoti si baat cheet kaafi thi itna mehsus karne ke liye ya nahin, par ek ehsaas ho raha tha mujhe. Maine apna number bhi kya soch kar de diya, mujhe nahin pata, ummeed thi bhi ki woh call karengi, aur nahin bhi thi.

Madad maine bahut logon ki kari hai, par un kuch messages se mujhe aisa mehsus hua tha ki woh bahut zyada tooti hui hain andar se. Mujhe lag raha tha jaise poori qayanat mujhe bol rahi hai unhein is mushkil samay se bahar nikalne ke liye.

Unke ek message ko main baar baar padh raha tha. Unhone jo bataya tha ki unke saath dhokha hua tha, jhooth bola tha kisi ne, aisa laga raha tha jaise meri hi kahaani ho. Dhokha toh mere saath bhi hua tha, jhooth toh mujhe bhi bola gaya tha, bewafayi toh kisi ne mere saath bhi kari thi. Saloni thi gair hi, par unmein mujhe apnapan sa dikhai de raha tha.

Bahut der maine is tarah ki baatein sochi, phir ehsaas hua ki itni gehrai mein sochne ki zarurat nahin hai, woh anjaan hai, aur un par itni jaldi bharosa nahin karna. Guzre hue relationship se maine yahi toh seekha tha, ki jaldi kisi par bharosa mat karna, woh tumhein aazmaye ya na aazmaye par tum zarur aazmana.

8
Kya woh call karegi mujhe?

Saloni se us conversation ke baad, main kuch din sochta raha ki shayad call aayegi mere paas, lekin, main baar baar khud ko ye bhi samjha raha tha ki, nahin, is baare mein nahin sochna hai. Call aaye ya na aaye, mujhe kya matlab hai? Unhein zarurat hogi toh call karengi, aur nahin hogi toh nahin karengi.

Do-chaar din yunhi beete. Mere office mein ground floor par humare lockers the. Data privacy ki wajah se humein phones, ya aisa koi bhi gadget jismein storage ho, floor par le jana allowed nahin tha. Main apna phone keval breaks mein hi check kar pata tha. Un dino maine kayi baar check kiya ki koi call ya text aaya hai Saloni ka, par nahin, unki taraf se kuch nahin aaya tha.

Maine mann hi mann socha, agar unhein zarurat hogi meri, toh shayad khud hi aayengi mere paas. Aksar humein kuch share karne wala tab hi chahiye hota hai jab hum andar se kaafi bhare hue baithe ho aur har kisi se hum dil mein dabi har baat share bhi nahin kar paate hain. Main toh unke liye keval ek stranger tha, jinse unhein kuch poochna tha aur usme bhi shayad unhein koi satisfaction nahin mila tha, ye unke reaction mein dikh gaya tha.

Khair, main ruka nahin, bas aagey badhta raha. Daily ka wahi routine chalta raha, office se ghar, ghar se office. Phir ek raat ...

'Ritabh, yaar kuch gaate hain, aaj bahut mann kar raha hai mera,' maine Ritabh se kaha.

'Haan haan, chalo gaate hain, lekin Instagram par live aa kar,' usne khushi khushi maante hue kaha.

'Theek hai, le kar aa guitar, main zara face wash kar ke aaya,' maine washroom ki ore jaate jaate kaha.

Thodi der fresh hone ke baad, apne baalon ko theek karte hue, main washroom se bahar aaya. Ritabh apne guitar pe apna haath set kar raha tha. Un dino ek gaana mere mann ko bahut bhaya hua tha, *'Main rahoon ya na rahoon, tum mujhme baaki rehna'*. Mujhe woh gaana bahut pasand tha aur aksar main gungunata rehta tha, toh maine faisla liya ki usi se shuru karte hain, aur dheere dheere mashup ki tarah badalte rahenge gaane.

Hum dono ne gaana shuru kiya, gaate gaate achanak se main na jaane kaunse zone mein chala gaya, thoda emotional hone laga, aankhein bhar aane lagi. Ritabh apne part ka song ga hi raha tha, ki meri nazar live comments par gayi, bahut se log tareefein likh rahe the, agle gaane ki farmayishein kar rahe the. Meri nazar ek naam par padhi.

'Saloni Bector'

Woh naam padh kar mera dhyaan aur bhi zyada gaane se hat kar comments mein chala gaya. Unhone likha tha.

Woohoo, kya baat hai, nice nice!!

Maine sab kuch chhod kar, gaana chhod kar, baaki ke saare comments chhod kar unhi ko reply diya live par.

Thank you so much, Saloni ...

Mujhe bahut achha laga ki unhone meri tareef kari. Kabhi kabhi bahut hi unexpected cheezein aapko bahut khush kar jaati hain. Unka yun live ko join karna, aur meri tareef karna, mujhe kaafi khush kar gaya.

Woh live khatm karne ke baad maine inbox check kiya soch kar ki shayad unka koi message bhi aya hoga, par nahin, bas wahi live par ek comment aaya tha, aur kuch nahin.

Raat dhalne ko thi, sab apne apne bed par sone chale gaye, main bhi aa gaya apne room mein. Lete lete ghumte hue pankhe ki taraf dekh raha tha, soch raha tha ki, kitni ajeeb duniya hai ... jisko pyaar nahin milta, woh pyaar ke liye tadapta rehta hai, aur jisko mil jaye woh shaqs bekadar ho jata hai. Usey koi kadar hi nahin hoti mohabbat ki. Yahan pyaar kiya toh bhi tadpa, aur pyaar nahin mila phir bhi tadpa.

Apni toh kahaani hi bilkul ajeeb-o-gareeb thi. Pyaar mil kar bhi kabhi nahin mila. Hum chahe din bhar khud ko jitna marzi mashroof rakh lein, par jaise hi din dhalta hai aur raat ki chandni poori duniya par chhati hai, humare khayaal hi badalne lagte hain. Aur sone se pehle toh na jaane kaise kaise khayaal, kaisi kaisi baatein yaad aati hain, purane din, purane log, aur bhi na jaane kya kya.

Mujhe aisa lagta hai ki jo aapka pehla pyaar hota hai na, woh ek alag hi chhavi chhod deta hai, woh chehra, woh naam, humesha dil or dimaag mein rehta hai, khaas kar tab tak jab tak koi aisa insaan na aa jaye, jo us chehre aur us naam ko humesha ke liye humare dil aur dimaag se mita na de.

Kya meri zindagi mein aisa koi shaqs aayega? Bas yahi sochte sochte maine apni aankhein band kari, aur neend ki god mein samane laga. Mushkil se 5 minutes hi beete the ki, mere phone par ek call aayi.

Maine dhyaan se dekha toh unknown number tha. Ab itni raat gaye kisi unknown number se call aa rahi thi, toh mujhe laga shayad kisi ko zarurat ho meri, ya koi kisi musibat me na ho, ye soch kar maine woh call pick kari.

'Hello?' maine kaha.

'Hi, kaise ho?' udhar se meethi si aawaz mein ek ladki boli.

'Main theek hoon, aap kaun bol rahi hain?' maine janne ki ichha jatate hue poochha.

'Saloni ...' unhone jawaab diya.

Unki aawaz, uff, ghazab thi. Matlab, jab naam suna aur jis aawaz mein suna, bilkul madhosh hi kar diya mujhe. Phir maine kuch soch kar unhein jawaab diya.

'Oh, zarurat pad hi gayi meri ...' maine mann hi mann muskurate hue kaha.

'Haha, nahin nahin aisi baat nahin hai, woh tumhara gaana sun ke achha laga, toh socha tareef kar du personally baat kar ke,' unhone bhi muskurate hue kaha.

'Oh, gaane ki tareef karne ke liye phone kiya hai? Waise aisa lag toh nahin raha mujhe ...' maine aur janne ke liye sawaal kiya.

'Nahin nahin, sachhi, bahut achha gaate ho tum, waise mujhe idea nahin tha, ek writer ke peeche ek singer bhi chhupa hai,' unhone chhedte hue kaha.

'Haan, chhupa toh pata nahin kya kya hai, waise main koi itna achha toh nahin gaata, bas Ritabh ke saath kabhi kabhi live aa kar apna shauq poora kar leta hoon,' maine bataya.

'Nahin actually mujhe bahut achha laga, waise maine disturb toh nahin kiya?' unhone baat ko badalte hue poochha.

'Arey nahin nahin, disturb ki toh koi baat hi nahin hai, aap batao, kaisi ho, ghar mein sab theek? Waise main toh aapko achhe se janta bhi nahin hu, siwaye aapke naam aur sheher ke,' maine janne ki koshish kari.

'Waqt lagta hai logon ko jaanne mein, samajhne mein. Jaan jaogey waqt ke saath saath,' unhone shayarana andaaz mein kaha.

'Waqt toh bahut hai mere paas, uski toh kami hai hi nahin. Waise aap kya kar rahi ho aaj kal?' maine bhi usi andaaz mein jawaab diya aur phir poochha.

'Main Amity se BPT (Bachelor of Physiotherapy) kar rahi hu. Aur aap?' unhone apne baare mein batate hue poochha.

Waise mujhe kuch khaas garv nahin tha apni job par, lekin maine phir bhi sach bataya. 'Main Noida mein job karta hoon, ek BPO hai iEnergizer, uske EA Games process mein.'

'Okay! Badhiya hai. Waise ek request karoon, bura toh nahin manoge?' unhone thoda socha aur phir kaha.

'Nahin nahin, bura kis baat ka manna hai, bolo?' maine bina soche samjhe kaha.

'Kya aap mere liye woh song *"Main rahoon ya na rahoon"* phir se gaaoge?' unhone badi hi pyaari si aawaz mein kaha.

Maine kuch der socha, ab gaana sunana koi badi baat nahin thi mere liye, par aise pehli baar kisi ne personally call par request kiya tha, toh main thoda nervous ho raha tha. Par phir maine socha ki chalo, woh keh rahi hain toh kar deta hoon unke liye.

'Zaroor!'

Maine gana sunana shuru kiya, aur khatm hote hote mujhe rone ki aawaz sunayi di; main achanak ghabra gaya ye soch kar ki, Saloni ro kyun rahi hain? Mujhe laga shayad kuch yaad aa gaya hoga unko isliye aansu aa gaye. Phir bhi maine poochh liya, 'Kya hua aapko? Ro kyun rahi ho aap?'

'Kuch nahin, chalo main baad mein karti hoon baat.'

Itna bolte hi unhone call rakh di, aur main shocked reh gaya ki ye hua kya?

9
Pyaar impossible hai

Saloni ka is tarah jaana mere dimaag mein kayi sawaal chhod gaya. Mujhe samajh mein nahin aa raha tha ki aakhir unhein hua kya? Ek gaana sun ke woh itni emotional ho gayi ki, jis insaan ne samne se call kari, woh khud hi achanak off ho gayi or call rakh di.

Kya maine kuch zyada hi besura gaya?
Kya unhein kisi ki yaad aa gayi mera gaana sun kar?
Ya phir meri aawaz se unhein pyaar sa ho gaya?

Matlab achhe bure har khayal aa rahe the mujhe, kabhi negative soch raha tha, toh kabhi positive, lekin us raat, woh sab hone ke baad neend aani aur bhi zyada mushkil ho gayi. Mujhe samajh mein nahin aa raha tha ki Saloni se aaj pehli baar phone par baat hui, ye soch kar khush hona chahiye, ya jis tarah woh phone rakh kar chali gayi, ye soch kar dukhi.

Bahut hi mixed emotions ho gaye the. Bahut koshish kari khud ko sulane ki, tab ja kar kahin 5 baje neend aayi.

Agle din office mein baithe hue bhi kaam mein mann nahin lag raha tha. Main khud se sawaal kar raha tha ki ye achanak hua kya hai mujhe? Zoya ke jaane ke baad meri zindagi mein kayi ladkiyan aayi jinse main baat karta tha, jo mujh mein interested bhi thi, lekin kabhi kisi ki koi baat mujhe itna sochne par majboor nahin kiya jitna Saloni ke aane ke baad se main sochne laga tha.

Main khud hi khud mein baatein karta tha, khud se sawaal karta, khud hi jawaab dhundhne ki koshishein bhi karta, magar har baat meri samajh se bahar hoti ja rahi thi. Main itne kam samay mein is ehsaas ko pyaar ka naam nahin dena chahta tha, balki main chahta bhi nahin tha ki mujhe pyaar ho, lekin yeh jo bhi ho raha tha, mera is par aur khud par koi bhi kaabu nahin tha.

Ab ye jo bhi sawaal mere dimaag mein ghoom rahe the, unka jawaab mujhe chahiye hi tha, aur ab jawaab dhundhna itna mushkil bhi nahin tha kyunki Saloni bas ek call door hi thi mujhse. Maine shaam hone ka intezaar kiya ye soch kar ki shayad unka is waqt college chal raha hoga.

Shaam hote hi maine Saloni ko call kiya toh unhone call bina uthaye hi kaat diya aur WhatsApp par message kiya, *'ttyl.'* Maine bhi zyada na sochte hue unke message ka wait kiya, ki jab bhi free hongi, message kar dengi.

Raat ke kareeb 11 baj rahe the, hum sab dinner kar ke yunhi masti kar rahe the, tabhi Saloni ki mere paas call aayi.

'Hello!' Saloni ki aawaz aayi.

'Hi, kaisi ho aap?' maine poochha.

'Main theek hoon,' Saloni ne thodi bhari aawaz mein kaha.

'Achha, kal raat kuch hua tha kya?' maine apne sawaal ka jawaab maanga.

'Arey chhodo na, kya beeti raat ki baat karni,' unhone baat kaat te hue kaha.

'Woh toh theek hai, but mujhe thoda ajeeb laga ki aapne gaana sunane ke liye bola aur maine sunaya bhi but phir aap achanak chali gayi. Kya itna bekaar gaya tha maine?' maine mood ko light karte huye poochha.

'Haha, nahin nahin, gaana toh bahut achha gaya tha, isiliye aagey baat karne ki himmat nahin hui, but I'm really sorry agar aapko bura laga ho toh,' unhone dheeme se hanste hue kaha.

'It's okay, par aisa kyun? Gaane se aagey baat karne ka kya connection hai?' maine curious ho kar poochha.

'Jaane do, kya fark padta hai ...' unhone phir baat kaatne ki koshish kari.

'Apne ex se related kuch yaad aa gaya kya?' unke baat karne ke tareeke se mujhe yahi laga aur maine poochh liya.

'Hmm ...' unhone halke se kaha.

'Kuch share karna chahti ho toh kar sakti ho, share karne se mann halka hota hai,' maine unhein apne dil ki baat share karne ka mauka diya.

Humne baat kareeb 11 baje shuru kari thi, aur baat karte karte do ghante beet chuke the, jaise jaise raat dhalti ja rahi thi, waise waise Saloni aur bhi zyada gehri baatein kar rahi thi. Apne baare mein sab kuch bata rahi thi, kab woh relationship mein aayi thi, kitne saal tak unki relationship chali, kaisa shaqs tha woh aur kya kya kiya usne un paanch saalo mein.

Saloni baat karte karte bahut emotional ho gayi thi, aur kahin na kahin unki baatein sun kar, unki kahaani sun kar meri bhi aankhein namm ho gayi. Mera dil bhaari hota ja raha tha.

'Matlab tum yakeen nahin manoge, beete paanch saal maine saans bhi gin gin kar li hai, kyunki saans lena tak dushwaar kar rakha tha mera usne. Main apni marzi ke kapde nahin pehen sakti thi. Mere ghar ke aas paas chakkar lagata rehta tha ki kahi main kisi aur se na milne lagu. Mere saath har baar milne par physical hone ke liye zabardasti karna, late call karne par gaaliyan sunana ... mere kitne dost mujhse door ho gaye uski wajah se, matlab qaid mein thi main uski.' Saloni share karti rahi.

'Itna sab sehen kyun kar rahi thi ye jaante hue bhi ki woh insaan nahin haiwaan hai?' maine majboori janne ki koshish kari.

'Pyaar ... pyaar tha mujhe ussey, jo main chah kar bhi khatm nahin kar pa rahi thi. Pyaar insaan ko bahut bebas aur laachaar bana deta hai. Aapko pata hota hai ki aapke saath galat ho raha hai, par phir bhi woh sab rokne ki himmat nahin aati hai, pagalon ki tarah sehen karte chale jaate hain hum. Main bhi wahi kar rahi thi, bas sehen kar rahi thi. Woh hota nahin hai ki aapko samne wale ko khone ka darr bhi hota hai aur aap unse door bhi hona chahte ho; mere saath bhi wahi ho raha tha,' unhone bataya.

'Pyaar karna galat nahin hai, par ek insaan se pyaar karte chale jaana ye jante hue bhi ki woh insaan galat hai, woh galat hai,' maine bhi unhein samjhaya.

'Aaj 1 saal baad ehsaas hota hai is baat ka, us waqt nahin hota tha,' Saloni ne realize kiya.

'Toh phir breakup kaise hua tumhara?' maine sabse zaruri sawaal kiya.

'Scoop. Mere Scoop ne sab kuch apne upar le liya aur mujhe azaad kar diya us darinde se humesha humesha ke liye,' Saloni ne kaha.

'Matlab? Main kuch samjha nahin?' Unki kahi hui baat mujhe samajh nahin aayi, isliye maine phir se poochha.

'Actually hua ye ki maine aur Abhishek ne mil kar ek husky puppy liya tha jiska naam Scoop tha; woh bahut pyaara tha, jaan basti thi usmein meri. Kareeb aath mahine hi beete the ki ek din achanak uski tabiyat bahut kharab ho gayi.'

Issey pehle Saloni aagey badhti, woh kuch der khamosh ho gayi, shayad woh jo batane ja rahi thi, unke liye bahut mushkil tha, kyunki Saloni us samay mein ja rahi thi jo shayad unke liye bahut dardnaak raha hoga. Kuch der khamosh hone ke baad, ek lambi gehri saans lene ke baad, unhone kaha.

'Us shaam doctor ko dikhane ke baad Scoopy bahut bechain tha, bahut pareshaan tha, woh poora time mere paas hi leta raha, mujhe lick karta raha aur main bhi poora dhyaan rakh rahi thi uska. Shaam beeti, maine usey raat ka khana khilaya, khana khane ke aadhe ghante baad usne apne bed ke paas vomit kari, mujhe phir se uski tabiyat kharaab hoti hui mehsus hui, toh maine Sahil aur Papa ko uthaya aur turant doctor ke paas le jaane ko kaha. Raaste mein hi Scoop ne apni aakhri saansein li.'

'Mera Scoop humesha ke liye mujhe chhod ke chala gaya.'

Saloni itna kehte hi zor zor se rone lagi. Main unhein shaant karne ki poori koshish kar raha tha, par nakamyaab ho raha tha. Unhein chup karate karate main khud bahut zyada emotional ho gaya.

'Woh meri zindagi ki sabse bhayanak raat thi. Us waqt mujhe Abhishek ki sabse zyada zarurat thi, par woh mujhse jhooth bol kar apne dost, uski girlfriend aur uski ek friend ke saath trip par chala gaya. Mere hazaar phone karne par bhi usne mujhse ek baar bhi baat nahin kari. Uske dost ne mujhe sab kuch bataya ki woh trip par aa gaye hain, daaru pee kar dhut pade hain. Main ye sab sun kar poori tarah toot chuki thi kyunki usne mujhse jhooth bola tha. Usne mujhe trip ke baare mein kuch nahin bataya, balki jaane se pehle usne mujhe ye bola tha ki uske dost ki girlfriend kaafi suicidal ho rahi hai aur us ladki ke parents ne inko bulaya hai usko samjhane ke liye.'

'Main aakhri baar Scoop ko dekh bhi nahin paayi, kyunki main usey ek laash ke roop mein nahin dekh sakti thi; mere andar itni himmat nahin thi. Bas phir kya tha, Papa aur Sahil ne usey ghar se door ek ground mein dafna diya aur ghar aa gaye. Main agli kareeb 4 raato tak apne room se bahar nahin nikli, sara sara din sari sari raat apne bistar par leti rehti thi, na phone chalati, na college jaati, na kuch khane peene ka mann karta mera.'

'Toh Abhishek se phir baat hui aap ki?' maine poochha.

'Haan, hui na. Woh aaya Do-chaar din ke baad, usne mujhse baat kari, par mera mann bahut kharaab ho chuka tha usko lekar. Maine usko bataya Scoop ki death ke baare mein toh woh mujhe sambhalne ki bajaye ye kehne laga ki, "Itna rone ki kya zaroorat hai? Dusra puppy le aaunga."'

'Matlab uske liye Scoop bas ek kutta tha jo usne khareeda tha, ussey koi lagaav nahin tha ussey; aur ye jaante hue bhi ki main kitna zyada pyaar karti hoon dogs se, woh mujhse dusra khareedne ki baat kar raha tha.'

'Woh lamha meri zindagi ke un lamhon mein se ek tha jismein maine ye faisla kar liya tha ki is relationship ko khatm karne ka samay aa gaya hai, ab aur nahin seh sakti thi main.'

'Phir ek din mera meri family aur meri cousin ki family ke saath Ladakh jaane ka plan bana. Us trip par meri ek friend Deepshikha bhi gayi thi, usne mujhe bahut samjhaya ki move on kar, mat reh uske saath, woh bahut toxic hai, teri zindagi kharaab kar dega. Tujhe usne aisa mehsus karaya hai ki tu itni khoobsoorat nahin hai, jabki ye jhooth hai, you're beautiful.'

'Us trip par woh mujhe contact nahin kar sakta tha, kyunki wahan networks nahin aate. Main dus din ke liye gayi thi, aur dus din ussey door reh kar, ussey baat kare bagair reh kar mujhe itna samajh aa gaya tha ki main reh sakti hoon uske bagair, aur main badsoorat nahin, main khoobsoorat hoon.'

'Ladakh se lautne ke baad maine ussey breakup kar liya.'

Saloni ki kahaani ne mujhe bahut zyada emotional kar diya. Unki aankhein namm thi, mujhse jitna ho pa raha tha main unhein chup karane ki koshish kar raha tha. Us waqt mere dimaag mein bas ek hi baat chal rahi thi ki ye ladki khush rehni chahiye, ye itne dukh, itna dard deserve nahin karti.

'Toh finally tumhara breakup hua, aur tumne hi ye step liya. Hats off toh you, itni himmat karke tumne ye faisla liya, galat cheez ke khilaaf khadi hui aur aawaz uthayi tumne,' maine unki tareef kari.

'Ek saal beet chuka hai is baat ko, lekin aaj bhi aisa lagta hai jaise kal hi ki baat thi, aaj bhi ussey judi yaadein pareshaan karti hain, aaj bhi Scoop ko bahut miss karti hoon main. Ye 5 saal meri zindagi ke sabse bekaar 5 saal the. Ab maine soch liya hai, na kisi ke chakkar mein padna hai, aur na hi kabhi kisi se pyaar karna hai. Main ussey itna pyaar karti thi ki uske saath ghar chhod ke bhaagne tak ke liye taiyyar ho gayi thi, itni pagal thi uske pyaar mein. Par ab main ye sochti hoon ki, maa baap jahan shaadi karayenge, wahin shaadi karoongi aur khush rahungi.' Saloni ne apni takleef bhi batayi aur aagey ka iraada bhi bataya.

'Achha, agar tumse kisi ko pyaar hua toh?' maine phir poochha.

'Nahin hoga, aur waise bhi aajkal pyaar hota kise hai? Sab ladke mere figure se impress ho kar physical hone ke liye approach karte hain. Pyaar vyaar kisi ko nahin hota, pyaar ke naam par log sirf control karte hain, aur kuch nahin,' Saloni ne narazgi jatate hue kaha.

'Well, tumhari soch bilkul galat hai, humari life mein ek galat insaan aa jaye iska matlab ye nahin hai ki saari zindagi humein galat log milte rahenge. Agar hum kisi achhe insaan ko mauka dein toh humari zindagi ke murjhaye saare phool phir se khil uthte hain,' maine unhein positive rehne ke liye kaha.

'Mere liya pyaar ab impossible hai, bas baat khatm,' Saloni ne conversation par full stop lagaya.

10
Humdardiyan

Ek nazar se dekhoon toh Saloni ka is tarah ka iraada rakhna bahut jaayaz tha. Jab aap itne saal kisi se pyaar karte hain, aur uske badle mein aapko itni zillat uthani pade, toh insaan ka mann toot jata hai. Usey phir kuch samajh nahin aata, uske liye pyaar mohabbat ke raaste humesha ke liye band ho jaate hain.

Jab us raat Saloni ne mujhe apne baare mein sab kuch bataya, woh sab mere dimaag mein baith gaya, aisa laga jaise kisi apne ko chot lagi hai aur woh dard se tadap raha hai.

Na jaane kyun par mujhe unmein apnapan dikhayi de raha tha. Mujhe baar baar aisa lag raha tha ki woh dukhi nahin rehni chahiye; woh khushiyan deserve karti hain, azaadi deserve karti hain. Woh us shaqs se toh azaad ho gayi thi, par ussey jude khayaal, yaadein, lamhein, ye sab aaj bhi qaid kiye hue the unhein.

Din beete, raatein guzri, Saloni aur meri calls aur messages par baatcheet honi shuru ho gayi. Jaise jaise humari baat hoti, woh mujhe apni current situation ke baare mein batati ki aaj bhi woh kitni takleefon se guzar rahi hain, aaj bhi kitni anxiety hoti hai unhein, aur kitne depression mein hain woh. Main jitna unhein jaan raha tha, utna mera mann pakka hota ja raha tha ki unhein main khush dekhna chahta hoon, unhein unhi se pyaar karana chahta hoon ... jo woh bilkul bhool chuki thi.

Unke liye main bas ek anjaan shaqs tha jissey unhone apne dil ki har baat keh di; par mere liye woh anjaan se zyada ho gayi thi. Main unke baare mein sochne laga tha, hamdardi hone lagi thi unse. Unhone toh mujhe apne past ke baare mein ek ek qissa bata diya, magar main kabhi kisi ko apne past ke baare mein batana zaruri nahin samajhta tha, khaas kar itne kam samay ki dosti aur jaan pehchaan mein toh bilkul nahin.

'Anubhav, tumne mere baare mein toh sab kuch jaan liya, lekin apne baare mein kuch nahin bataya? Dil toh tumhara bhi toota hoga, tabhi tum is tarah ke quotes likhte ho, kam se kam batao toh mujhe?' Saloni ne thoda naraaz hote hue mujhse poochha.

'Jab sahi waqt aayega, tab bata dunga, abhi shayad waqt sahi nahin hai,' maine kaha.

'Kab se tum yahi keh rahe ho, jab sahi waqt aayega bata dunga, par batate nahin ho, 1 mahine se baat ho rahi hai humari, lekin main tumhare baare mein zyada kuch jaanti hi nahin hoon,' unhone gusse mein kaha.

Saloni ka nature kuch aisa tha ki agar woh ek baar decide kar le ki koi baat jaan ke rahegi, toh woh uski jad tak panhuch jaati thi. Woh jaane bagair peecha chhodti hi nahin thi. Par main bhi ek tadap jaga raha tha unke mann mein, kam se kam is tarah woh mujhse baat toh karti.

'Aisa kuch nahin hai, jaanti toh ho sab, maine tumhe apni family ke baare mein bataya, apni job ke baare mein bhi bataya, bas ek past hi hai jo ab tak nahin bataya,' maine baat ko ghumane ki koshish ki.

'Jao, mat batao,' Saloni ne gusse mein kaha aur phone rakh diya.

Phir maine unhein thoda manaya, lekin woh zidd par adh gayi. Mujhe samajh mein nahin aa raha tha ki main kya karoon? Phir ek din unse baat karte karte unhone mere aagey ek proposal rakha.

'Chalo theek hai, main tumhein ek proposal deti hoon. Agar tum mujhe apne past ke baare mein bataoge, toh main tumhein apna ek bahut bada secret bataungi jo maine aaj tak kisi ke saath share nahin kiya,' Saloni ne kaha.

Ab ye baat sun kar toh main aisa ho gaya ki yeh secret toh jaan ke rehna hai; aisi cheez jo sirf mujhe pata hogi aur kisi ko nahin. Matlab, meri ek khaas jagah hogi unki zindagi mein. Maine decide kar liya ki main unhein apne past ke baare mein bataunga.

Maine us raat unhein sab kuch bataya Zoya ke baare mein—woh kaise mili, kaise pyaar hua, kaise woh 4 saal guzre aur aakhir mein kaise sab khatm ho gaya. Unhein bhi mujhse bahut humdardi hui, lekin baat ko serious na karte hue woh mazaak karne lagi, taaki mera mood kharaab na ho.

'Sahi hai yaar, badhiya katwaya tumne apna,' Saloni ne hanste hue kaha.

'Haan, bilkul tumhari tarah,' maine bhi unki taang kheenchi.

'Achha, toh tumne kabhi kisi ladki ko kiss bhi nahin kiya hoga?' unhone conversation ko aur bhi zyada masaledaar banate hue poochha.

'Kiss? Maine toh dhang se kisi ko chhua tak nahin hai, kiss toh bahut door ki baat hai.'

'Haha, kiss nahin kiya toh sex toh kya hi kiya hoga,' unhone hanste hue poochha.

'Aap mera mazaak uda rahi ho? Huh!' maine embarrass hote hue kaha.

'Lol, no no, waise tum toh bade seedhe nikle yaar,' unhone kaha.

'Nahin aisi baat nahin hai, I have saved myself for the right one,' maine garv ke saath kaha.

'Haan, har banda yahi kehta hai jisko kabhi koi ladki nahin mili ho ...' Saloni itna keh kar zor se hansne lagi.

'Oh shut up!!!'

Saloni aur mere beech ek bahut khaas tarah ki bonding ho rahi thi. Hum mazaak bhi karte, ek dusre ki care bhi karte, ek dusre ki madad bhi karte, toh ek dusre ki taang bhi kheenchte rehte. Unke saath main humesha woh serious rehne wala Anubhav nahin tha, main khul ke mazaak karta tha lekin ek dayre mein reh kar, aur same Saloni ke saath bhi tha, woh bhi khul ke masti mazaak karti thi mere saath.

Waise kuch bhi kaho, woh sawaal jawaab mein hansi mazaak bhale hi kitna bhi hua, lekin unhein is baat ka andaaza lag gaya tha ki main woh shaqs nahin jo kisi ladki ke saath kuch galat kare, usey dhoka de, ya jhooth bole.

Woh rishta meri taraf se toh dosti ka hi tha, par woh apne breakup ke baad aisi ho gayi thi ki dosti ka rishta bhi soch samajh ke banati thi. Par unhone mujh par dheere dheere bharosa kar ke dosti ka haath aagey badha diya tha, isi wajah se Saloni mujhe pyaar se **'Stranger'** kehti thi aur aksar chhedti thi mujhe ye keh kar.

In fact, unhone apne phone mein mera naam Stranger ke naam se save kiya hua tha. Aur sach kahoon toh mujhe bura bhi nahin lagta tha, kyunki unse judi ek ek cheez mere liye mayne rakhti thi aur unke aisa karne ke peeche bhi ek emotion juda tha.

'Oh madam, apna secret toh batao?' maine unse poochha.

'Chhodo, main toh aise hi keh rahi thi,' Saloni ne baat ghumai.

'Yaar, jhooth nahin bolo, maine tumhein aisi cheez batayi jo main kisi ke saath share nahin karta tha, toh tum bhi toh batao mujhe.'

Thodi zid karne ke baad Saloni ne mujhe bataya.

'Actually bachpan mein mujhe kisi ne physically abuse kiya tha. Jo baat maine aaj tak kisi ko nahin batayi, bas yahi hai mera secret.'

Baat sensitive thi, toh maine zyada janne ki zid nahin ki aur unse bas yahi kaha, 'Main samajh sakta hoon, bahut se bachchon ke saath kuch aisi cheezein ho jaati hain jo woh saari zindagi nahin bhulte; magar koi baat nahin, I hope aapko ye baat pareshaan nahin karti ab?'

'Nahin nahin, pareshaan nahin karti, bas dimaag mein aa jati hai kabhi kabhi.'

Breakup ke baad se Saloni ki neend bahut kharaab ho chuki thi, woh har 2 ghante ka alarm lagati thi taaki unki neend toot jaye. Woh aisa isliye karti thi kyunki unhein har raat bure sapne aate the, aur woh alarms lagati thi taaki bure sapne beech mein toot jayein aur woh bechain ho kar na uthein.

Mere dimaag mein Saloni lagbhag har samay chalne lagi thi. Unhone khana khaya ya nahin, woh theek hain ya nahin, aur sapne wali baat sun kar toh mujhe aur bhi zyada bura lagta tha ki, kitni takleefon se guzar rahi hain woh.

Meri night shift chal rahi thi, poori shift mein sirf 2 breaks hote the, jismein humein adha ghanta milta tha. Main lagbhag har roz yahi koshish karta tha ki zyada se zyada time de pau unhein. Kitni baar breaks over ho jaate the lekin main unse phone par baat kar raha hota tha, unhein comfortable kar raha hota tha, taaki woh achhe se so sakein.

Phir ek raat, kareeb 2 baj rahe the. Main humesha ki tarah break hone par apna phone lene neeche gaya, aur locker room se bahar aakar Saloni ko phone kiya toh dekha unka number busy ja raha hai. Mujhe hairaani hui ki is waqt woh kisse baat kar rahi hain, maine messages kiye toh woh online aayi bhi, par koi reply kare bagair offline ho gayi.

Saloni ko bhi pata tha ki mere 2 baje aur 4.30 baje breaks hote hain aur main free hote hi call karta hoon. Par aaj is tarah unka number busy dekh kar mujhe bahut hurt hua. Mere dimaag mein tarah tarah ke sawaal chalne lage ...

Aakhir kisse baat kar rahi hongi woh?
Koi aur bhi dost ban gaya hai unka?
Meri jagah koi aur le lega?

Aise sawaal mujhe bahut pareshaan karte rahe. Maine unhein dobara call nahin kari aur bhookha pyaasa bas intezaar karta raha. Phone mein time dekha toh 2.35 ho gaye, main 5 minute late ho chuka tha. Issey zyada der aur intezaar karta toh manager mujhe faltu mein sunati aur penalty lagati, isliye maine dil pe patthar rakh kar phone wapas locker mein rakha aur room se bahar aa gaya.

Main upar jaane ke liye seedhiyon par pehla kadam rakh hi raha tha ki mere phone par ek notification aayi jiski aawaz mujhe sunayi de gayi thi. Main khushi se locker room ki ore gaya, locker khola, aur phone uthaya toh dekha Saloni ka hi text aya hua tha.

Goodnight.

Mera toh jaise dil hi ro gaya ye dekh kar. 2 saal baad aaj pehli baar mujhe itna fark pad raha tha, aisa lag raha tha jaise kisi ne munh pe darwaaza patak ke maar diya. Main bahut overthink kar raha tha, na jaane kaisi kaisi kahaaniyan bana raha tha. Mujhe aisa lag raha tha jaise unka aur mera safar bas itna hi tha. Kuch kehne, kuch sunne se pehle hi maine na jaane kya kya soch liya.

Meri himmat hi nahin hui unse zyada sawaal jawaab karne ki. Mujhe bhi gussa aa gaya ki itna bura ignore agar mujhe karoge toh main bhi bheekh nahin mangunga mujhse baat karne ke liye. Maine apne aap ko jaise taise kar ke shaant kiya, phone wapas rakha, aur apne office mein ja kar baith gaya.

Agle break mein maine thaan liya ki phone nahin check karoonga aur maine nahin kiya. Woh raat beeti aur main ghar chala aaya. Subah ke kareeb 9 baj rahe the. Ye samay Saloni ke college jaane ka tha. Maine change kiya, apne bed pe leta aur '*Goodnight*' likh kar so gaya.

Shaam ke kareeb 5 baje aankh khuli toh dekha Saloni ka ek text aaya hua tha.

Sorry, kal raat zara mood off tha, isliye baat nahin ki.

Woh text dekh kar main khud ko rok nahin paya ye janne ki curiosity se ki hua kya tha, koi serious problem toh nahin thi Saloni ke saath.

Kya hua tha?

Vanshika se ladai ho gayi thi.

Vanshika Saloni ki best friend thi. Mere mann mein gussa toh aaya ki, Vanshika se ladai hone ki wajah se mujhe kyun itna ignore kiya, par maine khud ko shaant kiya aur unhein seedhe call kari aur wajah janne ki koshish kari.

'Hello, haan ji, toh bataiye, kya hua tha?'

'Arey yaar pagal hai ye ladki. Ek toxic ladke ko boyfriend bana ke baithi hai. Maine hazaar baar samjhaya hai breakup kar le, free ho ja ussey, lekin samajhti hi nahin hai,' Saloni ne irritate hote hue kaha.

Issey pehle main kuch sochta, ya poochta, unki aawaz sun kar meri saari naraazgiyan jaise door hi ho gayi. Itni meethi aawaz, irritate hote hue bhi woh itni pyaari lagti thi ki jiska koi jawaab nahin.

'Achha koi nahin, aap ka kaam hai samjhana, agar woh nahin samajh rahi toh waqt ke saath saath khud samajh jayegi, aap chinta mat karo,' maine unhein samjhaya.

Us call ke dauraan maine unhein achhe se samjhaya aur shaant karaya, aur Vanshika ki baat hone ke baad maine unhe apni naraazgi bhi jatayi.

'Waise mujhe achha nahin laga; agar aap irritate ho bhi rahi thi toh aap mujhse share kar leti, main raat ko hi aapko normal kar deta,' maine kaha.

'I'm really sorry, mujhe laga main tumhein kya hi pareshaan karoon, main apne zone mein thi,' unhone maafi maangi.

'Aapko apne zone mein hone ki zarurat nahin hai, jab bhi aapka mann kharaab ho, irritation ho, dukhi ho, anxiety attacks aa rahe ho, mujhse share kar liya karo, main 2 minutes mein aapko theek kar diya karoonga,' maine bharosa dilaya.

'Haha, achha ji, theek hai phir toh, tumhein hi pareshaan karoongi,' unhone muskurate hue kaha.

Is tarah ki chhoti chhoti baatein jahan woh pareshaan hoti thi, main unhein achhe se samjha ke theek kar deta tha, aur unhein jitna zyada ho sake khush karne ki koshish karta.

Jaise jaise samay beeta, humari baatein aur bhi zyada badhne lagi. Woh apne sukh dukh share karti, main bhi apne sukh dukh unke saath share karta. Dheere dheere humari dosti aur bhi zyada gehri ho gayi.

Maine Saloni ko aksar western outfit mein hi dekha tha woh bhi sirf photos mein, toh mere mann mein ek sawaal aaya aur maine poochh liya, 'Maine aksar aapko photos mein bas western outfits mein hi dekha hai, aap kabhi suits nahin pehenti?'

'Suits ka itna zyada shauq nahin hai mujhe, bahut garmi lagti hai suits mein.'

'Oh ... achha ...'

'Kyun kya hua? Tumhein ladkiyan suit mein pasand hain?'

'Haha, haan kind of, matlab mujhe achha lagta hai, jab ladkiyan suit pehenti hain. Waise mujhe kapdon se koi bhi shikayat nahin hoti, bas aisa lagta hai ki, ladkiyon par Indian attire bhi achha lagta hai, woh aur bhi zyada khoobsoorat lagti hain, aur aap waise bhi itni sundar ho, jab suit pehnogi toh chaar chaand hi lag jayenge.'

'Oho, kya baat hai, chalo badhiya hai, kabhi try karoongi toh tumhein dikhaungi.'

Unse baat karne ki jaise aadat hone lagi thi aur aadat hi nahin, balki zarurat mehsus hone lagi thi. Jitni der baat na ho, utni der aisa lagta tha ki dobara kab baat hogi? Kab dobara unki aawaz sunne ko milegi? Unki hansi kaanon mein gunjti rehti thi. Woh itni haseen thi ki, main chah kar bhi unhein apne dimaag se nahin nikaal pa raha tha.

Main khud se sawaal karta,

Kya mujhe pyaar ho gaya hai?

Agar haan, toh Kaise?

Kab?
Kyun?
Aur agar nahin hua hai,
Toh phir ye sab kya hai?
Kyun ek naya shaqs mujhe itna apna sa lag raha hai?
Kyun mujhe uske toote dil ko jodne ki zidd hai?
Kyun woh shaqs meri khushiyon ko itna badha raha hai?
Kyun uske chote chote actions se mujhe fark pad raha hai?
Kyun main uske kareeb ja raha hoon?
Kyun pal pal ussey milne ke liye tadapta hoon?
Aisa toh sirf pyaar mein hota hai na?
Shayad ye pyaar hi hai.
Kya mujhe pyaar ho gaya hai?
Phir se?
Ye humdardi mohabbat kab ban gayi?
Woh anjaan shaqsiyat meri jaan kab ban gayi?

Aise kayi sawaal mujhe bechain kar rahe the. Unhein khush dekh kar khush hone laga, dukhi dekh kar chinta karne laga, naraaz dekh kar manane laga, aur unhein khud se door dekh paas aane laga. Haan, yeh mohabbat hi thi jo mujhe kheench kar le ja rahi thi unki ore.

Main yeh soch kar ghabra nahin raha tha ki mujhe phir se pyaar ho gaya, balki khush ho raha tha, kyunki mujhe pata tha ki main kitne khaas insaan ki taraf attract ho raha tha. Main aagey peeche ka kuch soch hi nahin raha tha, mujhe bas ek hi cheez samajh aa rahi thi ki, mujhe unka khayal rakhna hai, phir chahe woh meri ho ya na ho, woh meri kismat.

11
Izhaar-e-ishq

Humari zindagi mein bahut kuch hota hai; kabhi achha, toh kabhi bura, kabhi galat, toh kabhi sahi. Lekin, jab kisi ke liye mohabbat dil mein jaagne lagti hai, tab shayad hum sabse zyada alag aur khoobsoorat mehsus karte hain.

Woh meri zindagi ka naya mod tha, aur is naye mod ka naam tha Saloni. Saloni ke aane se maine apne andar kayi badlaav dekhe. Apne aap ko kisi ki bahut zyada fikar karte dekha, kisi ke liye humdardi aate dekha, kisi ki khushiyon ki dua mangte dekha, aur kisi ko khud se bhi zyada pyaar karte dekha. Mere jazbaat Saloni ke liye ab badalne lage the, main unke kareeb ja raha tha aur yeh ehsaas-e-ishq tha.

Kareeb do mahine beet chuke the Saloni se baat karte hue. In do mahino mein maine Saloni ko bahut achhi tarah jaan liya tha. Mujhe samajh aa gaya tha ki woh kya shaqsiyat hain. Woh apne ateet ke kisse suna kar mujhe apne pyaar karne ki gehraiyan batati thi, aur kahin na kahin mere mann mein yeh aana shuru ho gaya tha ki, kaash main hota unke ex ki jagah par, toh kitna khoobsoorat hota! Mujhe woh sara pyaar milta jo usey mila tha, aur main toh kadar bhi karta us pyaar ki, jitna milta ussey dus guna zyada pyaar deta Saloni ko.

Main yahi sochta ki kaash Saloni ki zindagi mein Abhishek ki jagah main aur meri zindagi mein Zoya ki jagah Saloni hoti toh humari zindagi bhi kitni khoobsoorat hoti. Jab maine apne aap ko Abhishek ki jagah par rakhna shuru kiya tab meri tadap aur bhi zyada jaagne lagi Saloni ko paane ki, unse milne ki, unke saath waqt guzarne ki, zindagi guzaarne ki. Maine kayi raatein socha ki aaj keh du apne dil ki baat, par, na jaane kyun tham jata tha, na jaane kyun himmat hi nahin hoti thi izhaar-e-ishq ki.

Waqt guzarta raha ...

Ek taraf main Saloni ke baare mein itna soch raha tha, dusri taraf aaj mere liye ek khaas din bhi tha. Aaj mera phone, jo maine online order kiya tha, woh aana tha. Ritabh aur Rajeev ke phones aa chuke the, jinhein dekh kar main apne phone ke liye bahut zyada excited ho raha tha. Mujhe shuru se hi phones aur gadgets ka bahut shauq tha, ghar ki financial condition bahut zyada achhi na hone ki wajah se main ye shauq zyada poora nahin kar pata tha.

Raat ki office ki shift khatm karne ke baad jab main ghar aaya toh mujhe excitement ki wajah se neend hi nahin aayi. Sab so gaye aur main sara din jaag kar wait karta raha ki kab ayega mera parcel aur kab main apne naye phone ko experience karoonga. Yeh mera pehla phone hone wala tha jo maine apni kamayi se khareeda tha. Office mein extra kaam kar kar ke, dus ghante ki naukri ko baarah ghante kar ke jo incentives milte the, unhein jod ke maine apne liye ye phone khareeda tha.

Shaam ke kareeb 5 baj gaye, meri aankhein laal ho chuki thi, kyunki mujhe jage hue lagbhag choubees ghante hone wale the. Idhar Ritabh utha aur Rajeev bhi apne room se bahar aaya, aur jab unhone mujhe pehle se jaga hua dekha toh woh dono chaunk gaye.

'Bhai tu soya nahin hai ya humse pehle uth gaya?' Ritabh ne shocked ho kar mujhse poochha.

'Abey neend hi nahin aayi phone ke excitement mein,' maine apni aankhein masalte hue kaha.

'Bhai tu alag hi pagal hai, so hi jata, waise bhi parcels shaam ko hi aate hain, apni neend poori karta, ab office kaise jayega?' Rajeev ne kaha.

'Office ki office mein dekhi jayegi,' maine apne phone mein parcel ki notification ka intezaar karte hue Rajeev se kaha.

Idhar Saloni ka bhi ghar lautne ka time ho gaya tha. Jab bhi mujhe pata hota tha ki Saloni kahin travel kar rahi hain—ghar se college, college se ghar, ya kahin bahar apne dosto ke saath—toh mere andar bahut tadap uthti thi unse kahin milne ki. Bahut mann karta tha unhein dekhne ka, bas ek jhalak hi sahi, door se hi sahi, lekin kabhi himmat nahin kari; ye soch kar ruk jata tha ki kahin woh is baat ka bura na maan jayein aur baat karna na band kar dein.

Is tarah ka darr mere andar Zoya ki wajah se aaya tha, woh bahut control karti thi humare rishte ko, chahe woh dosti ka ho ya ussey aagey ka.

Subah se shaam hui, shaam se raat, main yahi sab soch raha tha ki itne mein delivery boy ki call aa hi gayi. Main usko dekh kar bahut khush ho gaya. Khushi se main sab chhod chhad ke ghar ke darwaaze ki ore bhaga, maine darwaaza khola toh woh delivery boy smile karta hua mere phone ka dibba pakde khada tha.

'Bhaiya paani piyoge aap?' maine unke haath se parcel lete hue poochha.

'Haan ji sir zaroor.'

Delivery boy ne haami bharte hue kaha, main daud kar unke liye ek glass paani lekar aaya. Jab tak woh paani pee rahe the, main dibbe ko yunhi niharta raha, usey hila kar dekha check karne ke liye ki haan, woh bhaari bhaari si cheez phone hi hai na. Main bhi excitement mein kuch bhi kar raha tha.

Unhone paani pi kar glass mujhe de diya. Main jaldi se darwaaza band kar ke apne room mein gaya, wahan par Ritabh aur Rajeev bhi intezaar kar rahe the mere phone ki unboxing ka. Woh dono bhi excited the ye soch kar ki hum teeno ne hi apni apni kamai se apne phones liye hain. Maine phone ka dibba nikala, aur dheere se uske cover ko khola. Phone dekh kar toh jaise dil khush hi ho gaya. Woh hota hai na, jab aap aankhon se nahin, dil se rote ho, woh bhi khushi se, bas wahi hua, aankhein namm nahin thi, dil khushi se namm ho gaya tha.

Main iske baare mein Saloni ko batana chahta tha, unhein apne naye phone se call karna chahta tha. Maine jaldi jaldi usey on kiya, setup kiya aur unhein call kiya, magar unka phone nahin utha. Main thoda sa upset hua, kyunki woh main usi waqt karna chahta tha, woh usi waqt ki khushi thi, usi waqt main unke saath woh pal baantna chahta tha, par shayad woh busy thi.

Maine apna mood zyada kharaab nahin hone diya aur apne naye phone ke features dekhne laga. Shaam usi mein guzar gayi. Raat mein jab office jaane ka waqt aaya toh maine apna mann badal diya.

'Chal na, kya hua? Manager gussa karegi faltu mein,' Ritabh ne mujhe manate hue kaha.

'Karne de gussa, unse bol dena ki meri tabiyat kharab hai.'

'Theek hai, jaisi teri marzi.'

Ritabh aur Rajeev dono office ke liye nikal gaye aur main ghar mein akela tha. Raat ke kareeb 10 baj rahe the, aur abhi tak Saloni se koi reply nahin aaya tha. Main kaafi der se intezaar kar raha tha unka. Mere mann mein khayaal aaya ki mummy papa ko call kar ke unhein batau apne naye phone ke baare mein, toh maine mummy ko call kiya.

'Haan beta, kaise ho? Aa gaya phone?' mummy ne khushi khushi kaha.

'Hain? Aapko kaise pata?' maine surprise ho kar unse poochha.

'Arey beta, maa hoon teri, sab pata chal jata hai mujhe,' mummy ne hanste hue kaha.

'Arey bataiye na kaise pata chala aapko?' maine phir se poochha .

'Bhool gaya? Kal tu keh raha tha na ki aaj tera phone aayega!' mummy ne bataya.

'Oh haan, yaad hi nahin raha mujhe.'

Jab se Saloni mein khoya hoon, kuch yaad hi nahin rehta, koi hosh nahin rehta. Kal hi ki baat thi aur mujhe yaad bhi nahin raha ki maine hi unhein bataya tha.

'Bada bhoolne laga hai aaj kal tu cheezein, abhi us din baat ho rahi thi aur tu baat karte karte chala gaya bol ke ki tu call karega, phir tune call hi nahin kiya, kya baat hai, sab theek toh hai?'

'Arey aisi koi baat nahin hai, bas office ki bhaag daud mein cheezein yaad nahin rehti.'

'Achha, aisi koi tension lene ki zarurat nahin hai, shuruaat hai career ki, abhi toh bahut aagey jana hai, bahut kuch haansil karna hai. Thoda thanda rakha kar dimaag, thande paani se nahaya kar, thanda rahega,' mummy ne mera mood light karte hue mazaak mein kaha.

'Haan, aise hi toh thanda rakhte hain khud ko, thandi paani se naha kar, thanda paani pi kar,' maine bhi sarcastically bola.

'Hahaha, haan, bas aise hi.' Mummy hansne lagi.

Kuch der mummy ke haal chaal le kar, papa se baat kar ke maine call rakh di. Ab akelapan sa lagne laga mujhe. Ghar se door, maa baap se door, chahe jitne bhi logon ke saath raho, jaise marzi halaaton mein raho, maa baap ke bina adhurapan sa lagta hai.

Saloni ka call toh aaya nahin, aur na hi message aaya, par mere mann mein na jaane kyun aaj bahut kuch chal raha tha, bahut si baatein thi dil ki jo main unhein batana chahta tha, jo itne dino se dabaye chal raha tha. Aaj dil shayarana sa lag raha tha, toh isi shayarane andaaz mein maine kuch likhne ka faisla kiya.

Kareeb 1 ghanta baith ke maine woh likha jo Saloni ke liye mere dil mein tha. Aaj main izhaar-e-ishq karne ja raha tha, bahut himmat kar ke Saloni ko propose karne ja raha tha. Mujhe nahin pata unka kaisa reaction hoga, mujhe nahin pata woh mujhe apnayengi ya nahin, par ye dil ki baatein bahut zaruri thi unhein batani. Is dauraan mere paas Saloni ke 3-4 messages bhi aaye, par main likhne mein itna kho gaya tha ki unhein reply hi nahin kiya.

Unhein pata bhi nahin tha ki main office nahin gaya hoon. Jab unhein pata chalta toh woh khush hoti ki hum aaram se raat mein baat kar payenge. Itna gehra toh ho hi gaya tha humara rishta, dosti ka rishta hi sahi, par dosti ki gehraiyan bhi chhu li thi humne.

Raat ke 11.11 baj rahe the. Kehte hain, raat mein samay jab 11.11 hota hai, toh jo dua maango poori ho jaati hai. Maine dua mein Saloni ki khushiyan maang li, bhagwan unki saari khushiyan lauta dein unhein, ek khush haal zindagi de unhein. Dua maangne ke baad maine bahut himmat kar ke unhein call kari.

'Hello, kya baat hai, badi jaldi break ho gaya aaj?' Saloni ne surprised hote hue poochha.

'Nahin nahin, aaj main office nahin gaya,' maine bataya.

'Kyun? All good? Tabiyat wagairah sab theek toh hai na?'

'Haan haan, sab theek hai, bas aise hi, aaj mera phone aa gaya toh bas usi khushi mein nahin gaya,' maine thoda excited ho kar unhein bataya.

'Arey waah, finally ladke ka phone aa hi gaya. Congratulations! So happy for you.'

'Thank you! Achha aaj ek request karoon, mana toh nahin karogi?'

'Hukum kariye janaab, request kyun?'

Saloni bahut achhe mood mein lag rahi thi, pata nahin aagey jo bhi main unse kehne, maangne aur poochne wala tha, uske liye woh ready thi bhi ya nahin. Ek baar ko mann mein ye darr bhi aaya ki kahin meri wajah se unka mood na kharaab ho jaye. Par maine phir bhi himmat kar ke poochh hi liya.

'Kya aaj hum video call pe baat kar sakte hain?' maine hichkichate hue poochha.

'Bas, itni si baat? Kyu nahin, mujhe 2 minute do.' Saloni ne samay maanga.

Woh 2 minute ke intezaar ne jaise hulchul hi macha di dil mein. 2 minute baad unki WhatsApp par video call aayi. Maine bahut himmat kar ke woh call uthayi.

'Hello ...'

Issey pehle main aagey kuch bolta, unka chehra dekh kar jaise meri dhadkanein hi tham gayi. Woh bahut khoobsoorat lag rahi thi. Blue color ki superman wali T-shirt pehni hui, khule baal, room ki halki yellow lights mein unka chehra aur bhi zyada khil raha tha. Main kuch lamhon ke liye jaise bilkul tham gaya.

Woh mujhe dekh kar jis tarah muskurayi, unhein bhi andaza ho gaya tha ki main kaisa mehsus kar raha hu. Mujhe nahin pata ki woh ab tak mere jazbaaton ko kitna samajh payi thi; par unki taraf se dosti zaroor gehri thi aur us dosti ke naate hi woh mujhe itni ehmiyat deti thi. Ab janna ye tha ki, aaj ye rishta dosti se pyaar mein badalta ya nahin.

'Aap toh bahut sundar ho yaar,' maine unki tareef karte hue kaha.

'Haha, main kaha sundar hoon, waise tum bhi cute se ho.' Unhone apni tareef thukra kar meri tareef kari.

'Nahin, seriously aap bahut sundar ho, aur ye koi tareef nahin hai, sach hai. Waise, maine aaj kuch likha hai, padhogi aap?' maine ghabrate hue, hichkichate hue poochha.

'Oho, aaj kya likha hai shayar sahab ne? Aur main padhu? Kyun? Aap padho, aap ki toh aawaz bhi itni badhiya hai, meri gandi si hai, aap hi padho.'

'Nahin, aap hi padho please.'

Main chahta tha Saloni padhe, apne jazbaat sab bayaan karte hain, main unki aawaz mein sunna chahta tha, kyunki main aisa mehsus karna chahta tha jaise woh mera dil padh rahi hain, bas isliye.

'Achha theek hai, bhejo mujhe,' Saloni ne maante hue kaha.

Maine unhein apne saare jazbaat bhej diye. Woh message kaafi lamba tha, aur Saloni woh message dekh kar aisi ho gayi ki, itna sara padhna padhega? Aisa unhone kaha nahin, par unke chehre par dikh gaya tha. Maine pehli baar unse ek request kari thi, toh woh us request ko thukra nahin payi, isliye unhone bhi khushi khushi chehre par ek muskurahat rakh kar padhna shuru kiya.

Haan, hone laga hai mujhe tumse pyaar!
Kuch chand mahine hi toh beete the ki main tumhare itna paas aane laga. Mujhe toh khabar bhi nahin hui ki main kab, kaise, or kyun, tumhari ore khicha chala aaya.

Tumse baat nahin bhi ho rahi ho tab bhi tumse baat karne ke baare me sochta hoon, sochta hoon ki main tumhari vo kuch kuch khatti kuch kuch meethi baatein sun raha hoon, aur tumhari aawaz abhi bhi kahin mere kaano mein jaise goonj rahi hai.

Hadd se bhi zyada khush hone lagta hoon jab bhi sochta hoon ki ghar jake fir tumhari sukoon bhari aawaz sununga, jisse mere kaano ke parde bhi lehra uthenge.

Tumhara meri ore dekhte hue hansna, paas aana or meri dhadkan ka jaise achanak badh jana; tumhari maujudgi me vo ehsaas hai jo kahin or nahin.

Ek ghabrahat si hone lagti hai, jab bhi tumse milne ke baare me sochta hoon, kuch pareshaan sa ho jata hoon ye soch ke ki chalo mil toh lunga, lekin milke fir jab tumse juda hounga, toh ro hi jaunga, chahe kuch waqt ke liye hi sahi, par haan shayad aisa hi hoga.

Kabhi kabhi tumhe bhi lagta hoga na ki kaun ladka aaj ke zamaane me itna nazuk hota hai. Bas itna samajh lo ki jab kisi ladke ko pyaar hota hai na, toh bas us insaan ke alawa usey aur kuch nahin dikhta, vahi taakat or vahi kamzori ban jata hai, vahi majboori or vahi sahara ban jata hai.

Tumhe khone se bhi darta hoon aur tumhare paas aane se bhi. Vo ek darr hota hai na, firse chhode jaane ka, vo itna zyada satata hai ki bas ... lekin fir tum chupke se mujhe aawaz deke sab theek kar deti ho.

Hum agar kuch kaam kar rahe hote hain toh bol dete hain logon se ki hum baat nahin kar sakte. Aaj bhi duniya ko bol doon ki haan main nahin baat kar sakta, lekin jab tumhara naam padhta hoon na, kasam se khud se sawaal karta hoon ki kaise ye mauka chhod du tumhari aawaz sunne ka, tumse baat karne ka.

Chahta hoon rehna tumhare saath mein, chahta hoon vo sab kuch du tumhe jiske liye tum tadpi, tarsi or bechain rahi, lekin jaldbaazi bhi nahin karna chahta, waqt dena chahta hoon tumhein aur khud ko, ek dusre ko janne, pehchanne or parakhne ka. Kyunki aksar jaldbazi ke faisle kuch mushkilon mein daal dete hain.

Kal ko tum mujhe apnao nahin bhi, tab bhi chalega, bas us faisle se tumhein khushi honi chaiye toh main bhi khush ho jaunga tumhari khushi mein. Maine pyaar tumse bina kisi shart ke kiya, vo meri kismat hogi agar tum meri banogi. Nahin bhi hogi toh koi baat nahin, jee pehle bhi rahe the, fir jeeke dekh lenge ek baar.

Tumhara apne hotho se mera naam lena ek dost ki tarah, or mera tumhari ore khinche chale jana, ek pyaar ki tarah, bahut achha lagta hai mujhe.

Khinch toh tum bhi rahi ho meri ore, lekin kuch darti bhi ho tum mujhse, sochti hogi ki itna sachha koi kaise ho sakta hai, kaise koi itne kam samay mein kisi ki rooh chhu sakta hai, kahin ye sab jhooth toh nahin?

Pyaar ka ehsaas waqt ke saath or insan ke door hoke bhi paas rehne par hota hai, toh thoda waqt tumhe bhi lagega meri in pyaar bhari baaton ko samajhne mein. Aaj in baaton ko sunti ho, kal tum mehsus bhi karogi.

Pyaar karna jitna asaan hai utna hi mushkil usey nibhana hai, ye woh aag ka dariya hai jismein doob ke jana hai. Main nahin chahta ki khud doob ke tumhein sahara du, main chahta hoon toh sirf itna hi ki hum dono ek dusre ko sahara dein, humesha.

Kitna kuch kehna hai kitna kuch sunna hai, lekin jaldi nahin karna kuch, isliye araam se rahunga tumhare paas, lekin rahunga sirf or sirf tumhare paas.

Kyunki haan, hone laga hai mujhe tumse pyaar.

Jo shuruaat thi, woh ek muskurahat ke saath thi, par aakhir tak aate aate us chehre ki saari muskurahat jaise chali gayi. Jis chehre pe muskurahat ke phool khile the, woh ashqo mein badal gaye. Woh khamosh thi, mujhse nazrein nahin mila rahi thi, unhein rota dekh meri bhi aankhein bhar aayi. Main himmat nahin kar pa raha tha kuch kehne ki, dimaag mera kaam karna band kar chuka tha, par us khamoshi ko shayad sirf main hi tod sakta tha.

Maine bahut himmat kar ke unse poochha .

'Kya tumhein bhi hone laga hai mujhse pyaar?'

12
Inkaar ya intezaar?

'Pyaar? Main toh tumhein apna best friend maanti thi, aur tum mujhse pyaar karne lage? Yeh sab kya hai Anubhav?'

Saloni ke reaction se main ghabra gaya, par mujhe jawaab toh phir bhi dena tha unke sawaal ka.

'Kya pyaar karne ka matlab yeh hota hai ki woh insaan ab aapka dost nahin? Aap meri best friend ho, aur humesha rahogi, lekin mere andar feelings sirf dosti ki hi nahin hain, mujhe pata hai aapke liye yeh bahut shocking hai, aur shayad mere liye bhi yeh bahut naya ehsaas hai, par jaisa bhi hai, jo bhi hai, sach yahi hai.'

'Par maine toh tumhein bataya tha na ki meri zindagi mein ab pyaar ki koi jagah nahin hai. Sab kuch janne ke bawajood bhi tumne yeh kiya?'

'Kiya? Pyaar kiya nahin jaata, mujhe pyaar hua hai, maine jaanbujh ke nahin kiya kuch, aur sach kahoon toh mujhe bhi nahin pata mere andar yeh feelings aani kab shuru ho gayi, kab aap mere liye duniya ki sabse zaroori insaan ban gayi.'

'Anubhav, main tumhari bahut izzat karti hoon, par mujhe nahin lagta yeh sab sahi hai, mujhe na hi ab kisi par pyaar mohabbat ko lekar bharosa hota hai, na relationships pe trust hai, main azaad rehna chahti hu, bahut qaid mein reh li in rishton ke.'

'Saloni, aap azaad hi ho, aur humesha rahogi, aapko kabhi kisi bandish mein nahin rakhunga main, kabhi kisi cheez ke liye nahin rokunga tokunga main, khaas kar aisi koi cheez jo aap dil se karna chahti ho.'

'Main abhi kuch bhi nahin jaanti, mujhe ye sab samajh mein nahin aa raha hai. Main filhaal koi jawaab nahin de sakti.'

'Koi baat nahin, kisi jawaab ki zaroorat nahin hai, aapke liye main ek dost hoon aur mere liye aap mera sab kuch, jis din aapke liye main aapka kuch lagne lagu, us din mujhe jawaab de dena.'

Woh raat bahut lambi thi, waqt guzar hi nahin raha tha. Us conversation ke baad Saloni ne phone rakh diya; shayad unke paas kuch baat karne ko, kuch kehne ko, kuch samajhne ya samjhane ko bacha hi nahin tha. Humare beech ek awkward moment aa gaya tha jahan hum baat kar nahin pa rahe the, saamna nahin kar pa rahe the ek dusre ka. Mujhe aisa lag raha tha ki kahin maine toh woh comfort zone kill toh nahin kar diya jo Saloni ke liye maine banaya tha.

Us raat ke baad Saloni ke bartaav mein kuch badlaav aane laga. Aisa lag raha tha jaise woh kuch door ho rahi thi mujhse. Jis baat ka darr tha, wahi hone laga.

Main jab bhi Saloni se baat karta, woh kahin na kahin busy rehti, aur free bhi hoti toh mere messages ka reply karna pasand nahin kar rahi thi. Mera mann bahut ro raha tha, main bahut pareshaan ho raha tha, main unse baat karna chahta tha, unhein samjhana chahta tha, yakeen dilane ki koshish kar raha tha, par, meri saari koshishein nakamyaab hoti ja rahi thi.

Us propose wali raat ko guzre hue hafta beet gaya tha. Ek din cab ka tyre puncture hone ki wajah se main office late panhucha. Ab rule ke hisaab se maine late login kiya jiski wajah se mera half-day mark ho gaya. Maine apni manager se kaafi request ki, lekin unhone mere saare reasons ko excuses maan kar meri attendance late mark rehne di. Is ek din ki attendance late mark hone ki wajah se mera is mahine ka attendance bonus maara jata, jiski wajah se main aur bhi zyada pareshaan ho gaya tha.

Us raat main apne cabin mein baitha tha, aur humesha ki tarah mera phone mere paas nahin tha. Mere mann mein bahut si baatein chal rahi thi, dimaag pareshaan ho raha tha. Haqeeqat mein mera mann attendance ki wajah se utna kharaab nahin tha, jitna Saloni ke ignorance ki wajah se tha.

Mujhe bahut tez gussa aaya, maine apne system ko chhoda, cabin se bahar nikla, aur seedhe office ke bahar nikal aaya. Peeche se kayi logon ne aawaz lagai, Ritabh ne, meri manager ne, par maine kisi ki nahin suni. Attendance toh half mark kar hi di thi, ab maine bhi thaan liya tha, main ab kaam bhi aadhe din hi karoonga.

Kaafi tez kadam badhate hue main stairs se neeche ki ore gaya, jaldbaazi mein kisi ko mera dhakka bhi laga, par maine dhyaan nahin diya, aur locker room mein aaya. Locker se apna phone nikala toh dekha Saloni ka koi message ya call nahin tha. Maine WhatsApp check kiya toh wahan par Saloni online thi.

Unhein online dekh mera khoon aur bhi zyada jal gaya. Maine bina kuch soche samjhe unhein calls karna shuru kar diya aur 2-3 calls ke baad unhone finally meri call pick kari.

'Saloni, aap mujhse baat kyun nahin kar rahi hain?' maine gusse se poochha.

'Woh main zara busy thi, kyun kya hua, batao?' Saloni ne bahut normally mujhe reply kiya.

'Jhooth! Aap aisa kyun kar rahi hain mere saath?' Maine seedhe point pe aate hue poochha.

'Maine kya kiya tumhare saath?' Unhone anjaan bante huye poochha.

'Aapko pata hai aap kya kar rahi hain, bas mere sawaal ka jawaab do, aap aisa kyun kar rahi ho?' Maine unse jawaab maanga.

Kaafi der ye silsila chalta raha. Main office ki building ke bahar idhar se udhar chakkar lagata raha, aur unse poochta raha, magar woh baat ghumati rahi, idhar udhar ke bahane banati rahi, par main bhi unke kisi bahane ko accept karne ke liye tayyar nahin tha.

Phir kuch der baad unhone kaha, 'Anubhav, dekho, main bas itna kehna chahti hoon, main woh nahin de sakti tumhein, jo tumhein chahiye.'

Maine unki baat ko beech mein kaat te hue achanak se poochha, 'Kya maanga hai maine aapse, Saloni? Aakhir maine maanga kya hai? Maine sirf izhaar kiya apni feelings ka. Maine aapse koi relationship ki demand ki? Kya maine aapke saath zabardasti ki ki aap mere saath relationship mein aao? Kya maine aapko emotionally torture kiya is sab ko lekar? Nahin, maine bas itna kaha tha ki jis din main aapke liye aapka kuch lagne lagu, us din bata dena jo aapke mann mein ho mere liye, bas!'

'Lekin expect toh karoge hi na tum, aur main tumhein apni aankhon se apni hi wajah se hurt hota hua nahin dekh sakti, isliye door ja rahi thi tumse.'

Unke munh se itna sun ke jaise mujhe mere saare sawaalon ke jawaab mil gaye. Main ro pada, nahin rok saka apne aansu behne se. Unhone bata di wajah apne is behaviour ki, lekin yeh wajah unki madad nahin kar sakti thi mujhe unse pyaar karne se rokne mein.

'Saloni, aapne mujhe ek hafta ignore kiya sirf isliye ki aap mujhe khud se door karna chahti thi?' maine rote rote poochha.

'Anubhav, please ro mat yaar, mujhe aur guilt mat do,' Saloni ne roti hui aawaz mein kaha.

'Guilt? Aur jo mujhe pichle ek hafte se itna hurt kar rahi ho, uska kya? Kya aapko lagta hai dooriyon se pyaar kam ho jata hai kisi ka? Dooriyan pyaar badha sakti hain, kam nahin kar sakti, khaas kar meri mohabbat toh bilkul bhi nahin.'

'Tum aisi baatein kyun kar rahe ho?' Itna bolte hi Saloni bhi ro padi, unhein mehsus ho gaya tha ki woh galat kar rahi thi mere saath. Woh jaane anjaane mein mera dil dukha rahi thi, mujhe hurt kar rahi thi, aur jitna main unhein jaanta tha, woh kabhi kisi ka jaane ya anjaane mein dil dukha kar khush nahin reh sakti thi.

'Aapko mera pyaar nahin apnana, mat apnao, lekin humare itne azeez rishte ko, itni pyaari dosti ko toh mat apne pairon tale kuchlo. Woh meri kismat hogi agar mere naseeb mein aapka pyaar nahin hoga, lekin, aap mujhse door ja kar mujhe yeh pachtava mehsus mat karao ki, mere andar aapke liye feelings aayi isliye aap mujhse door ho gayi ...'

Saloni khamosh ho gayi, shayad unke paas kehne ke liye kuch baaki nahin tha.

'I'm really sorry agar maine kuch galat bola aapse, main aapka dil dukhana nahin chahta tha. Main bas aapko apni condition bata raha tha, jo aapse baat kare bagair ho gayi hai meri. Main aapko khona nahin chahta, kisi keemat par nahin, phir chahe mujhe saari zindagi aapka dost reh kar hi guzarni pade, main kabhi bardaasht nahin kar sakta aapko apni zindagi se door jaate dekh,' maine baat sambhalte hue kaha.

'Achha shaant ho jao aap, main nahin ignore karoongi, jo hoga dekha jayega, par ye friendship mere liye bhi bahut zaroori hai, aaj tak maine jitne bhi dost banaye, ek samay ke baad sab mere saath physical hone ki chahat rakhne lagte the, aap aise nahin ho, mujhe nahin pata mera yeh vishwaas sahi hai ya nahin, par jitna main kar paayi hu, us hisaab se itna keh sakti hu.'

Saloni ki baato ne mere mann ko kaafi hadd tak shaant kar diya tha, unka itna kehna ki woh mujhe ignore nahin karengi, kaafi tha mere dil ko rahat dene ke liye. Unhone mujhse maafi maangi apne behaviour ke liye aur wada kiya ki woh mujhe ignore nahin karengi. Us lamhein mein mere liye sabse khaas baat bas wahi thi.

'Achha, ek cheez maangu aapse?' Saloni ne bahut masoom si aawaz mein kaha.

'De di ...' maine bina soche samjhe keh diya.

'Arey, buddhu, sun toh lo pehle,' Saloni ne hanste hue kaha.

'Achha boliye.'

'Mujhe sula do, neend nahin aa rahi, bas thodi der mere

saath phone par reh lo, iske baad aap phone rakh kar office chale jaana.'

'Haan haan, aap chinta mat karo, aankhein band kar ke araam se let jao, main yahin hu.'

Us raat ek bench par baithe baithe main Saloni ko sulane ki koshish karta raha, aur sulate sulate kab subah ho gayi pata hi nahin chala. Raat bhar main usi bench par raat ki khamoshi mein unke saath raha, ek call ke zariye hi sahi par saath raha, kyunki, maine kasam kha li thi, us shaqs ka saath kabhi na chhodne ki, woh kahengi, phir bhi nahin. Peeche se kayi calls aayi mere office se, mere colleagues ki par maine kisi ko respond nahin kiya, agar karta toh woh jo itni zaroori call chal rahi thi, woh kat jaati.

Raat ke 1.30 baje baat shuru kari thi, subah ke 8 baj gaye the, call ka runtime saadhe-chehh ghante ho gaya tha. 8 baje Saloni ka alarm baja college jaane ke liye, aur main abhi bhi phone par hi tha. Meri aankhein dard se bhari ho rahi thi. Unke alarm se woh uthi toh dekha call abhi bhi chal rahi hai.

'Hello, Anubhav?' Saloni ne neend bhari aawaz mein mujhe bulaya.

'Haan ji Saloni, bataiye? Aap uth gayi?' Maine pyaar se poochha.

'Main toh uth gayi, par aap? Aapko toh maine kaha tha ki aap chale jaana, aap gaye kyu nahin?' Saloni ne surprise hote hue sawaal kiya.

'Woh maine socha, shayad aap ki aankh na khul jaye beech mein, aksar aapko bure sapne aate hain, aur unki wajah se aap ki aankh khul jaati hai, toh bas isliye maine phone rakhna zaroori nahin samjha.'

'Aww ... so sweet of you, par tumhare office ka kya?'

'Woh main manage kar lunga, aap uski chinta mat karo. Aap achhe se so gayi na?'

'Haan, main toh achhe se so gayi, par mujhe bahut bura lag raha hai, meri wajah se aapka office ka ek din kharaab ho gaya.'

'Nahin, aisi koi baat nahin hai, bura mat lagaiye kisi cheez ka, bas aap araam se college jaiye, shaam ko baat karte hain, main zara ja kar dekhoon kya chal raha hai office mein.'

'Achha theek hai, main rakhti hoon phone.'

Maine achanak se unhein rokte hue kaha, 'Ek ... ek second, bas ek screenshot le lu, phir rakh dena.'

'Haha, lelo lelo, aur mujhe bhi bhej dena.'

'Done!' Maine keh kar phone rakh diya.

Mujhe nahin pata us raat office mein mujhe kitna loss hua, par jo maine gain kiya woh Saloni ka vishwaas tha. Ab unka mere izhaar-e-ishq par inkaar tha ya mujhe intezaar karna tha, yeh toh waqt hi batata, par us subah mere chehre par bahut badi si smile thi. Aisa lag raha tha jaise mujhe us raat ne bahut kuch de diya ho.

Woh ek khushi hoti hai na ki aap ki zindagi mein sab kuch sahi ho gaya achanak se, saare negative thoughts se azaadi mil gayi, sab kuch positive ho gaya, bas wahi tha.

13
Ek mulaqaat bhi zaroori hai na?

Baarish ki woh shaam thi, main apni balcony mein baitha neeche ki ore guzarte log dekh raha tha. Barasti boondon se bachne ke liye koi apne umbrella mein chhup kar apni manzil ki ore ja raha tha, toh koi ped ki chhaon se apne aap ko bheegne se bacha raha tha, tabhi meri nigaah ek couple ke upar padi jo bagair kisi umbrella ke baarish mein bheeg rahe the.

Unhein dekh mere chehre pe muskurahat hi aa gayi. Main door apni balcony se dekh kar khush ho raha tha ki kaise woh ek dusre ke saath bita rahe lamhein ko jee rahe the. Unhein dekhte dekhte main bhi na jaane kin khayaalon mein doob gaya. Khuli aankhon se sapna dekhne laga, aur us couple mein khud ko aur Saloni ko imagine karne laga.

Haathon mein haath liye hum barsaat mein bheeg rahe the, door ho kar bhi ek dusre ke kareeb aa rahe the. Baarish mein naachte jhoomte ek dusre ko jee rahe the. Woh khushi se naach rahi thi aur main unhein dekh bas muskuraye ja raha tha; behad khushnuma pal tha woh. Main unhein dekh hi raha tha ki achanak se mere sar pe bahut zor se kisi ne thappad sa mara, aur pal bhar mein mera sapna toot gaya.

'Kutte tujhe kab se bula raha hoon main, behra ho gaya hai kya?' Ritabh ne zor se chillate hue kaha.

'Hain? Tu hai kaun saale? Aur mere sapne mein kya kar raha hai?' Main abhi bhi jaise sapna hi dekh raha tha.

'Jaag jaa, jaag jaa, mat dekh din mein itne sapne, barbaad ho jayega!' Ritabh ne hanste hue kaha.

Ladki ka chakkar hai babu bhaiya, sab ladki ka chakkar hai ... Peeche se Rajeev ne taang kheenchte hue kaha.

Maine dono ko ignore kiya aur wapas mud kar dekha toh woh couple ja chuka tha, par mere chehre par ek muskaan chhod gaya.

Us raat ke baad Saloni ka bartaav phir se pehle jaisa ho gaya. Kitni choti choti cheezon mein khushiyan dhundh lete hain hum. Na pyaar mil raha tha, na hi koi rishta bana tha, bas woh achhe se do pal baat kar leti thi, wahi sukoon bhara ehsaas de jaata tha.

Mujhe zindagi se bahut zyada kuch nahin chahiye; jo us pal mein mil raha tha, kaafi tha. Par phir bhi ek khwahish thi mann mein ki ek mulaqaat ho jaye unse. Main unhein kareeb se dekhna chahta tha, unki maujudgi ko mehsus karna chahta tha; tasveeron mein toh aksar dikhti rehti thi, par woh ehsaas hi alag hota jo unhein kareeb se dekhne par hota.

Main aksar Saloni se milne ke liye kehta tha aur woh yunhi taal diya karti thi. Ek raat yunhi office ke break mein unse baat ho rahi thi toh maine poochha, 'Kab milenge yaar? Aap humesha taal deti ho ...'

'Main strangers se nahin milti!'

'Arey, strangers bhi kabhi na kabhi takra jaate hain ek dusre se, aap kab takraogi is stranger se?'

'Haha, itni bhi kya jaldi hai, mil lenge, aur sunao?'

'Yaar, baat mat kaato, batao na kab milogi mujhse?'

'Jab sahi waqt aayega, tab milungi.'

'Waqt humesha sahi hota hai, bas iraada banane ki baat hoti hai.'

'Main na tumhari aadatein nahin bigaadna chah rahi hoon, waise bhi pyaar kar baithe ho.'

'Oh, toh aapko lagta hai aise meri aadatein sudhar rahi hain? Maine kaha tha na, intezaar mein meri mohabbat gehri hogi aur kuch nahin, toh dekhlo aap.'

'Bas filmi baatein karwalo is ladke se jitni marzi chahe.'

'Aadat daal lo aap. Main toh aisa hi rahunga humesha.'

Woh baat wahin ki wahin reh gayi, aur mujhe is baar bhi koi surety nahin mili, humesha ki tarah.

'Achha, main ab so jaungi, toh ab beech beech mein aa kar phone mat dekhna, araam se office mein rehna, kaam karna, faltu mein meri wajah se sunte ho kisi se, mujhe achha nahin lagta.'

'Achha theek hai, nahin aunga main, good night, I love you!'

'Goodnight, aur main tab hi bolungi, jab feel karoongi!'

Main aksar hass ke taal deta tha, mann toh mera bhi bahut karta tha ki woh mujhe *'I love you'* bolein, par sabr karne ke alawa mere paas koi aur option nahin tha. Issey pehle bhi maine unhein ek baar kaha tha, tab bhi unhone yahi kaha tha. Saloni ne toh kabhi *'I love you'* nahin bola, par meri aadat bann gayi thi, jaate jaate yeh chota sa izhaar karne ki.

Office khatm hone mein bas 2 ghante baaki the, aakhri ke 2 ghante aksar mere khaalipan mein hi guzarte the, kyunki kuch khaas kaam nahin hota tha, toh jaise taise kar ke maine apna samay kaata. Time poora hone par maine logout kar diya, aur Ritabh ke saath main locker room se phone nikaal kar bahar punch-out karne ke liye jaane laga.

Sar mein kaafi dard mehsus ho raha tha sahi se neend poori na hone ki wajah se, toh bas yahi iraada tha ki ghar ja kar jald se jald so jaunga aur apni neend poori karoonga.

Ab tak maine apna phone check nahin kiya tha. Main punch-out karke main gate ki ore badh raha tha, itne mein cab book karne ke liye maine pocket se phone nikala toh dekha Saloni ke 4 messages aaye hue the.

Aaj mera viva hai college mein.
Main kareeb 1.30 baje free ho jaungi college se.
Agar aap milna chaho toh mil sakte hain.

Un messages ko padh kar main khushi se pagal sa ho gaya, apna sar dard, apni neend sab kuch bhool gaya us lamhe mein, bas un messages ko padh ke jaise rooh khush ho gayi meri. Maine bina deri kare unhein reply kiya.

Thank you!! I'm not gonna miss it! Waise kaha milenge hum?

Kareeb 10 minutes mein hi Saloni ka message aa gaya kyunki unke uthne ka samay bhi ho gaya tha.

Sector 18 mein hi milte hain kahin, mere college se paas padega, aap aajaoge na wahan?

Haan haan zaroor, main panhuch jaunga, bas aap mujhe café ya restaurant jo bhi ho uska naam bata dena, kyunki maine zyada explore nahin kiya Noida.

Cheenoz mein milte hain, achha hai woh.
Done!
See you soon!

Unse bye-bye toh ho gayi thi, par main hone wali 'hello' ke liye bahut excited ho gaya tha. Mera ek bahut bada sapna sach hone ja raha tha. Jab se mujh mein Saloni ke liye feelings aayi thi, aur khaas taur se jab se maine Saloni se apne pyaar ka izhaar kiya tha, uske baad se main bas yahi sochta tha ki kab milenge hum, kab woh mere samne aayengi, unke ek deedaar ke liye aankhein taras gayi thi, magar ab woh deedaar hone ja raha tha, meri aur unki mulaqaat hone ja rahi thi.

Main apni personal life zyada kisi se share nahin karta tha, toh Saloni ke baare mein maine Ritabh aur Rajeev kisi ko bhi nahin bataya tha. Maine soch rakha tha ki jab hum dono relationship mein aayenge, tab main bataunga unhein kyunki, mujhe ek cheez ka darr lagta tha, logon ki nazron ka, chahe koi kitna bhi apna kyun na ho, par nazrein na chah kar bhi lag jaati hain rishton ko, aur in sab wajahon se Saloni mujhse door ho jayein, ye main bardaasht nahin kar sakta tha.

Mujhe is baat ka ehsaas bhi hua ki Saloni kahin na kahin mujhe surprise dena chahti thi. Unhein pata tha ki woh aaj mil sakti hain, phir bhi woh mujhe chhed rahi thi yeh sab bol kar ki woh strangers se nahin milti.

Main ghar panhuch kar change wagairah karne laga. Rajeev aur Ritabh breakfast banane mein lag gaye, main mann hi mann mein bahut khush ho raha tha, aur is khushi ke mauke par mera mere favourite aloo pyaaz ke paranthe khane ka mann kar raha tha, toh maine Rajeev se wahi banane ke liye kaha.

Samay kareeb 9 baj ke 50 minute ho raha tha. Sab log kha pee kar apne apne bed par let gaye, idhar main lete lete phone chala raha tha, aur waqt kaatne ki koshish kar raha tha. Dekhte hi dekhte sab log so gaye aur main bas yahi soch raha tha ki, kaisi hogi pehli mulaqaat? Saloni ko main pasand toh aaunga na? Kahin koi gadbad na ho jaye ... Unse kya baat karoonga?

Mere mann mein yahi sab sawaal jawaab ka silsila chal raha tha, jaise overthinkers ke saath hota hai. Saath hi saath is baat ki bhi khushi thi ki yeh meri zindagi ki sabse pehli date hone wali thi. Main issey pehle kabhi ek aisi ladki ke saath nahin baitha jisse mujhe pyaar ho.

14
Woh haseen mulaqaat aur ek khaas naam

Dekhte hi dekhte 1 baj gaye. Ab samay tha jaane ka, mann mein bahut hulchul chal rahi thi, ghabrahat bhi thi, aur excitement bhi ho rahi thi. Mujhe samajh mein nahin aa raha tha ki, main kaise deal karoonga is situation se, bas himmat kari, bhagwaan se dua maangi ki sab achhe se ho jaye aur nikal gaya apni manzil ki ore.

Aaj jin raaston se hota hua guzar raha tha, unhein dekh kar aisa lag raha tha jaise kitni haseen hai yeh duniya, jis chehre par nazar pad rahi thi, maano woh mujhe *'All the best'* hi keh raha tha. Kareeb 20 minutes ki drive ke baad main cafe panhuch gaya. Panhuch kar maine Saloni se poochha toh woh bhi nikal gayi thi Amity se, aur unhein aane mein kareeb 15-20 min the.

Main khaali haath aaya tha, toh mujhe baar baar ye mehsus ho raha tha ki pehli baar mil rahe hain, at least main kuch doon unhein, haath sune na rahein mere. Ab bahut zyada paise toh nahin the mere paas, toh mere dimaag mein aaya ki ek gulab de deta hu, ek badi si chocolate ke saath. Maine itna socha hi tha ki meri nazar ek bachchi par padi jo apne roses bechne ke liye idhar udhar bhatak rahi thi.

Maine zyada der na karte hue usey apne paas bulaya aur ussey ek gulab ka phool le liya. Ab baaki thi chocolate toh main aas paas koi shop dhundhne laga jahan chocolate mil jaye. Bina zyada mehnat kare meri nazar ek shop par padi. Wahan se maine daud ke Saloni ke liye ek chocolate li aur wapas Cheenoz panhuch gaya.

May ka mahina apna kamaal dikha raha tha garmi ka keher barsa kar, par wahan intezaar karna zara bhi nahin khal raha tha, main chaahta tha Saloni ko neeche se receive kar ke hi upar lekar chalu, isliye building ke bahar hi haath mein gulab aur chocolate lekar khada raha main. Guzarti har car mein main bas ek hi chehre ko dhundhne ki koshish kar raha tha. Koi cab kahin aas paas ruk bhi rahi thi toh main yahi sochta. Shayad is mein hongi Saloni. Is wali mein toh pakka hongi. Kaash is mein ho.

Afsos, jis chehre ko main talaash raha tha, woh ab tak aaya nahin. Kareeb aadha ghanta intezaar karne ke baad ek car aakar ruki, meri nigaahein usi par thi, ek wahi car thi jo mere theek samne ruki thi, mujhe yakeen ho gaya tha ki is mein Saloni hi hogi. Sheeshe thode dark hone ki wajah se mujhe zyada achhe se dikh nahin raha tha ki andar kaun baitha hai. Woh ek cab thi, isliye jo bhi usme baitha tha, woh shayad paise de raha tha isliye usey waqt lag raha tha bahar aane mein.

Kuch der baad peeche ka darwaaza khula, aur usmein se ek bahut hi khoobsoorat si, yellow colour ke suit mein ek ladki nikli, aur mere dil se bas ek hi aawaz nikli, '**Meri Saloni.**' Unhein dekh kar main bachchon ki tarah khush ho gaya.

Unhein suit mein dekh kar toh aur bhi zyada achha laga mujhe; meri dili-khwahish thi unhein suit mein dekhne ki, aur unhein yaad bhi raha ki main unhein suit mein dekhna chahta tha. Thoda nervous ho gaya main toh meri himmat nahin hui unhein usi waqt rose aur chocolate dene ki, toh maine usey pocket mein rakh liya aur time na waste karte hue daud kar unke paas gaya, unhein *Hi* kiya aur unki cab ka door close kiya.

Ye karta dekh unhone mujhe bahut pyaar se ek smile ke saath *Thank you* bola.

'Tum bahar kyun khade the itni garmi mein? Andar baith jaate!' unhone surprise ho kar poochha.

'Umm, main ... bas yunhi, intezaar kar raha tha aapka,' maine jawaab diya.

'Ohho, tum bhi na.'

Phir hum dono stairs se upar gaye, wahan panhuch kar maine unke liye chair nikali aur pehle unhein baithne ke liye kaha. Unke chehre par dikh raha tha ki woh mere in actions ko dekh kar khush ho rahi hain. Dopahar ka samay tha, mere mann mein yahi aaya ki, baat shuru karne se pehle kuch order dete hain. Saloni ko bhookh lag rahi hogi kyunki college mein viva de kar seedhe yahin aayi thi woh.

'Kya khaogi aap?'

'Aap batao aapko kya pasand hai?'

Saloni ki chhoti chhoti baatein mujhe achhi lag rahi thi, woh har cheez ko acknowledge kar rahi thi, unke andar ek tameez thi, ek maturity thi jo ye show kar rahi thi ki woh bahut caring hain.

'Aap bataiye aapko kya pasand hai?'

'Let's eat pizza. Baaki aap batao aapko kya pasand hai?

Mere munh se aloo-pyaaz ka parantha nikalne wala tha. Maine khud ko control kiya aur thoda soch kar bola, 'I can have Chinese, noodles, pasta, anything would work.'

Mujhe ehsaas tha ki English bolne se thoda achha impression padta hai, toh jo mujhse ban pa raha tha, main bol raha tha, aakhir first impression ka sawaal tha. Saloni ko bhi Chinese food pasand tha, toh unka reaction bhi achha hi tha. Humne pizza aur noodles order kiye aur phir baatein shuru kari.

'So, Anubhav Agrawal, kaisa lag raha hai aapko Saloni Bector se mil kar?' Unhone bada hi itrate hue mujhse sawaal kiya.

'Mujhe toh bahut achha lag raha hai, matlab I don't have words toh express myself today.'

'Kya baat kar rahe ho? Writers ke paas bhi words ki kami ho sakti hai bhala?'

'Aap ki khubsoorti ne is writer ko khaamosh hi kar diya, baatein toh itne samay se kar hi raha hoon, aaj mauka mila hai aapko dekhne ka, toh jee bhar ke dekh lene do.'

Saloni itna sun ke blush karne lagi, shayad unhein is tarah se mera express karna bahut achha laga. Yunhi baaton ka silsila chalta raha; shuruaat mein toh main zyada baat nahin kar pa raha tha, kyunki mujhe thoda time lag raha tha unke saath khulne mein, lekin jaise jaise baatein aagey badhi, maine apne mann ki baatein kehni shuru kari. Mujhe ek choti si shikayat bhi thi unse.

'Main apne office ke breaks mein aapse baat karne aata hoon, breaks aadhe ghante ke hote hain, main 40-45 minutes tak rehta hu, koshish karta hoon ki jitni zyada baat ho sakti hai ho jaye, kyunki mann nahin bharta mera. Lekin aap, mujhe pata hai aapko TV pe kuch dekhte dekhte baat karna pasand hai, par bas aapse ek chhoti si request hai, uski volume thodi kam kar ke baat kiya karo, kitni baar mujhe aapki baat samajh hi nahin aati.'

Saloni ka ye sun ke reaction thoda mixed tha, ek taraf unhein hansi bhi aayi ki kaisi funny si request hai ye, aur dusri taraf unhein ajeeb bhi laga ki main aise complaint kar raha hoon humari first meet par, lekin unhone meri baat ko samjha, realize kara aur kaha, 'Achha, theek hai, main dhyaan rakhungi aagey se, I promise.'

Saloni ki baaton se ek cheez toh zaahir ho rahi thi ki woh mujhse shayad pyaar nahin karti, lekin unke liye main kuch toh mayene rakhta tha, ek jagah thi meri unki zindagi mein. Woh mujhe importance deti thi. Agar mujhe unse koi request hoti thi toh woh koshish karti thi ki woh us cheez ko honour kar sakein.

Inhi sab cheezon ko dekh kar mera pyaar unke liye gehra ho raha tha, aur mera yakeen is baat par aur zyada badh raha tha ki mujhe jis insaan se pyaar hua hai, woh sirf dikhne mein hi nahin, balki mann se bhi bahut khoobsoorat hai. Unka mann saaf hai, aur rishte bhi unke liye mayene rakhte hain.

'See, you're very important toh me, aur main chahti hoon ki humara ek naam ho, ek aisa naam jo sirf humara ho, jo hum ek dusre ko pyaar se bulayein, aur kuch different ho.'

Unki is khwahish se mujhe bahut special feel hua, woh jo importance wali baat mere dimaag mein aksar chalti rehti thi, uska ek example mere samne aa gaya. Maine ek badi smile ke saath kaha, 'Main chahta hoon ki aap hi yeh kaam karo. Ek badhiya sa naam socho, mujhe bahut achha lagega agar aap rakhogi naam.'

'Chalo theek hai, main soch kar bataungi,' Saloni ne kaha.

Baaton ka silsila yunhi chalta raha, woh chaar baatein apni kehti, chaar meri sunti, aur bahut hi interesting conversation chalti rahi. Itne mein humara order aa gaya aur waiter ne ek bada sa pizza humari table par serve kiya. Saloni ne usme se apna slice uthaya aur khaane lagi. Maine abhi shuru nahin kiya tha kyunki mere dimaag mein kuch chal raha tha. Unhone khate khate mujhse poochha, 'Kya hua, kha kyu nahin rahe tum? Tasty hai, kha ke dekho.'

Meri bahut dili-khwahish thi unke haath se khaane ki, toh maine bahut himmat kar ke unse kaha, 'actually, meri bahut badi khwahish hai, apne pyaar ke haath se khana khane ki; kya aap mujhe apne haath se khilaogi? Bas ek bite bhi chalegi.'

Saloni meri is demand ko sun kar surprised ho gayi, par unhone bina soche samjhe apna slice neeche rakha, ek naya slice nikala aur mujhe ussey ek bite khilayi. Maine hazaaron baar pizza khaya hai, hazaaron restaurants ka khaya hai, par us waqt us pizza ki ek slice mein jo mujhe swaad aaya tha woh kuch alag hi tha. Bahut hi lazeez tha woh ek bite aur uski wajah sirf ek hi thi. Jab koi apne haath se pyaar se kuch khilata hai na, toh woh khaana aur bhi zyada swaadisht ho jata hai.

Saloni ke haath ki us bite mein mujhe aisa laga jaise unhone us slice ke zariye mujhe apne pyaar ka swaad chakha diya tha. Meri rooh, jo ki pehle se hi itni khush thi Saloni se mil kar, uski khushi par chaar chaand hi lag gaye maano.

Baat karte karte unhone phone mein time check kiya aur kaha, 'Oh, 4 baj gaye, kamaal hai, pata hi nahin chala, ab mere ghar jaane ka waqt aa gaya hai.'

'Itni jaldi? Abhi toh mili ho, thodi der aur ruk jao, aap toh waise bhi 6 baje tak ghar panhuchti ho.' Maine unse request kari.

'Haan, but mujhe Amity jana hai, kuch kaam hai, uske baad main ghar ke liye niklungi, isliye jana padega abhi.' Saloni ne afsos bhari aawaz mein kaha.

Unke is tarah jaane ki baat karne par main bahut udaas ho gaya. Us lamhein mein bhagwaan se ek hi dua kar raha tha ki, aaj ye waqt theher jaye. Aisa lag raha tha ki abhi waqt hi kitna hua hai unse mile hue, abhi toh aayi thi, abhi toh kuch baatein shuru hui thi, kyun unhein itni jaldi jana hai.

Mann se udaas tha, par chehre se muskura raha tha, kyunki, mujhe jo mila tha, uske liye main Saloni ka bahut zyada shukrguzaar tha. Main aise baat baat par naaraazgi dikha kar, demanding ho kar, apna impression kharaab nahin karna chah raha tha, ajeeb si chep wali image nahin banana chahta tha unki nazron mein.

'Phir kab milogi?' Maine udaasi bhare chehre se poochha.

'Super soon!' Unhone ek pyaari si smile ke saath reply kiya.

Itna kehte hi Saloni ne waiter se ishaare mein 'Cheque' bola. Us pal mein main ek saath bahut kuch mehsus kar raha tha, kabhi khushi ho rahi thi is baat ko soch kar ki aaj finally pehli baar main us shaqs se mila jisse itne dino se baat ho rahi thi, jisse main itna pyaar karta hu, aur wahin dusri taraf unse ab vida lene ka gham.

Jitni der mein waiter cheque lekar aata, utne mein maine apni pocket mein se paise nikaal kar apne haath mein rakh liye. Waiter aaya aur maine uske haath se cheque le liya, itne mein Saloni ne mera haath roka aur kaha, 'Aaj nahin, let it be on me.'

'Arey aise kaise main aapko dene dunga, mujhe bilkul achha nahin lagega agar aap pay karogi,' Maine unka haath rokte hue kaha.

'I know, tumhein achha nahin lagega, par ek baat kahun, jis din haq hoga na, us din khud kahungi, abhi sahi waqt nahin hai, so let it be on me this time.' Unhone meri aankhon mein aankhein daal ke bahut hi intense look dete hue kaha.

Unka is tarah yeh baat kehna, kahin na kahin mere mann par ek chhaap chhod gaya, aur is baat ka bhi vishwaas hua ki woh din aayega, jab Saloni apne se juda har haq mujhe dengi. Thoda afsos hua, unse zid bhi kari, par unhone mujhe pay karne ka mauka nahin diya.

Bill clear hone ke baad hum uthne lage. Saloni ne apna bag uthaya aur maine unhein apne se aagey jaane ka ishara kiya. Woh mere paas se guzri aur darwaaze ki ore badhi. Mere paas abhi bhi Saloni ko kuch dene ke liye aur unse kuch lene ke liye tha. Idhar Cheenoz ka darwaaza band hua aur do kadam door seedhiyan thi. Maine apni pocket se rose aur chocolate nikale aur wahin apne ek ghutne par baith kar unka naam pukara, 'Saloni?'

Woh peeche mudi aur mujhe is tarah dekh kar achanak se blush karne lagi aur kaha, 'Awww ... This is so cute!'

'A beautiful rose for a beautiful lady!' Maine smile karte hue kaha.

'Haha ... Thank you so much! I love it!' Unhone khushi se kaha.

Unhone mere haath se rose aur chocolate li aur lekar apne bag mein rakh li. Rakhte hi woh stairs ki taraf kadam badhane lagi. Mujh mein bahut tadap thi Saloni ko ek baar gale se lagane ki. Main kab se chah raha tha ki ek baar kahoon unse, par himmat nahin hui. Magar woh ab ja rahi thi aur pata nahin dobara kab milti; main is mauke ko ganvana nahin chahta tha aur maine unse poochh hi liya, 'Can I get a hug?'

Saloni ne itna sunte hi peeche mud kar dekha, aur chhedne wale andaaz mein kaha, 'Main Strangers ko hug nahin karti.'

Aur yeh kehte hi Saloni neeche utarti chali gayi aur meri yeh khwahish adhuri reh gayi. Hum dono building ke bahar aaye aur wahin ruk gaye.

'Aap kaise jaogey ghar?'

'Don't worry, main metro se panhuch jaunga. Aur aap mujhe 2 minute do, main aapke liye cab book kar deta hoon Amity ki.'

'Arey nahin nahin, main kar lungi, aap tension mat lo, aap niklo araam se.'

'Nahin, bill pay karne ka haq aapne nahin diya mujhe, magar itna karna mera haq hai, aur humesha rahega, phir woh chahe dosti ke naate hi sahi.'

Saloni itna sun kar tham gayi aur unhein ehsaas hua ki main galat nahin bol raha. Unhone mujhe mauka diya unke liye itna karne ka. Maine bhi jaldi jaldi cab book kari. Woh mujhse kareeb 3-4 kadam door khadi thi toh maine unki ore apna haath aagey badhaya aur kaha, 'Aaj is stranger ko hug toh nahin kiya aapne, kya haath thaam sakti ho?'

Saloni is baar mujhe inkaar na kar saki aur paas aa kar unhone apna haath meri ore badhaya, maine bagair deri kare unke haath ko thaam liya, raahat bhari saans li aur kaha, 'Ab theek hai ...'

Saloni ye sun kar hansne lagi.

'Achha waise aapko aaj meri kisi baat ka bura toh nahin laga?' Main sure hona chahta tha.

'Nahin nahin, bura kis baat ka lagna hai? It was a perfect day!'

'So, matlab aap miss karogi mujhe ...' Maine chhedte hue kaha.

'Miss? Aur tumhein? Lol, zyada bano mat!' Unhone bhi itrate hue kaha.

'Bann nahin raha, main toh sach bata raha hu, dekhna, aaj bahut miss karogi mujhe ghar ja kar.'

'*Shutupp!!*'

Unhone hanste hanste kaha, par unki hansi ke peeche saaf dikh raha tha ki woh bhi meri is baat se agree karti hain ki woh mujhe miss karengi.

'Mera chhodo, apna batao? Tum miss karoge mujhe?'

'Main? Main toh abhi se miss kar raha hoon, woh bhi bahut zyada wala.'

'Achha ji? Karna bhi chahiye, main hoon hi itni achhi!'

'Achhi toh aap is duniya mein sabse zyada ho.'

Mere itna kehte hi cab driver ki call aa gayi mere phone par aur maine mann hi mann kosa usey mera moment kharaab karne ke liye. Par maine bagair deri kare woh call pick kari aur unhein directions bataye. Kuch hi seconds mein woh cab aa gayi aur maine phone mein dekh kar confirm kiya ki wahi hai.

'So, ja rahi ho aap?' Maine bahut bhaari aawaz mein kaha.

'Jana toh padega, kya kar sakte hain,' Saloni ne bhi udaas hote hue kaha.

Maine apne aansuo ko bahut koshish kar ke thaama, maine unhein 'Goodbye' kehna chaha par meri aawaz nahin nikli. Unke haath mein mera haath ab tak tha, par shayad ab waqt tha us haath ko kuch waqt ke liye chhod dene ka. Bas chehre par muskurahat liye unhein maine cab mein baithaya aur jaate jaate kaha, 'Araam se jaiyega, aur suniye, pehle Amity aur phir ghar jab bhi panhucho ek text drop kar dena.'

'Haan ji, I'll do it,' unhone smile karte hue kaha.

'Aur haan, I MISS YOU and THANK YOU SO MUCH FOR THIS AMAZING DAY!' Maine tez aawaz mein khush hote hue kaha.

'You deserve it,' Saloni ne pyaar se kaha.

Itna kehte hi woh cab aagey badhi aur dekhte hi dekhte mujhse door jaane lagi. Maine bhagwaan se bas ek hi dua maangi ki ek baar woh peeche mud kar mujhe dekh lein, bas ek baar. Ye dua mangte hue main us lamhe ka intezaar karta raha, ki ab mudengi, ab mudengi, and finally, unhone cab ke mudne se pehle ek baar peeche mud ke dekha aur pyaari si smile pass ki.

Maine turant apni pocket se phone nikala aur unhein message kiya.

'THANK YOU. I LOVE YOU SO MUCH!'

'*Choi*' Unhone reply kiya.

15
Nazdeekiyan

Yeh Choi kya hai? Mere dimaag mein yahi ghum raha tha. Maine Saloni ko message kar ke yeh janne ki koshish kari toh unhone mujhse kaha.

Ghar jaa kar bataungi, abhi aap bhi ghar jao, aur rest karlo, raat mein office bhi hai.

Maine bhi zid nahin kari aur yeh sochne laga ki woh mujhse keh toh rahi hain ki ghar jaa kar rest karlo, par jo aaj hua, unse milna, baatein karna, sang waqt guzaarna, iske baad mujhe kahan hi neend aane wali thi. Is ek mulaqaat ka jo asar mujh par hua tha, usko lafzo mein bayaan kar pana bhi mushkil tha. Na jaane neend bhi kaise aati, mujhe toh abhi se beete kuch ghanto ke khayaal aa rahe the.

Kaise mile hum, kya kya baatein ki, woh har ek lamha, aisa lag raha tha ki, abhi bhi meri nazron ke samne wahi sab chal raha hai. Waise ek baat toh maanni padegi, Saloni hain bahut achhi, jis tarah unhone pehli baar milne ke liye efforts kiye, meri chhoti chhoti khwahishein poori kari, aur woh bhi bina kisi shikayat ke, unse mil kar aisa lag raha tha ki Saloni jaisi ladkiyan agar is duniya mein saari ho jayein, toh na hi is duniya mein koi negativity rahe, aur na hi kisi ka dil toote.

Ghar parivaar ko achhe se handle karna, logon se baat karne ki tameez rakhna, confident hona ghar ke andar bhi, aur ghar ke bahar bhi, wafadari ke saath rishte nibhana, rishte nibhane ki samajh rakhna, kaun si cheez karni chahiye, aur kaun si nahin. Main bhale hi social media pe hazaron logon se baat kar ke unhein samjhata tha, sahi galat ki pehchaan karata tha, par main khud Saloni se bahut kuch seekhta tha.

Aaj ke zamane mein wafadari bahut short-lived hoti hai. Jab ek samay ke baad log bore hone lagte hain toh kisi aur ke saath nikal jaate hain, aise mein jab aapko koi aisa shaqs mil jaye jo mar kar bhi wafadari nibha sake, jo aakhri saans tak mohabbat kar sake, toh usey sambhal kar rakhna chahiye, bhale hi chaar nakhre utha lo, par aise shaqs ko kabhi apni zindagi se jaane mat do.

Wahi maine bhi ab tak kiya, aur aagey bhi ab sirf yahi karne wala tha. Zoya se breakup ke baad insaan ko parakhne ki samajh aa gayi thi mujh mein aur maine jitna Saloni ko parkha tha pichle itne mahino mein, main itna toh jaan hi gaya tha ki duniya ke sabse achhe, aur sabse sachhe insaan se pyaar kiya hai maine. Ab bas bhagwaan se din raat yahi dua hai ki ek din aaye jab Saloni ko main pa saku, unhein apna bana saku, aur kisi zor zabardasti se nahin, balki khushi khushi.

Yahi baatein sochte sochte main ghar panhucha. Shaam ke kareeb 5.30 baj rahe the. Main key apne saath le kar gaya tha, toh mujhe kisi ko jagana nahin pada. Rajeev toh soya hua tha par Ritabh apne laptop mein *13 Reasons Why* dekh raha tha.

'Arey beti Pushpa, aa gayi tum?' Ritabh ne *Bhool Bhulaiyya* ke pandit ke andaaz mein poochha.

'Abey O *Bhool Bhulaiyya* ki Manjulika! Tu soya nahin abhi tak?' Maine hanste hue poochha.

'Main toh so kar uth bhi gaya, tu kahan gaya tha?'

'Main zara kaam se gaya tha,' main idhar udhar ghoomte hue bola.

Usne apne laptop ki screen band kari, uth kar mere paas aaya aur poochne laga

'Kisse mil kar aa raha hai?'

'Hain! Faltu mein? Main kyun milne laga kisi se?' maine baat ko avoid karne ki koshish kari.

'Haan tu hi toh Ambani ho raha hai na jo crores ki deal karne gaya tha,' usne mazaak banate hue kaha.

'Bakwaas band kar apni.' Maine phir se avoid kiya.

'Dekh bhai, itni garmi mein, bina kisi ladki ke chakkar ke koi bhi ladka kyun jayega woh bhi itna tayyar shayyar ho kar, aur tere ko kya kaam hote hain woh mujhe pata hi hai, ab sach sach bata kahan gaya tha?' usne shaq ki nigaah se dekhte hue poochha.

'Acha theek hai, bataunga thodi fursat mein, bas itna samajh le kisi se milne gaya tha,' maine taalne ki koshish karte hue kaha.

'Haaan. Ab aya na line par. Waise tumne apna din toh badhiya jag ke nikaal liya, ab raat mein office kaise karoge bete?' usne apni eyebrows matkate hue poochha.

'Kar lunga, waise bhi mujhe neend nahin aane wali. Achha, mujhe 8 baje tak jaga diyo agar main khud se na uthu.' Main itna bol kar apne bed par let gaya.

2 ghante ki nap lene ke baad main uth kar ready hua aur hum dono office ke liye nikal gaye. Chahe ghar se office jaane ka raasta ho ya office mein baith kar kaam karna, mere dimaag mein Saloni se aaj ki mulaqaat hi chal rahi thi. Office mein sab log bhi mujh mein ek badlaav dekh rahe

the, jaise main bahut khush khush hoon, masta raha hoon, sab se achhe se baat kar raha hoon, bahut hi khushmizaaj dikh raha tha us din.

Woh hota nahin hai, jab hum andar se bahut khush hote hain, toh chehre par bhi woh khushi, woh glow aa jata hai, aur woh itna zyada tha ki, koi bhi dekh kar bata de ki kuch toh achha hua hai iske saath.

Khair, main baitha hua bas break ka intezaar kar raha tha, kyunki Saloni se baat karne ka excitement control nahin ho raha tha. Jaise hi break hua, main daud kar locker room panhucha aur phone nikal kar seedhe Saloni ko call kiya.

Bagair deri kare, Saloni ne bhi pehli ring mein phone utha liya, jisse mujhe ehsaas hua ki, kahin na kahin woh bhi mera intezaar kar rahi thi. Kuch der unke haal chaal lene ke baad maine unse poochha .

'Ab bataiye, yeh Choi kya hai?

'Haha, sabr karo, itni bhi kya jaldi hai?'

'Nahin hota sabr, ab bataiye na aap.'

'Dekho, ab jaise kisi cheez ki maximum intensity ko kaise define karenge, uska extreme point bata ke, right? Ab jaise atta hota hai, atte ka ek kann kitna chhota hai, dikhai bhi nahin deta, kyunki woh bahut extreme hota hai, par woh ek ek kann humare liye important hota hai. So tum mere liye atte ke kann jitne important ho, matlab extremely important. Aur atte ka kann bahut chhota hota hai, ab chhoti ko cutely bolenge toh woh choi banega, so Choi!

Kareeb 15 minute tak main Saloni ki us explanation ko samajhne ki koshish karta raha, aur phir maine unse ek sawaal kiya. Logically, mujhe woh comparison theek laga hi nahin, kyunki aap kisi aisi cheez se kisi ki importance ko kaise compare kar sakte ho, jo dikhai na de, ya bahut chhoti ho.

'Lekin aap is importance ko sabse chhoti cheez se compare kyun kar rahi hain? Matlab, kisi badi cheez se bhi toh ki ja sakti hai na?' maine poochha.

'Maine kisi chhoti cheez se compare nahin kiya, maine tumhein us ek atte ke kann ki importance se compare kiya jo humein survive karne ke liye chahiye hota hai,' unhone samjhaya.

'Ohhh ... ab samajh aaya, toh main aapke liye ek atte ke kann jitna important hoon? Really? Waise sun ke bahut achha lag raha hai. Kuch bhi kaho, aap hi itna dimaag laga sakti ho ismein, mujhe toh nona duggu ke aagey kuch samajh hi nahin aata,' maine khush hote hue unki tareef ki.

'Haha ... waise tum bhi toh mujhe koi naam do?' Saloni ne bhi ummeed se poochha.

'Choi.' Maine kuch der soch kar jawaab diya.

'Hain? Yeh toh maine hi rakh diya, tum apna kuch socho na,' unhone mujhe badalne ko bola.

'Let's make it Choi Choi, issey behtar kya ho sakta hai ki humara sirf ek hi naam ho, kyunki jitna zaruri main aapke liye hu, ussey kayi zyada zaruri aap mere liye ho, toh is atte ke kann mein ek aur atte ka kann jod dete hain, aur isey complete kar dete hain. Ek Choi dusre Choi ke bina adhura hai na,' maine pyaar se samjhaya.

'Awww, that's sweet, Choi Choi!' Unhone meethi si aawaz mein kaha.

Mera break over hua, aur maine phone rakh diya. Lekin, phone rakhne ke baad mere dimaag mein bas ek hi sawaal tha. 'Aakhir Saloni mujhe itni importance kyun de rahi hain?'

Kya unhein bhi mujhse pyaar ho raha hai? Ya ye sab kuch bas dosti ke naate hai? Saloni ke efforts mere mann mein bahut bada sawaal khada kar rahe the ki aakhir ye dosti hai ya pyaar? Ab zaahir si baat hai ki main unse is baare mein baat karna nahin chahta tha, kyunki mujhe koi bhi awkward moment nahin banana tha humare beech, lekin ye sawaal mere mann mein ghum raha tha, aur mujhe samajh mein nahin aa raha tha ki main kya karoon.

Jo shaqs dusron ko pyaar mohabbat ki advices deta hai, woh khud ye samajh nahin pa raha hai ki samne wale ko ussey pyaar hai ya sirf dosti hai uski taraf se. Kayi dino tak Saloni se meri baat cheet hoti rahi, aur humare darmiyan jo rishte ki dor thi woh aur bhi zyada majboot hoti gayi.

Humare beech nazdeekiyan badhti ja rahi thi, unka meri chhoti chhoti cheezo ka khyaal rakhna, maine office mein kuch khaya hai ya nahin, tabiyat meri theek hai ya nahin, theek nahin hai toh doctor ko dikhane ki zid, dawaiya samay par lene ki zid, in sab baato mein mujhe unki parwah dikhayi deti thi, jo koi apna hi kar sakta hai.

Maine ye baat abhi tak sabse chhupayi hui thi ki meri zindagi mein koi aa gaya hai jisse main pyaar karta hoon, na kisi dost ko bataya, na kisi family member ko, bas apne tak rakha yeh rishta aur nibhata raha.

Unke baat cheet karne ke tareeke se, fikr karne ke tareeke se mujhe kahin na kahin ye zaahir hota ja raha tha ki unko pyaar hai, par yeh baat na woh mujhse keh rahi thi, aur na main unse poochne ki himmat juta pa raha tha.

Kuch din yunhi guzre, humari pehli mulaqaat ko kareeb 15 din beet gaye the, mann mein tadap toh bahut uthti thi unse milne ki, aur main aksar poochta bhi rehta tha unse, magar mujhe humesha yahi sunne ko milta tha ki, 'Hum jaldi milenge.' Ab yeh jaldi kitni jaldi aane wala tha pata nahin, bas din gin raha tha main.

Mere jazbaat ab tak mohabbat tak seemit the, magar ab mujhe aisa lagne laga tha ki main kahin Saloni ko kho na doon. Woh filhaal meri nahin thi, unhein main poori tarah apna banane ki har koshish mein laga hua tha, aur isi wajah se mujhe aisa lagta tha ki woh kahin kisi aur ki na ho jayein. Kahin koi aur unhein mujhse chura na le, aur yeh khayaal kabhi kabhi is hadd tak pareshaan kar deta tha ki, mera rona hi nikal jata tha.

Tanhayi mein, band kamre mein aksar mere aansu behne lagte the. Unki itni care ke baad mujhe aisa lagta tha ki, agar ye care milni mujhe band ho gayi toh? Agar unhein koi aur pasand aa gaya toh? Mujhe kisi aur se replace kar diya toh? Main humesha se ek aise insaan ke liye tadpa jo sirf mera ho, mujhe pyaar kare, aur saari zindagi kare, Saloni ki taraf dekhta hoon toh mujhe woh sab hota hua dikhayi deta toh hai, magar is sab ke bawajud bhi agar woh mujhse door ho gayi toh? Kya hoga phir mera? Ek aur baar dil toot jayega, ek aur baar main haar jaunga mohabbat ki jung mein, aur yeh ehsaas main kisi ke saath share bhi nahin kar pa raha tha, Saloni ke saath bhi nahin. Kyunki, agar unhein batata, toh kahin aisa na ho jaye ki woh is darr se mujhe phir se ignore karna shuru kar dein kyunki unhein yeh baat gawara nahin hoti thi ki unki wajah se main ro raha hoon ya pareshaan ho raha hoon.

Ek raat rote rote, mere mann mein jab khone ke darr ka sailaab aaya, toh main khud ko rok nahin paya, aur phone mein notes khol kar ek poem likhni shuru kari.

Ek aas hai dil mein tere saath rehne ki
Ek pyaas hai mere hothon pe tere gham ko pee jaane ki
Ek masumiyat hai chehre par tujhe chum jaane ki
Isey kabhi rokna mat yaar
Sun? Dil mat todna yaar
Kaid kar lena chahta hoon tujhe apni baahon mein
Ki dukho ka saaya bhi na pade tujhpe kabhi
Rakhna chahta hoon nazron ke samne tujhe
Meri in palkon ki chaaon mein
Lekin, rukh mat modna yaar
Sun? Dil mat todna yaar
Baithna hai tere sath
Do baatein karni hai tujhse
Hanste khilkhilate, jhumte muskuraate
Is khushi ki wajah hai tu
Kabhi badal mat jana yaar
Sun? Dil mat todna yaar
Khwaish hai meri
Pehnane hain kangan tujhe
Nibhani hain tere saath woh saari rasmein jinke waade kiye hain maine
Poora karoonga har waada
Tu bharosa rakhna yaar
Sun? Dil mat todna yaar
Koshish karoonga aakhir tak
Jab tak teri aankhon mein tadap dekhunga mere saath rehne ki
Bas, kabhi mujhse samjhauta mat karna yaar
Sun? Dil mat todna yaar.
Aata hai gussa teri zid pe
Mann karta hai jaise khud ko kuch kar du

Lekin rok leta hoon khud ko
Kyunki ... Jaan hai tu meri
Mujhe jitna dard hoga, utna hoga tujhe bhi
Tu rooth jana, lekin chhod ke mat jana yaar
Sun? Dil mat todna yaar.

Is poem ki aakhri line likhte likhte mera mann bhaari ho gaya. Us waqt sabse zyada mujhe bas ek hi cheez sata rahi thi, Saloni ko khone ka darr. Main yeh sab soch hi raha tha ki achanak mere phone par call aa gayi Saloni ki. Meri roti hui aawaz ko sun kar Saloni ghabra gayi aur mujhse poochne lagi, 'Kya hua Anubhav, tum pareshaan se kyun lag rahe ho?'

'Nahin nahin, kuch nahin hua, main theek hoon,' maine aansu pochte hue kaha.

'Mujhe pata hai tum theek nahin ho, batao mujhe kya hua?' Saloni ne haq se poochha .

'Bas ghabrahat ho rahi hai, pata nahin kyun, ek darr sa sata raha hai mujhe,' maine bhaari aawaz mein kaha.

'Tum share kar sakte ho mujhse, kaisa darr hai, jo bhi baat hai, mujhe batao, mann halka ho jayega,' unhone yakeen dilate hue kaha.

Maine thoda socha ki, main unke saath apni poetry share karoon ya nahin, phir maine decide kiya ki, kar hi leta hoon, toh maine unhein bhej di.

'Main jo bhi aapko bhej raha hoon, aap please padhna woh.'

Saloni ne haami bharte hi padhna shuru kiya. Shuruaat mein unki aawaz aisi lag rahi thi jaise woh bas kuch padh rahi hain, bina kuch mehsus kiye, bina kuch jataye, lekin jaise jaise unhone aagey padhna shuru kiya, aisa lagne laga, jaise ab woh un baato ko mehsus kar rahi hain jo maine likhi thi unhein.

Padhte padhte Saloni emotional hone lagi, unki aawaz mein ek bhaaripan aa gaya. Ruansi si hote hue unhone usko khatm kiya aur ek hi baat kahi.

'Nahin todungi dil ...'

16
Mard ki 'Na' bhi 'Na' hi hoti hai

Mere bhi aansu nahin thame, us lamhein mein mujhe aisa mehsus hua jaise mujhe duniya ke har sawaal ka jawaab mil gaya, main behad khush aur behad jazbaati ho raha tha. Maine unka kam se kam hazaar baar shukriya ada kiya. Mujhe nahin pata Saloni ne itna bada daava kyun kiya hoga, par itna zaroor yakeen ho raha tha ki Saloni agar ye keh rahi hain ki, woh mera dil nahin todengi, toh kuch toh unke bhi mann mein hoga.

Dosti shayad ab pyaar ki taraf ja rahi thi, par abhi bhi safar baaki tha. Kitna safar woh main nahin janta tha, par bagair kisi jaldbaazi ke main bhi bas intezaar karne ki thaan chuka tha. Us raat humne khub baatein kari, har raat main unki ore khich raha tha, unse pyaar ka izhaar karta rehta tha, aur unhein uljhan bhi nahin hoti thi, jaise shuruaat mein hoti thi. Ab aisa nahin tha, aur ye jo slowly improvement ho raha tha, woh mujhe bahut achha lag raha tha.

Saloni ki mental health mein bhi improvement aane laga tha, ab woh achhe se so bhi jaati thi aur achhe se apne saare kaam bhi kar leti thi. Yeh baat maine toh mehsus kari hi thi, unhone bhi kayi baar mujhe bol kar mehsus karaya ki, mere unki zindagi mein aane se kya badlaav aaye the.

'Tumhein pata hai, mere college friends mujhse kya kehte hain?' Saloni ne excited ho kar poochha.

'Kya kehte hain?' Maine bhi utne hi excitement se poochha.

'Unhone mujhe mere har phase mein dekha hai, chahe woh Abhishek ke saath ho, ya Abhishek se breakup ke baad ka phase ho. Woh aaj kal bas mujh se ek hi baat kehte hain, tere chehre par ek glow aa gaya hai, jo pehle itne saalo mein humne kabhi nahin dekha, aur jahan tak humein samajh aa raha hai, yeh glow Anubhav ke teri life mein aane se aaya hai, tera chehra jo murjha gaya tha, woh ab khila khila sa rehne laga hai.'

'Woh toh aayega hi, you deserve toh be happy, you deserve that glow aur main bhagwaan se ek hi dua karta hoon ki ye glow humesha bana rahe, kabhi khatm na ho.' Mujhe sun kar khushi hui aur maine express ki.

'Thank you so much for coming into my life. Tumne mujhe bahut sambhala hai, pata nahin tumne aisa kyun kiya, tumhara kya purpose ho sakta hai, mujhe nahin pata, main bas itna jaanti hoon ki, tumhare aane se meri zindagi poori tarah badal gayi hai, na mujhe woh nightmares satate hain, aur na hi mujhe ab itni anxiety hoti hai jisne mera jeena haraam kar rakha tha,' unhone dil khol ke bataya jo badlaav aaya hai.

'Purpose hai, bilkul hai, mera bas yahi purpose hai ki, aapko humesha khush rakhu, jo aapko kisi ne mehsus karaya tha ki aap khoobsoorat nahin ho, main aapko ye yakeen dilana chahta hoon ki, aap khoobsoorat ho, aur thodi bahut nahin, bahut zyada khoobsoorat. Aap bhi deserve karti ho peaceful nights jo ab tak shayad nahin mil rahi thi. Aur, sach kahoon toh, mujhe fark nahin padta aap mujhe apnaogi ya nahin, bas main itna chahta hoon ki aap ki zindagi mein sukoon laut aaye jo kahin kho gaya tha,' maine apni ummeedein batayi.

'Tumhare andar kuch hai, jo auron se alag hai, aur woh mujhe kheenchta hai tumhari ore, lekin phir bhi main chah kar bhi aagey nahin badh paati. Pata nahin kyun ...' Woh haqeeqat samne aayi jo ab tak chhupi thi.

'Mujhe bhi jaanna hai, aakhir kyu tum mujhe apnana nahin chahti?' maine us haqeeqat se parda hatane ke liye poochha.

'Actually, main jis daur se guzri hoon, maine ek cheez samajh li hai ki main baar baar relationships mein apna dil tudwane ke liye nahin aa sakti. Mere liye relationship koi 2 mahine ya 2 saal ka pyaar nahin hai, mere liye relationship lifetime commitment hai aur usme bhi koi insaan jhooth ki buniyaad pe rishta banaye, yeh bol ke ki main ye karta hoon, mere paas ye hai, aur ho kuch bhi nahin, toh mera toh dil toot jayega na. Aur apne parents ke samne bhi kaise us insaan ko lekar aaun? Ek ladki ke parents ladke mein sab kuch dekhte hain, woh kya karta hai, kahan rehta hai, kya kamata hai, sab kuch, aur ek baar unhone mana kar diya toh phir mera dil tootega. Bas, isliye main relationship ka risk baar baar nahin le sakti,' Saloni ne khul ke sach bataya.

'Dekhiye, main samajh sakta hoon, ek ladki aur uske maa baap kya ummeed karte hain ek ladke se. Agar main apni baat karoon toh, mere paas jo hai, main jo karta hoon, ye sab kuch aapko pata hai, aur itna main daave ke saath keh sakta hoon ki jo bhi hai, sab sach hai, koi jhooth ya fareb nahin hai. Aur rahi baat parents ki, toh aakhir aisi kya cheezein hain jo aapko lagta hai aapke parents dekhenge aapke liye ek ladka chunne se pehle?' maine unhein samjhaya aur phir poochha.

'Mere parents ke liye sabse zyada important hai ki ladka stable hona chahiye. Uski ya toh achhi job honi chahiye ya achha khud ka kaam, koi business wagairah bhi chalega. Dusri cheez, uske paas achhi savings honi chahiye, taaki bure waqt mein kaam aa sake. Teesri cheez, uska vishwaas hona chahiye bhagwaan mein, jaise meri family Guruji mein manti hai. Aur last uska apna ek ghar hona chahiye, parents ka bhi ho toh koi nahin, but apna zarur hona chahiye.'

Saloni ki in sab baaton ne mujhe thoda reality check diya. Sirf pyaar karne se na rishte chal sakte hain, aur na hi ghar, uske alawa aur bhi bahut kuch hota hai jo rishton ko chalane ke liye, ek achhi zindagi guzarne ke liye chahiye hota hai.

'Dekhiye, I know koi bhi parents aise hi apni beti kisi ko nahin de dete, soch samajh kar dete hain and I totally respect that. Ab baat aati hai mere paas kya hai, toh haan, aaj mere paas paise utne nahin hain jitne hone chahiye, job utni achhi nahin hai, jitni honi chahiye, ghar mere parents ke paas hai, khud ka, aur bhagwaan ka vishwaas aisa hai ki, main bahut zyada god believer toh nahin hoon, lekin haan thoda bahut vishwaas hai mera,' maine phir sach bataya.

'Tumhein sach kahoon toh, main vishwaas karna chahti hoon; par itni jaldi mujhe vishwaas hota nahin hai, chah kar bhi nahin. I'm really sorry. Main dil se pray karti hoon ki tum bhi humesha khush raho. Aur baat sirf itni nahin hai, main kahin na kahin ab relationships mein aane se isliye bhi darti hoon kyunki meri relationships kabhi bhi achhi nahin chali, humesha bad experiences rahe hain mere,' unhone apna dukh zaahir kiya.

'Meri khushiyon ka ek bahut aham hissa aap ho, lekin khair koi baat nahin, mujhe vishwaas hai ki ek din aapko mujhse pyaar zaroor hoga, ek din aap mujhe apnaogi zaroor. Ek din mere paas sab kuch hoga jisse aapke parents bhi mujhe thukra nahin payenge, meri aatma kehti hai, ki yeh khwaab ek din sach hoga, kyunki mera pyaar bhi sachha hai, aur main bhi. Aur rahi baat darr ki, toh woh main is kadar nikaal dunga aapke dil se, ki jis din accept karogi aap, us din ke baad se kabhi aapko niraash nahin karoonga, aur na hi vishwaas todunga,' maine unhein yakeen dilate huye kaha.

'Mujhe Guruji ne bhi mana kiya tha mere ex ke saath relationship mein aane se pehle. Maine kayi baar Guruji se bahut se alag alag tareekon se poochha tha, toh is baar main koi galti karna afford nahin kar sakti.'

'Dekh lena, Guruji bhi na nahin keh payenge.'

Saloni ko maine khub confidence ke saath vishwaas dilaya, pata nahin kyun, bas maine keh diya, na socha ki aagey kya hoga, kaise hoga, bas yeh vishwaas aaya aur maine keh diya.

Unse baat kar ke mere mann mein ek aur sawaal aaya ki aakhir pyaar mein kaisi shartein? Pyaar toh bagair sharton ke hota hai na, aur jahan shartein aa jayein woh pyaar hi kaisa? Kuch der jawaab dhundhne ki koshish kari toh khud realize hua ki, unhone jo bhi kaha, jo bhi shartein kahi, woh pyaar mein nahin thi, woh ek rishte ko banane mein thi.

Pyaar toh aap kar lete ho, par rishte banane aur nibhane ke liye aapko practical bhi hona padta hai. Paise bhi kamane padte hain, stable bhi hona padta hai. Aapko apne pairon par itna majbooti se khada hona padta hai ki, aapka partner bhi khush rahe, aur uske maa baap ko bhi is baat ki tasalli rahe ki humari beti ek sahi insaan ke saath hai.

Pyaar ke mamle mein main humesha emotional raha aur humesha dil se socha, lekin aaj pehli baar mujhe mehsus hua ki, jitna zaroori pyaar mein emotional hona hota hai, utna hi zaroori pyaar mein practical hona hota hai. Sirf emotional ho kar koi rishta majbooti ke saath nahin chalta. Us din maine ye baat thaan li ki, Saloni ko paane ke liye main apne aap ko itna majboot banaunga ki, duniya ki koi taaqat unhein mera hone se rok nahin sakegi.

Weekend aa raha tha, aur is baar humara off bhi weekend par hi pad raha tha. Ritabh aur Rajeev soch rahe the ki ghar ho kar aayein. Unko dekh kar mera bhi mann karne laga, aur maine Rampur jaane ka plan banaya.

Rampur jaane mein ek alag sukoon milta tha. Apne ghar jana, maa baap ke saath waqt bitana, un galiyon mein ghumna jahan sara bachpan guzra hai; ek alag hi khushi ka ehsaas hota tha. Saturday subah 11 baje ki bus thi humari toh office kar ke hum seedha samaan utha kar bus stand chale gaye. Wahan kareeb 2 ghante wait karne ke baad hum bus mein baithe aur ravana ho gaye apne apne shehron ki ore.

Raaste bhar main Saloni ke baare mein sochta raha, kabhi unse baat hui toh kabhi tanha unke khayaalon mein dooba raha. Achha, jab aap ek sahi insaan se pyaar karte ho na, toh unke baare mein sochne mein bhi bahut sukoon milta hai. Mujhe bhi bahut achha lagta tha unke baare mein sochna, unke saath khud ko imagine karna.

Yunhi sochte sochte raasta kat gaya aur main Rampur panhuch gaya. Rampur mein maine bahut hi sukoon ke saath do din guzare. Papa ke paas baitha, do baatein ki, maa ke haath ka khana khane ko mila, bhai ke saath kuch waqt masti ki aur doston ki mehfil mein do hansi ke pal guzare. Dekhte hi dekhte do din kab guzar gaye pata hi nahin chala.

Rampur se lautne ka waqt aa gaya, humesha ki tarah is baar bhi main kaafi emotional hua, ki ek baar phir apne sheher ko alvida keh raha hoon. Ritabh aur Rajeev se maine baat kar li thi aur jis bus se woh dono aa rahe the, usi bus mein apna bhi ticket karaya aur nikal gaya apni manzil ki ore.

Raaste mein hum teeno apni apni baatein kar rahe the, ki unhone kya kiya ghar par; main apni bata raha tha, woh apni bata rahe the. Isi beech mere phone par ek notification aayi. Bagair phone mein dekhe maine andaza lagaya ki zaroor Saloni ka message hoga, magar woh message Saloni ka nahin, Arushi ka tha.

Arushi wahi ladki thi jo mujhe college time mein pasand karti thi, aur main usey apna nahin paya tha. Uska message dekh kar main bahut surprise hua ki aaj itne din baad usne kaise yaad kiya.

Hi, kaise ho? Usne likha tha.

Main theek hoon, tum batao, kaisi ho? Maine reply kiya.

Main bhi theek hoon, aur life kaisi chal rahi hai? Usne phir poochha.

Ekdum badhiya, tum batao, all good? Maine bhi poochha.

Actually, main bhi Noida mein hi thi, ek job kar rahi hoon yahan pe, so main soch rahi thi ki, agar tum free ho toh kya hum mil sakte hain?

Yeh sun ke main thoda theher gaya, aur mere mann mein tarah tarah ki baatein aane lagi. Main ab tak aisi kisi dost se nahin mila tha bahar. Saloni se toh mujhe pyaar tha, toh unse milne ki ek khwahish bhi thi aur tadap bhi. Ab Arushi se toh meri dosti bhi dhang se nahin thi toh mujhe samajh mein nahin aa raha tha ki, main kya kahu.

Agar tum kahin bahar milne mein comfortable nahin ho toh main tumhare flat aa jati hoon, wahan mil lenge.

Uska yeh message padh ke toh main aur bhi hil gaya. Mere liye bahut badi baat thi kisi ladki se flat par milna. Bahar milna ek alag baat hoti hai, magar flat toh ek aur bhi zyada personal space hota hai. Mujhe nahin pata baaki logon ka kya opinion hai is par, magar meri yahi soch thi. Maine Arushi ko koi bhi jawaab dene se pehle Saloni se poochna zaroori samjha.

Jab maine unse poochha toh unhone mujhe bahut hi masti ke mood mein chhedte hue kaha, 'Arey waah, flat par milne ko bol rahi hai, matlab pakka she needs sex. Anubhav badhiya opportunity hai apni virginity lose karne ke liye, don't miss it! Go for it.'

'Hain? Kuch bhi? Main kyu karoonga aisa? Kyun koi galat kaam karoonga main? Dimaag thodi kharaab hai mera!' Main bahut offend hua.

'Achha ji, bade pagal ho tum! Waise mil sakte ho, tumhari friend toh thi hi, kya dikkat hai, mil lo, flat par hi mil lo.' Unhone turant us baat ko end kiya.

Filhaal us conversation se mujhe yeh mehsus hua ki, milne mein koi harz nahin hai. toh maine Arushi ko bol diya ki kal mil sakte hain.

Woh din yunhi guzra aur raat mein office kar ke main subah ghar panhucha aur breakfast kar ke so gaya. Kareeb 4 baje meri aankh khuli toh Ritabh aur Rajeev taiyyar ho rahe the.

'Tum dono kahin ja rahe ho?' maine poochha.

'Haan bhai, Sector 18 Atta market ja rahe hain. Wahan se daily wear ke liye kuch kapde lekar aayenge, bahut din ho gaye same same kapde pehente hue. Tu bhi chal, kuch shopping kar liyo tu bhi.' Ritabh ne insist kiya.

'Nahin bhai, main yahin hoon, tum log ho kar aao,' maine mana kar diya.

'Achha, theek hai, toh hum log nikalte hain,' usne jaate jaate kaha.

Woh dono nikal hi rahe the, itne mein Arushi ka message aa gaya.

Hey, please send me your address.

Maine current location aur address dono bhej diye.

Main yahan se nikal rahi hoon. Mujhe 20 minutes lagenge panhuchne mein, you free na?'

Theek hai, I'm free.

Maine Saloni ko message kar ke thodi der baat karne ki koshish kari, lekin woh shayad kahin busy thi. Ritabh aur Rajeev bhi ja chuke the. Ab main flat mein bilkul akela tha. Andar se thoda nervous ho raha tha ki, kyun aana hoga usey, kya karenge hum? Mujhe zyada experience nahin tha is tarah ki situations ka, toh main bas khud ko prepare kar raha tha ki sab theek rahe.

Kareeb 20-25 minutes ke baad Arushi mere flat tak panhuch gayi. Usne bell na baja kar seedha mujhe call kiya aur bataya ki woh bahar khadi hai. Maine uth kar darwaaza khola aur usey andar aane ke liye kaha.

'Hi, tum yahan akele rehte ho?' usne sabse pehla sawaal poochha.

'Nahin, mere do dost aur rehte hain yahan, par woh

dono shopping karne ke liye gaye hue hain,' maine Arushi ke liye paani ka glass bharte hue kaha.

Maine usey paani ka glass de kar baithne ke liye kaha. Uska chehra dekha toh aisa laga ki jaise woh bahut kuch hold kar ke baithi hui hai, andar se bhari hai, toh maine conversation aagey badhayi aur janne ki koshish kari.

'Aur kaise ho aap? Achanak aise milne aaye? Sab theek hai?'

Mere itna poochhte hi woh achanak se rone logi, aur kaha, 'I don't know.'

Main pehle toh bahut surprise hua, lekin dusre hi lamhe mujhe yeh mehsus hua ki, shayad woh kisi tarah ki emotional situation se guzar rahi hai, aur shayad usko koi chahiye hoga jisse woh apne mann ki baat share kar sake.

'Kya hua? Itni pareshaan kyu ho aap?' maine poochha.

'Mujhe samajh nahin aata mere saath hi aisa kyun hota hai? Main jab bhi kisi par bharosa karne ki koshish karti hu, log mera bharosa tod dete hain, aur beech mein chhod ke chale jaate hain.' Usne rote rote apni situation batayi.

Qareeb agle 20 minute tak Arushi apni kahaani sunati rahi, ki woh kyun itna pareshaan hai, kya hua uske saath, kaise yeh sab kuch hua, etc. Aur isi dauraan mere paas Saloni ki call aa gayi. Maine Arushi ko 2 minute rok kar pehle woh call uthayi aur room se bahar aa kar Saloni se baat ki.

'Helllooo, kahan tak panhuche? Kaun se base tak panhuche?' Woh abhi bhi utne excitement mein poochh rahi thi.

'Hain? Pagal ho kya? Aisa kuch bhi nahin kar raha, normally baithe hain, baat kar rahe hain, shayad woh thodi pareshaan hai isliye milne aayi hai,' maine unhein haqeeqat batayi.

'Emotional hai woh abhi? Bete opportunity achhi hai, jaane mat dena main bol rahi hoon,' unhone phir mujhe insist kiya.

'Ohho! Main aisa kuch bhi nahin karne wala hoon yaar. I love only you, aur main loyal rahunga, humesha ...' maine phir unhein samjhane ki koshish kari.

'Chaloo byeee, enjoyy!'

Itna bol kar unhone call rakh di aur main andar aa gaya. Arushi wahin baithi apna phone use kar rahi thi. Main uske paas jaa kar baith gaya, aur baithne ke baad usne apni baatein phir se shuru kari aur kuch der baad usne mujhse phir se emotional hote hue poochha, 'Can I hug you?'

Mujhe laga shayad usey is waqt uski zaruraat thi toh maine ek friendly hug toh kar diya, lekin, hug karte hue main khud ko lekar toh bahut sure tha ki kuch galat na soch raha tha aur na hi karne ja raha tha, lekin uska touch mujhe friendly nahin laga. Uski intentions shayad kuch aur hi thi; jis tarah woh meri back ko rub kar rahi thi apne haathon se, dheere dheere, mujhe kuch normal nahin laga.

Hug karte karte usne apne hothon ko mere kandhe pe rakh diya, gehri gehri saansein lene lagi aur halke se kiss karne ki koshish kari. Usi waqt maine usko apne dono haathon se pakad kar peeche kiya, aur kaha, 'Arushi kya kar rahi ho?'

Us moment mein woh thodi awkward ho gayi. Shayad usne mera kisi cheez ke liye mana karna expect nahin kiya tha. Woh apni nazrein ghabrahat se idhar udhar karne lagi aur achanak se rone lagi. Mujhe samajh mein nahin aa raha tha ki, woh aisa kar kyun rahi hai? Kya woh apne aansuo ko hathiyar bana kar mere saath physical hone ki koshish kar rahi hai ya woh itni emotional hai ki usko physical ho kar apne emotions ko overcome karna hai ya distract hona hai apni problem se? Yeh sawaal mere mann mein chal rahe the aur jawaab main ussey sunna chahta tha.

'Mmm, mujhe nahin pata, main kya kar rahi hoon, kyun kar rahi hoon, shayad is waqt mujhe urge ho rahi hai physical hone ki, aur main hona chahti hoon.'

Ye sun kar main thoda shocked ho gaya, aur meri rooh, meri feelings, jo ki sirf Saloni ke liye thi, unhone mujhe Arushi ke saath kuch bhi karne ki ijaazat nahin di.

'Physical? I'm really sorry, main woh nahin kar sakta tumhare saath jo tum chahti ho! Main kisi aur se pyaar karta hoon, main apne pyaar ko dhokha nahin de sakta.'

Ye sun kar woh thodi shocked hui aur phir usne poochha, 'Pyaar? Are you in a relationship with someone?'

'Nahin, main relationship mein nahin hoon, lekin I have strong feelings for someone, aur mere liye tumhare saath kuch bhi karna apne pyaar ko dhokha dena hi hoga.' Maine bahut strongly kaha.

'Jab tum relationship mein ho hi nahin, toh phir dhokha kis baat ka?' usne thoda irritate hote hue poochha.

'No, I can't! Agar main kisi se pyaar karta hoon na, toh main kisi aur ki taraf aankh utha kar bhi nahin dekh sakta, woh mere pyaar ki beizzati karna hoga, aur main apne pyaar ki beizzati nahin karoonga kisi bhi haal mein,' maine usko phir samjhaya.

'Kamaal karte ho, pehle jab tum baat karte the tab toh bahut flirtatious baatein karte the, main yahi soch kar yahan aayi ki tum abhi bhi waise hi hogey,' usne wajah batayi.

'I guess meri tumse ek saal se baat nahin hui hai. Pehle main single tha, tab kar liya karta tha, but aaj main bhale hi single hoon par kisi se bahut pyaar karta hoon. Aaj main kisi ki taraf nigaah utha kar bhi nahin dekh sakta, chhuna toh door ki baat hai,' maine usko explain kiya.

Woh thodi der ke liye meri baatein sun kar shocked ho gayi. Jis tarah woh baar baar intimate hone ke liye force kar rahi thi aur ye justification de rahi thi ki ye sahi hai, ussey saaf pata chal raha tha ki mere mana karne se uski ego hurt ho gayi hai. Lekin mujhe uska chehra ek minute ke liye bhi apne ghar mein gawara nahin ho raha tha toh maine ussey kaha, 'Tum ja sakti ho ab. Mujhe nahin pata tha tum yahan apni physical needs ko satisfy karne aayi thi, shayad main kabhi milta bhi nahin tumse. But it's okay, you may leave now.'

Usne bagair kuch bole apna bag uthaya, aur gusse mein darwaaze ki ore gayi, aur khol kar zor se patak kar bahar chali gayi. Main wahin khada ye tamasha dekh raha tha. Gussa toh mujhe bhi bahut aaya, par maine react na karna hi samajhdari samjhi. Main kuch der ke liye ek sadme mein chala gaya ki ye hua kya mere saath.

Mujhe kabhi is baat ka guilt ho raha tha ki maine uske saath kabhi flirt kiya tha pehle, toh kabhi ye soch raha tha ki flirt hi kiya tha, issey zyada toh maine kuch bhi nahin kiya. Kabhi koi commitment nahin diya, na usey aisi ummeedein di ki humare beech mein kuch hai ya aagey ho sakta hai, toh phir main kaise galat ho gaya. Pehle ki flirting bhi one-sided nahin thi, two ways rahi thi.

Phir maine socha ki agar ek ladki ki 'Na' na hoti hai, toh ek ladke ki bhi 'Na' na hi hoti, ismein itna shock hone jaisa kya hai?

17
Woh pehla sukoon bhara hug

Arushi ke jaate hi main apne room mein aaya aur apne bed par let gaya. Thodi der leta hi tha ki Saloni ki call aa gayi.

'So, kaisi rahi meeting? Kya kya kiya? Sab kuch batao mujhe!' unhone poochha.

'Kuch nahin, ajeeb ladki hai, mere paas sirf isliye aayi thi taaki apni physical needs ko fulfill kar sake,' maine unhein bataya.

'Woh toh mujhe pata hi tha, toh tumne kuch kiya ya nahin?' Saloni ne curiously kaha.

'Main kyun kuch karoonga, Saloni. Maine aapko bola tha na ki main kuch karne wala nahin hoon. Aur aapko pata tha, matlab?' maine tajjub karte hue poochha.

'Dumbo, ek ladki tumhare paas flat par aa rahi hai. Ek aisi ladki jo itne mahinon se, saalon se, tumhare touch mein bhi nahin hai, usey kya matlab hoga aur? Agar physical needs nahin hoti toh woh tumse kahin bahar hi milti, tumhare flat par nahin. Ab mujhe batao exactly hua kya?'

'Oh! Mujhe sach mein nahin pata tha. Mujhe laga ho sakta hai woh haal filhaal mein Noida shift hui hai aur isliye milna chah rahi hai, ya zarurat ho kisi cheez ki. Khair, hua ye ki woh aayi, aate hi achanak se rona shuru kar diya, kehne lagi ki, log bharosa kyun todte hain, humesha mere saath hi aisa kyun hota hai, etc. Phir out of nowhere hug ke liye poochha. Mujhe laga ek friendly hug karne mein koi burai nahin hai, toh maine kiya, ab hug karte karte usey pata nahin kya hua, she started kissing me on my shoulder, aur main shocked ho gaya. Shock mein maine usey peeche push kiya aur bola kya kar rahi ho ye? toh usne bola ki mujhe nahin pata kya ho raha hai mujhe, but I think I want toh have it or something like that. Maine usey saaf mana kar diya ki main pyaar karta hoon kisi se aur main yeh sab nahin kar sakta, toh offend ho gayi aur uth kar chali gayi,' maine explain kiya.

'What? You said no toh a girl for sex?' Saloni kaafi zyada chaunk uthi.

'Of course I did, kyun karoon main kisi aur ladki ke saath sex, jab main pyaar karta hoon aapse?' maine bahut hi bada reality check diya unhein.

2 minutes ke liye Saloni bilkul silent ho gayi, na jaane kis soch mein doob gayi, aur phir 2 minutes baad unhone kaha, 'Bhai, maine zindagi mein bahut se ladke dekhe hain, par tumhare jaisa nahin dekha. Itna paas aa kar koi ek ladki ko mana kar de, woh bhi tab jab woh single hai, aisi situation mein jahan un do logon ke alawa koi aur nahin ho flat mein ... I can't believe this!' Saloni ko yakeen hi nahin hua.

'Jo galat hai woh galat hai,' maine saaf shabdon mein kaha.

'Huge respect for you, Anubhav!' Saloni ne izzat di aur baaton hi baaton mein unhone mujhse kaha, 'Tumhein pata hai, yeh tumhara test tha. Agar tum is mein fail ho jaate na, toh shayad mera trust tum par kamzor ho jata, kyunki bhale hi aap single hain, but agar aap kisi ko bahut bada daava karte hain pyaar ka, aur phir kisi aur ke saath physical bhi ho rahe hain, toh meri nazar mein woh sahi nahin hai. But I'm so proud of you, tumne jaane anjaane mein bhi galti nahin ki.'

Us incident ke baad Saloni ko kuch waqt zaroor laga meri baat par vishwaas karne mein, par aakhir unhone vishwaas kiya aur unke dil mein mere liye respect bhi badhne lagi. Woh jo kisi ka dil jeetne ka safar tha, main ab us safar par nikal pada tha. Manzil kya hogi, mujhe nahin pata, bas dil mein ek vishwaas liye chala ja raha tha.

Kuch din yunhi guzre, Saloni se baat cheet bahut gehri ho gayi. Jahan pehle woh waqt milne par baat karti thi, ab waqt nikaalne lagi thi. Mujhe batati rehti thi ki woh bhi mujhe miss karne lagi hain, mere baare mein pehle se zyada sochne lagi hain aur yeh baatein sirf mere dil ko hi nahin, meri rooh tak ko khush kar rahi thi.

Mere sapne kahin na kahin sach hote dikhayi dene lage the. Jo shaqs pehle sirf mere messages ya calls ka wait karta tha, ab wahi shaqs aagey se mujhe calls ya messages kar ke meri khair khabar rakhne laga tha.

Aksar aise din bhi dekhne ko milte the jab Ritabh aur Rajeev ghar gaye hue hote the, aur mujhe flat par unke lautne tak bhookha rehna padta tha. Mujhe khana banane ka shauq nahin tha aur banana bhi nahin aata tha. Itne paise bhi nahin hote the ki har baar bahar jaa kar kuch kha lu. Jab Saloni ko yeh sab malum pada, toh woh mere liye kuch na kuch khaane ki cheez order kar deti thi, taaki main kuch kha lu.

Saloni is baat ka bahut dhyaan rakhti thi ki sone se pehle mujhe kuch na kuch kha kar sona hai, aisa na ho ki main bhooke pet so jau. Is tarah ki cheezein humare rishte ko aur bhi zyada gehra bana rahi thi.

Jab meri night shift hoti thi, toh is baat ki takleef hoti thi ki meri saari raat unse sirf breaks mein tooti footi baat cheet hoti thi, lekin jab ek mahina poora hota tha aur shift change hoti thi, toh woh din meri love life ke sabse best din hote the. Sukoon se cooler ke aagey let kar thandi hawa khate hue Saloni se raat bhar phone par baat hoti thi. Woh din mujhe professionally bahut dikkat dete the, kyunki aksar main bahut late ho jata tha sone mein, ya late sone ki wajah se main office late panhuchta tha aur manager se khub sunta tha.

Filhaal July ka mahina chal raha tha aur meri shift night ki hi thi. Un dino Saloni internship ke liye ek clinic jaati thi Hauz Khas mein. Us ek subah jab main office se ghar laut raha tha, toh Saloni ka bhi clinic jaane ka time ho gaya tha. Us din meri tabiyat thodi theek nahin lag rahi thi, weakness ho rahi thi mujhe, aur main ghar yahi soch kar ja raha tha ki, aaj breakfast kar ke dawai le kar so jaunga.

Ghar panhucha toh Saloni ka mere paas message aaya.

Helloo! Aa gaye ghar?

Haan ji, just panhucha hoon abhi. Aap bataiye, aap nikal gayi clinic ke liye?

Haan main nikal toh gayi, but you know what, mera mann nahin hai jaane ka!

Oh! Kyun? All good?

Haan ji all good. Achha main yeh soch rahi thi ki, kya hum mil sakte hain aaj?

Unka message dekh kar mujhe khushi bhi bahut hui, aur afsos bhi. Khushi is baat ki, ke Saloni ne aaj itne din baad milne ke liye kaha aur zaahir si baat hai unka mann hoga mujhse milne ka. Magar afsos is baat ke liye ki meri tabiyat aaj mujhe kuch theek nahin lag rahi thi. Is wajah se main chah kar bhi unhein haan nahin kar paya.

Actually aaj nahin, thoda thaka hua hoon, kal milein?
Achha, kal toh mera college hai, kal nahin ho payega. Chalo koi nahin, phir kabhi dekh lenge. Main chali jaati hoon clinic, kar lungi time pass.

Mujhe unka message padh ke bahut bura lag raha tha. Woh samne se mujhe bula rahi thi aur main itna bewakoof tha jo unhein mana kar raha tha. Asal mein neend aur sar dard ki wajah se main is cheez ki importance ko process nahin kar pa raha tha, aur is chakkar mein main itni achhi opportunity gawa raha tha. Jitne mein main is faisle par panhuchta ki mujhe jana chahiye unke paas, utni der mein unka mere paas message aa gaya ki woh panhuch gayi hain aur ab free ho kar baat karengi.

Ab sabse badi problem yeh thi ki Saloni jis clinic mein internship kar rahi thi, us jagah par signals bilkul nahin aate the. Woh jitni der ke liye jaati thi, utni der ke liye unse baat hona namumkin ho jata tha, sivaye unke lunch break ke, jo woh adhe ghante ke liye leti thi 1 baje se 1.30 baje tak aur kareeb 5 baje tak woh free hoti thi.

Yeh sab kuch jaante hue bhi na jaane kaunsa fitoor sawaar hua sar par, aur main nikal gaya ghar se Noida City Center metro board karne Hauz Khas ke liye. Na koi message kiya maine, aur na hi call, bas yahi socha ki wahan panhuch kar surprise dunga. Ab woh surprise kaisa hone wala tha, aur meri kya condition hone wali thi, aur sabse badi cheez Saloni ko ye surprise achha lagega ya nahin, yeh toh waqt hi batata.

Maine metro board kari, aur kareeb 12.30 baje tak panhuch gaya Hauz Khas. Hauz Khas metro station se walking distance par hi Saloni ka clinic tha, toh main paidal nikal gaya. Wahan panhucha toh us clinic ke bahar kayi saari cars khadi hui thi. Mujhe Saloni ne bataya hua tha ki unke paas ek i10 hai, jisko woh bahut shauq se chalati hain.

Maine wahan khadi kuch gadiyon mein ek cherry colour ki i10 dekhi jo thode atpate tareeke se khadi kari hui thi. Maine dhyaan se dekha toh us par *'Guruji'* aur *'Blessings Always Guruji'* bhi likha hua tha. Mujhe vishwaas ho gaya ki ye car zarur Saloni ki hi hogi. Main wahan us car ke paas jaa kar khada ho gaya, aur Saloni ko hansne wale emoji ke saath ek message drop kar diya.

Car toh achhe se park karni hoti hai!

Ab jaisa ki mujhe pata tha, woh message deliver hua hi nahin, bas ek tick hi raha. Maine zyada gaur nahin kiya, bas yahi socha ki 1 baje tak Saloni break par jaati hai apni kisi friend ke saath, toh aaj lunch saath mein karenge. Mujhe cars ka bachpan se hi bahut shauq tha, aur main khada tha Hauz Khas, South Delhi mein. Main wahan par khada hua paas se guzarti cars dekh raha tha, ye gayi BMW, woh gayi Mercedes, kabhi Audi, toh kabhi Bentley, unhein dekh dekh main apna mann behla raha tha aur time pass kar raha tha.

1 bhi baj gaye, aur dekhte hi dekhte 1.30 bhi baj gaye, par na Saloni ko message deliver ho raha tha, na call lag rahi thi. Ye baat bhi saaf pata chal rahi thi ki Saloni ab tak break lene aayi hi nahin thi, kyunki jahan woh lunch karti thi, wahan thode bahut signals aa jaate the. Main thoda pareshaan hua ki aakhir kya wajah ho sakti hai, humesha toh aa jati hain break par, aaj kyun nahin aa rahi.

Khair, mujhe laga ho sakta hai kaam mein busy ho, toh late karengi. Magar na jaane aisi kaunsi saza mil rahi thi mujhe unhein mana karne ki, ke Saloni 3 baje tak bhi na break par aayi aur na unke phone mein signal aaye. Main lagatar message deliver hone ka wait karta raha.

Meri wahan khade khade haalat kharaab hoti ja rahi thi, sar dard ho raha tha kyunki raat bhar ka jaga hua tha, weakness alag, aur kuch khaya piya bhi nahin tha maine yeh soch kar ki seedha Saloni ke saath lunch karoonga. Par yahan Saloni ka toh ata pata hi nahin chal raha tha, upar se unki car is tarah parked thi, ki wahan se aur cars ko nikalne mein bhi dikkat ho rahi thi, aur main car ke paas khada tha toh woh mujhe suna rahe the soch ke ki meri car hai.

Idhar se udhar ghumte ghumte maine apne aap ko sambhal ne ki koshish kari, fir kareeb 3.30 baje maine phone mein check kiya toh message toh deliver ho gaya tha, par na seen hua aur na hi call lag rahi thi unhein. Ek ummeed jaagi bhi toh woh bhi toot gayi. Par maine himmat nahin haari, main wait karta raha.

Phir kahi jaa kar 3.45 par unhone mera message seen kiya aur seedha call kiya.

'Kahan pe ho tum?' unhone bahut hi surprised ho kar poochha.

'Ma'am apni car sahi se park kara karo. Log mujhe gaaliyan de rahe hain ki raaste mein khadi hui hai aap ki car, kyunki main yahan aap ki car ke paas pichle 4 ghante se khada hoon,' maine unko hint dete hue kaha.

'What the f**k? Tumhein kahan se mil gayi meri car? Aur tum yahan kab aaye? Tum toh ghar par the na?' unhone phir sawaal kiya chaunkte hue.

'Saari baatein phone par hi kar logi kya aap?' maine unhein bahut pyaar se kaha.

'Ruko, main aayi.'

Woh call rakhne ke 2 minutes baad maine Saloni ko bhaag kar building se bahar aate dekha, aur unhein dekh kar main ek dum se khush ho gaya. Kareeb 4 ghante intezaar karne ke baad mujhe finally unhein dekhne ko mila. Woh bhi mujhe dekh kar itni zyada surprised ho gayi aur aate hi boli, 'Jab aana hi tha toh mujhe mana kyun kiya? Aur kab se intezaar kar rahe ho yahan? Itni dhoop, itni garmi mein? Andar aa kar baith jaate, pagal se.'

Isse pehle main kuch bolta, unhone sabse pehle apni car unlock kari taaki main is garmi se bach kar AC mein baith saku.

'Main aa toh gaya tha yahan 12.30 baje, par mujhe laga tha ki aap 1-1.30 baje tak lunch break leti ho toh us waqt mil logi aur saath mein lunch bhi kar lenge. Par aap aayi hi nahin, upar se signal hi nahin aa rahe the aapke phone mein toh na call kar pa raha tha aur na message aap tak panhuch pa rahe the,' maine thakaan bhari aawaz mein kaha.

'Beta, lekin zarurat kya thi aisa karne ki? Aur aapne mujhe mana kyun kiya agar aapne aana hi tha toh?' unhone masoomiyat se poochha.

'Actually hua yeh ki raat mein thodi tabiyat bigad gayi thi, jiski wajah se weakness ho gayi. Subah main yahi soch raha tha ki aaram karoonga, but aapne milne ke liye kaha toh main confuse ho gaya. Maine mana toh kiya but fir mujhe bahut guilt hone laga ki mujhe jana chahiye tha ...'

Saloni ko maine poori kahaani sunai ki kaise main yahan tak aaya, kitna wait kiya, aur cars dekta raha. Itna sun ke

Saloni bahut emotional ho gayi, aur unhein yeh mehsus hua ki maine bahut zyada out of the way jaa kar unke liye kuch kiya hai. Unhone bagair deri kare, sabse pehle mujhe kuch khilaya, phir dawai dilwayi, aur phir hum dono thodi der car mein ghumte rahe, baatein karte rahe. Jis waqt main unke saath tha, main har pal sukoon mehsus kar raha tha. Ek baar phir pyaar karne ka bahana mil gaya tha, ek baar phir unhein chahne ki wajah mil gayi thi.

Aakhir mein jab unhone mujhe metro station par drop kiya, toh wahan mera mann bhari hone laga.

'Anubhav, I know tum mujhse bahut pyaar karte ho, lekin itna sab kuch karne ki kya zarurat thi, woh bhi tab jab tum khud bimaar ho, mujhe achha nahin lag raha,' Saloni ne guilty feel karte hue kaha.

'Mera mann tha aapse milne ka, aap khud milna chahti thi, ismein kya burai hai agar main aa gaya, thoda sa wait hi toh karna pada,' maine unse kaha.

'Baat wait ki nahin hai, baat hai health ki. Apni health ko compromise kar ke milne aana itni door travel kar ke, kahan ki samajhdari hai yeh?' unhone thoda gusse mein kaha.

Baat shuru normally hui thi, par ek argument mein badal gayi, aur us argument mein Saloni mujh par dabaav bana rahi thi ki, main unke liye yeh sab na karoon, is tarah milne bhi nahin aau. Main is baat par ad gaya ki main aaunga, woh is baat par ad gayi ki nahin. Garma garmi mein baat itni aagey nikal gayi ki main gusse mein car se bahar aa gaya aur metro station ke gate ki taraf jaane laga. Itne mein Saloni ne mujhe call kiya aur kaha, 'Wapas aao.'

'Main nahin aa raha, main ja raha hoon ghar,' maine bhi gusse mein kaha.

'Tumhein meri kasam hai, wapas aao,' unhone haq se kaha.

Main unki kasam ko taal nahin sakta tha, toh main wapas mud kar car mein jaa kar baith gaya. Saloni ne mera haath pakda aur kaha, 'See, mera purpose tumse jhagda karne ka nahin tha. Mera purpose tha tumhein samjhana ki health ke upar mat rakho ye sab. Agar khud ki tabiyat kharaab hai toh koi zarurat nahin hai kuch bhi karne ki. Mujhe bura nahin lagta agar tumse aaj nahin bhi milti toh, hum phir kabhi mil lete, aagey aur bhi mauke aate milne ke tab mil lete,' unhone pyaar se samjhaya.

Maine bagair kuch kahe sar hilate hue haami bhar di. Mujhe is tarah upset dekh Saloni ne mujhse kaha.

'Tum chahte the na mujhe hug karna?'

Maine unki taraf bahut ummeed bhari nigahon se dekha aur bagair kuch bole unhein gale se laga liya. Unhein hug karne mein main apni zindagi ke sabse haseen pal jee raha tha. Us lamhein mein bas aisa laga jaise yahi sukoon hai, yahi jannat hai, aur yahi zindagi hai. Main rote rote unhein hug karta raha aur bas karta raha, mera peeche hatne ka mann kar hi nahin raha tha. Us waqt aisa lag raha tha jaise do aatmaon ka milan ho gaya maano.

Saloni ke hug ne mere bejaan shareer mein jaan daal di. Mujhe suddenly achha feel hone laga. Unhone peeche se mere sar ko sehlaya aur mujhe shaant karaya. Aur main poora ka poora shaant ho chuka tha. Jis hug ke liye main har pal tadpa tha, jis ek touch ke liye main har pal tadpa tha, woh mujhe aaj mila. Aur yeh khushi main duniya ko chilla chilla ke batana chahta tha. Itni khushi ho rahi thi us waqt mujhe.

Phir waqt aaya jaane ka, kyunki Saloni already late ho rahi thi ghar panhuchne mein.

'Ab mujhe jana hoga, varna meri mummy ki call aa jayegi, and I have toh be home asap!' unhone udaas mann se kaha.

'Phir kab milogi?' maine ummeed se poochha.

'Soon, chalo jao jaldi!' unhone jaane ko kaha.

'Achha, ek aur baar hug karogi kya?' maine phir ummeed se poochha.

Unhone bagair deri ke mujhe phir se gale laga liya aur ek wajah de di zindagi ke is pal ko jeene ki.

18
Surprises ka silsila

Din badal gaye, raatein badal gayi, badal gaya mera sansaar
Dheere dheere ehsaas hua mujhe ki Saloni ko bhi ab hone laga hai pyaar

Ab humare darmiyan baatein waisi nahin rahi jaisi hua karti thi, kareebiyan badhne lagi thi, unka mere liye thode thode efforts karna bhi badhne laga tha. Mera woh surprise dena, din raat baat karna, aur efforts karna, unhein bharosa dila raha tha ki pyaar toh main sach mein karta hoon unse.

Ab jab ek rishta banta hai, toh usmein mithaas bhi hoti hai, aur kabhi kabhi kadvahat bhi. Shuruaat mein itne ladai jhagde nahin hote do logon ke beech, kyunki woh daur hota hai ek dusre ko janne ka, samajhne ka, ek dusre ko accept karne ka, par jaise jaise waqt beetta hai, waise waise thode ladai jhagde, thodi anban bhi hone lagti hai, ek dusre se roothna aur manana bhi hone lagta hai.

Maine pyaar mein pehle bhi bahut jhukaav rakha tha, jab Zoya ke saath tha. Jab Zoya se pyaar karta tha, tab har cheez mein haan mein haan milata tha, har waqt baat karne ke liye available rehta tha, woh sab kuch karta tha jisse hum apni respect aur value khote hain. Magar mujhe yeh pata tha ki is baar main ye karna afford nahin kar sakta tha. Is baar main apni izzat aur ahmiyat nahin gawa sakta tha.

Har rishta sirf feelings se nahin chalta, usmein aatm samman bhi hona chahiye, apne apne liye stand lena, galat ke khilaaf aawaz uthana bhi hona chahiye. Isliye maine Saloni se kuch baatein pehle hi discuss kar li thi ki hum mein se koi bhi dusre ki galti par kabhi nahin jhukega. Chahe ek dusre ko ye realize karana pade, lekin dono ko yeh samajhna hoga ki, dono mein se koi bhi galat ho sakta hai aur ye accept karna bhi bahut zaroori hai.

Is wajah se humare rishte mein ego ki gunjayish poori tarah khatm ho gayi thi. Saloni ki ye baat bahut khaas lagti thi mujhe ki woh humesha apni galtiyon ko accept karti thi, bagair argument ya ladai jhagda kiye. Jab baat meri galti ki aati thi, woh kabhi jhukti nahin thi aur mujhe pyaar se realize bhi karati thi ki main kahan aur kyun galat hoon.

In baaton se rishta aur bhi zyada gehra hota ja raha tha. Hum aksar video calls pe baat karte the, kabhi kabhi call pe baat karte karte so bhi jaate the. Magar iske saath saath hum apni apni personal space bhi lete the. Woh family aur friends ke saath time spend karti thi, aur main apne doston ke saath time spend karta tha, apni family se bhi call pe baat kiya karta tha.

Humare beech abhi bhi koi commitment nahin thi. Abhi tak Saloni mere 'I love you' ka reply nahin karti thi. Mujhe kabhi kabhi bura lagta tha, par main zyada kuch nahin keh pata tha unse, bas yahi soch ke khamosh ho jata tha ki jab unhein feel hoga toh khud kahengi.

Saloni ka mere liye pyaar waisa tha ki unhein meri fikar bhi hoti thi, woh express bhi karti thi, par woh directly kabhi kehti nahin thi. Main toh har roop se unhein pyaar karta tha, jata kar bhi, bata kar bhi, aur kar ke bhi, par Saloni ke andar ye chhote chhote changes mujhe bahut khush karte the. Woh aksar kuch bolte bolte ruk jati thi, baat badal deti thi. Isse ye saaf zaahir hota tha ki unke mann mein bhi hai kuch, par utna nahin hai ki woh khul ke bata sakein aur proudly keh sakein.

Saloni apni family ke saath saath khud bhi Guruji ki bahut badi follower thi. Woh aksar unki baatein batati rehti thi, unse jude kisse batati rehti thi, unke ghar mein jo satsang hote hain, unke baare mein batati rehti thi. Jab bhi woh unke baare mein kuch share karti thi, humesha unke chehre par ek muskaan, ek chamak rehti thi, jisse unki unke bhagwaan ke liye shraddha saaf dikhai deti thi.

Unhone mujhse bhi kayi baar kaha ki woh mujhe lekar jayengi unke mandir mein, lekin waqt nikaal nahin pa rahe the hum. Phir ek din aisa bhi aaya jab hum dono unke mandir gaye jo Chhattarpur mein hai. Us mandir ki vibe bahut alag thi, wahan panhuch kar ek sukoon mila tha mujhe. Bahut zyada vishwaas toh mujhe nahin tha, magar phir bhi maine ek ummeed ke saath unse dua maangi ki, meri kismat mein Saloni zaroor likhna. Sachhe mann aur poori mohabbat se maine unhein maanga tha us din, pata nahin Guruji meri ye muraad poori karte ya nahin, bas maine maang liya.

Us Hauz Khas wali mulaqaat ke baad mere andar ek tadap uthni shuru ho gayi thi unse milne ki. Pehle main bas intezaar karta tha, baar baar sawaal karta tha ki kab milenge hum, magar ab mujhe unka routine pta tha aur main yahi sochta tha ki thodi si mehnat agar jo main kar lu, toh main thoda frequently unse mil sakta hoon, aur unke saath sukoon bhare do pal bita sakta hoon.

Maine wahi kiya, ghar se Guruji se ye pray kar ke nikal jata tha ki, *'Guruji, bas ek baar chehra zaroor dikha dena'* aur unke college se nikalne se pehle Okhla Bird Sanctuary metro station panhuch kar unka intezaar karta tha. Hum dono ke beech bhi ek cheez decided thi ki, kahin jayenge, toh ek message drop kar ke bata zarur denge ki, nikal gaye hain ya panhuch gaye hain. Woh jab jab college se nikalti, mujhe message drop kar deti thi, aur main bas wahan khada khada bheed mein us chehra ka intezaar karta rehta tha.

Maine unhein kayi dafa is tarah surprise diya, aur woh aksar mujhse ek baat kehti thi, 'Tum aaj toh aa gaye, jab maine ummeed bhi nahin ki thi, lekin jis din mujhe tumhari zarurat hui, us din tum nahin aaye, toh mujhe bahut bura lagega, ye baat yaad rakhna.'

Aur main muskurate hue ek baat humesha kehta tha, 'Na toh kabhi aisa din aayega ki jab aapko meri zarurat ho aur main nahin hoon, aur na hi main aisa din aane dunga. Main aaj bin bataye aa jata hoon apni khushi ke liye, aapki ek jhalak dekhne ke liye, kal jab zarurat bhi pad jaye toh duniya ke saare kaam chhod ke aaunga aapke paas, vishwaas rakho.'

Is tarah ki baaton se main aksar Saloni ka vishwaas jeetne ki koshish karta tha. Ek baar vishwaas tootne ke baad bahut kam gunjayish reh jaati hai dobara kisi par us utni hi shiddat se vishwaas karne ki. Aapka dil keh raha hota hai ki vishwaas karo, aur aapka dimaag keh raha hota hai ki, theher jao zamana bahut kharaab hai.

Humari mulaqaaton ka silsila shuru ho gaya tha. Mera is tarah ghanton metro stations par wait karna, unhein unke ghar ke paas wale metro station tak drop karna aur wapas aana. Us 40-50 minutes ki mulaqaat se mera din ban jata tha, aur in surprises se Saloni ke chehre par muskurahat aa jati thi, woh alag.

Halanki, Saloni ne mujhse kayi baar yeh bhi kaha, 'Tum mat aaya karo mujhe R.K. Puram tak chhodne ke chakkar mein. Ek toh koi logic nahin ki tum itni door aa rahe ho, aur phir akele jana padta hai, aur iske bhi upar se paise kharch hote hain itna chakkar lagane mein, woh alag.'

'Mat roko mujhe, kam se kam is bahane mera aapse milna toh ho jata hai. Kuch der ke liye hi sahi, sang waqt guzaarna ho jata hai, ek bahana mil jata hai aapko achhe se dekhne ka, aapse baat karne ka,' maine kaha.

'Ab kya hi kahoon main,' unke paas koi wajah nahin bachi mujhe rokne ki.

Saloni ka mujh par ek waqt tak hi bas chal pata tha; jab mera pyaar haawi ho jata tha un par, tab woh mujhe samjhana ya rokna chhod deti thi. Lekin kahin na kahin ek sach aur tha, jo Saloni mujhse share nahin kar pati thi, par mujhe mehsus ho jata tha. Unhein bhi mera unse milne aana, time spend karna achha lagta tha, toh woh isliye bhi poori tarah rok nahin pati thi mujhe. Unki ye expectations badhne lagi thi, aur zyada na badhe isliye woh mujhe rokti thi.

Dheere dheere humari dosti, ab pyaar mein badalti ja rahi thi. Unke mann mein bhi mere liye feelings aane lagi thi, par woh hundred per cent sure nahin thi, na pyaar ko lekar, na relationship ko lekar. Kyunki woh sirf emotional ho kar nahin, practical ho kar bhi chal rahi thi. Isliye unhone kisi bhi tareeke ka confession ab tak nahin kiya tha.

Saloni ki is pareshaani ko main bakhubi samajhta tha isliye kabhi unhein force nahin karta tha mujh par trust karne ke liye, aur mere saath relationship mein aane ke liye. Main us har ek galti ka bareeki se dhyaan rakhta tha jo maine pehle kari thi, lekin woh kehte hain na, aap kitna bhi perfect hone ki koshish karein, aap perfect nahin ban sakte. Aap bhi aisi galtiyan kar dete hain jo aapko karni nahin chahiye.

Mujhse bhi chhoti chhoti aisi kayi galtiyan hoti rehti thi, jiski wajah se Saloni mujhse upset ho jaati thi, disappointed ho jaati thi, aur unki expectations bhi kayi baar toot jaati thi. Kabhi unki batayi hui kisi baat par amal na kar pana kuch majbooriyon ki wajah se, toh kabhi woh mujhse expect kar rahi hain ki main unse baat karoon but main friends ke saath kahi bahar hota ya kuch kar raha hota is wajah se aksar time nahin de pata, aksar humare beech mein is tarah ki chhoti chhoti baaton par mann mutaav ho jaate the. Woh kehte hain na, koi bhi rishta perfect nahin hota, aap chahein jitna marzi ek rishte ko perfect banane ki koshish karlo, us rishte mein kuch kamiyan aati jaati rehti hain.

Lekin hum dono ne ek cheez tay kar li thi ki kabhi bhi koi baat hogi, kabhi koi dikkat hogi, koi naraaz hoga, ya koi bhi ladai hogi, hum usey bina solve kare kabhi nahin soyenge. Koi ego nahin kuch nahin, is cheez ka dhyaan zarur rakhenge ki har ladai solve honi chahiye. Aisa nahin hona chahiye ki, ek insaan naraaz hai aur dusra araam se so raha hai. Is ek promise ki wajah se hum dono ke beech jab bhi koi anban hoti thi, hum usey solve kar hi lete the.

'Tumhein pata hai na, mujhe tumse ladna pasand nahin hai, tum kyun ladte ho mujhse? Mat lada karo na,' Saloni ne bahut bhaari mann se kaha.

'Main kya karoon? Main cheezein theek karne ki koshish karta hoon, woh aur bhi zyada kharaab ho jaati hain. Mera bas nahin chalta is par. Mujhe bhi pasand nahin hai aapse ladna, aap socho aapko toh pyaar bhi nahin hai, mujhe pyaar hai, mujhe kitna bura lagta hoga jab humare beech ladai ho jaati hai,' maine apne mann ki baat kahi.

'Tum mujhe baar baar ye kyun bolte ho ki, tumhein pyaar hai mujhe nahin hai, toh kya iska matlab ye hai ki main feel nahin kar sakti kuch? Tumhein pyaar hai toh har cheez ko tum hi feel kar sakte ho? Hadd ho gayi! Mujhe baat hi nahin karni tumse,' woh mujh par bhadak gayi.

Saloni phone rakh kar chali gayi. Ab yahan meri galti thi, mujhe unse is tarah baat nahin karni chahiye thi. Main na chah kar bhi kuch aisa bol deta tha, kuch aisa kar deta tha, jiski wajah se main galat ho jata tha, aur Saloni mujhse naraaz ho jati thi. Main unhein aakhir tak manata tha, maafiyan mangta tha kyunki mujhe pata hota tha ki maine galti ki hai, aur unse sau baar bhi maafi maangne mein koi sharm nahin aati thi.

Saloni ko bachpan se dance karne ka bahut shauq tha. Unhone kayi baar kayi jagah bahut achhi achhi performances bhi di thi. Ek din Saloni ke dance group ka Meerut ke paas ek college mein dance competition tha. Woh apni sabhi college friends ke saath cabs mein wahan panhuchi aur dance ki taiyaari karne lagi. Us competition se pehle Saloni ne mujhe ye bataya tha ki unka sar dard se fatt raha hai, aur wahan par kisi bhi tarah medicine ka arrangement nahin kar pa rahi thi.

Dance kareeb 4 baje shuru hona tha aur is waqt 3.45 baj rahe the. Woh mujhse kareeb chalees kilometre door thi. Ab main superman bhi ban jau toh bhi 15 minute mein wahan nahin panhuch sakta tha. Phir bhi mujhe laga ki yahan khali baithne se achha main Saloni ko ek dawai ka packet leke de kar aau, taaki unka sar dard kam ho sake.

Ittefaaq se us din Ritabh aur Rajeev dono apne hometown gaye hue the, aur yahan mere paas Rajeev ki bike thi.

Maine bagair kuch soche Rajeev ki bike uthayi, society mein medical shop se headache ki tablets li aur nikal gaya apne safar par. Us din na jaane kaunsa fitoor sawaar tha sar par, bahut tez bike chala raha tha main. Raaste mein aisi kayi situations aayi jahan main kayi baar thukte thukte bacha. Lekin jaise taise main wahan tak panhucha.

Ab wahan do gates the, ek main gate, aur ek back gate. Mujhe yakeen tha ki Saloni main gate se bahar aayengi, aur main unhein dawai de kar nikal jaunga. Saloni 5 baje ke kareeb lautne wali thi. Main 4.30 baje tak panhuch gaya tha. Wahan ek chai ki tapri thi, main uske paas baitha hua chai pee raha tha aur intezaar kar raha tha.

Wahan baithe baithe ek ghante se upar ho gaya tha. Kareeb 5.45 baje mere paas Saloni ka message aaya,

Main nikal rahi hoon.

Main plan ke hisaab se wait kar raha tha, lekin jab 15 min wait karne ke baad bhi mujhe kuch nazar nahin aaya toh maine Saloni ko message kar ke poochha aur realize kiya mera plan ulta pad gaya. Saloni apni friends ke saath cab se dusre gate se nikal chuki thi. Ab mere dimaag mein bahut zyada hulchul mach rahi thi. Ghabrahat ho rahi thi, nervousness ho rahi thi, aur bhi na jaane kya kya.

Jab bhi Saloni cab se travel karti thi, safety purpose ke liye main humesha unse us cab ka number aur live location share karne ke liye zarur kehta tha. toh maine usi tareeke ka istemaal kiya. Maine bagair deri kare unhein message kiya.

Saloni, aapne cab ka number aur live location share nahin kari, woh yaad se share kar dena.

Mere us message se aisa bhi nahin laga ki, main unhein stalk kar raha hoon aur mera kaam bhi ho gaya. Saloni ne apni cab ka number mere saath share kiya aur live location bhi share kar di bina koi sawaal kiye. Maine dekha toh woh cab kareeb 5 kilometers aagey panhuch gayi thi. Maine fatafat bike start ki aur un tak panhuchne ke liye maine tez chalana shuru kar di.

Jitna main kareeb aane ki koshish karta, distance badhta hi ja raha tha. Maine mann hi mann cab driver ko badi gaaliyan di ki aaj hi isko udani hai apni cab. Shaam dhal rahi thi, andhera bhi hone laga tha. Kareeb 50 minutes ki chase ke baad, baar baar phone mein location check karne ke baad finally cab Vaishali metro station panhuchi, maine cab number check kiya toh woh wahi thi, aur mere samne woh cab just ruki hi thi.

Maine jaldi se bike ka stand lagaya, aur Saloni ke cab se bahar aane ka wait kiya. Andhere mein main unhein bhi pehchaan gaya aur unki ek friend Shambhavi ko bhi, jiske baare mein aksar woh batati rehti thi. Jaise hi woh bahar aayi, Shambhavi ne mujhe pehchaan liya. Maine usey kehte hue suna, 'Hey look, Saloni, is this Anubhav?'

Saloni ne mud ke dekha toh mujhe dekh ke shocked reh gayi. Unka munh khula ka khula reh gaya. Maine unke chehre par ek badi si muskurahat aate dekha. Unki faculty paas hi khadi thi toh woh bahut zyada excitement show nahin kar payi, par phir bhi khud ko mujhe hug karne se rok bhi nahin paayi. Unke us hug ne maine jitni bhi bhaag daud kari thi, uski saari thakaan nikaal di.

'Tum yahan kaise? Kab? Kyun? Oh my god, Anubhav! Tum kya karte rehte ho yaar, pagal se!' Saloni shabd bun hi nahin pa rahi thi apni feelings ko express karne ke liye.

'Main bas dawai dene aaya tha. Aapke sar mein dard ho raha tha na?' maine unse kaha.

Itna sunte hi unki aankhon mein aansu, aur chehre par ek badi si smile aa gayi, unhone kuch nahin bola aur kareeb 2 minute tak mujhe hug kar ke rakha, aur kaha, 'Thank you so much for being there!'

'I'll always be.' Maine unke kaan mein whisper kiya.

Us chaand ki chandni mein hum dono maano ek dusre ke ho gaye the. Unke us waqt mere saath hone mein, meri berang zindagi mein rang bhar chuke the. Main bahut khush tha, woh bhi bahut khush thi; aur unke hugs, mere har marz ki dawa ban chuke the.

19
Bagair relationship ke ye kaise ho sakta hai?

Ab aisa lag raha tha jaise khuda ne meri barson purani khwahish supoori kar di ho. Humesha se maine bas ek hi cheez maangi thi khuda se—Sachhi Mohabbat. Lekin mujhe badle mein dhokhe ke alawa kuch nahin mila tha. Saloni se milne ke baad mujhe ehsaas ho gaya ki mohabbat isey kehte hain, jahan bhale hi koi commitment nahin hai filhal, lekin ehsaas bilkul real hain, bilkul sachhe, koi jhooth, koi fareb nahin, koi ehsaan faramoshi nahin, koi istemaal kar ke chhod dena nahin.

Saloni meri zindagi mein blessing bann ke aayi thi, bas is blessing se mujhe ek hi ummeed thi ki ye blessing mujhe apna le, yunhi bless kar ke chhod ke na jaye. Main jaise jaise Saloni ke dil mein mere liye pyaar dekhta tha, waise waise main din ulte ginna shuru kar deta tha, ki woh din ab door nahin jab woh mujhe apnayengi, aur meri ho jayengi.

Humare milne ke kisse bante gaye, kabhi metro stations par unka mere kandhe par sar rakh kar baithna, kabhi metro mein unhein R.K. Puram metro station tak chhodne jana.

Main unke liye love letters likha karta tha, aur woh letters main unhein deta tha jab alvida kehne ka samay aata tha. Woh letters padh ke Saloni ekdum khush ho jaati thi, kabhi hansi se khilkhila uthti, toh kabhi aankhon mein ashq aa jaate the, aur woh letter padhne ke baad hug karna humesha fixed rehta tha.

Jaise har waqt bagair saans liye zinda nahin reh sakte, usi tarah main unse har din bagair mile, bagair hug kare reh nahin pata tha. Isliye har roz bhaaga chala jata tha, kabhi office ke baad, toh kabhi office se pehle, jab bhi mauka dekhta, bhale hi 10 minutes ke liye hi sahi, par jaata zaroor tha.

Ab mere jaise old school ladkon ke liye relationship mein aane ka ek pattern hota hai. Sabse pehle dosti hogi, phir pyaar hoga, uske baad relationship mein aayenge, phir kahin ja ke kiss hoti thi, aur phir sex wagairah, woh bhi tab jab dono ka consent ho aur comfortable ho ek dusre ke saath mein.

Magar us roz humare beech kuch aisa ho gaya, jisne mujhe bahut gehri soch mein daal diya. Pehle toh main thoda gap lekar Rampur jata tha, lekin ab woh samay tha jab main 2 hafte mein 1 baar chakkar laga leta tha Rampur ka, kyunki wahan sabki expectations hone lagi thi ki chhutti ke samay par aa jaya karo.

Woh din Friday ka tha, raat ka office kar ke main subah taiyyariyo mein laga hua tha ghar jaane ki.

'Tu itni jaldi jaldi ghar ja raha hai, abhi pichle hafte bhi gaya tha, sab theek toh hai?' Ritabh ne poochha.

'Haan, sab theek hai, bas ghar pe sab log yaad karte hain, aur kehte rehte hain ki chhutti rehti hai toh nikal aaya kar,' maine usey bataya.

'Sahi hai. Achha sun, ghar ja hi raha hai toh kuch nashte ka samaan le aaiyo, namkeen wagairah. Aur haan mirch ka achaar bhi khatm ho gaya hai, woh bhi le aaiyo, aur aunty woh wala achaar bhi toh dalti hain, kachhi amiya ka, woh achaar bhi le aaiyo,' usne jeebh lalchate hue kaha.

'Haan saalo bhooke nango, le aaunga, pure din baith kar achaar papad khaate rehna,' maine taunt maara.

'Tu le aiyo, woh hum dekh lenge ki usey khana kaise hai.' usne bhi mujhe chhedte hue kaha.

Ritabh aur Rajeev se us conversation ke baad maine bag uthaya aur nikal gaya flat se. Maine Saloni ko nikalte hi message kar diya tha ki main bus stand ke liye nikal gaya hoon. Mera route seedha hota tha. Noida City Center se seedha Anand Vihar metro tak jana aur wahan se bus mein baith kar Rampur ke liye nikal jana.

Jab main auto se Noida City Center ja raha tha, toh raaste mein mere paas Saloni ka message aaya.

Achha aap nikal gaye? Chalo theek hai, jab bus nikal jaye toh message kar dena. Mera bada mann hai pizza khaane ka aaj. 6 mahine ho gaye cheat meal liye hue, lekin aaj main khaa kar hi ghar jaungi.

Maine bhi reply kar diya, *Okay.* Magar mera dimaag mujhe kuch aur hi kehne laga. Achanak se na jaane kya hua mujhe, maine apna iraada badal diya bagair Saloni ko bataye. Maine socha ki agar Saloni ka mann hai pizza khaane ka toh main unhein aaj ek surprise deta hoon. Agar woh 6 mahine baad kuch kha rahi hain, toh kyun na woh apne mann ki meal mere saath lein. Maine jaldi se search kiya ki Noida City Center ke paas pizza kahan milta hai. Wahin par Logix Mall tha, usme Domino's tha, main seedhe wahin panhucha.

Mujhe pata tha ki Saloni ka favorite pizza Margherita hai. Maine bina deri kare ek small size pizza ka order de diya. Saloni ko maine humesha ki tarah ek message kar hi diya tha ki jab woh nikla karein toh message kar diya karein. Unhone mujhe agle 2 minute mein message kar diya aur mere wahin hosh ud gaye.

Pizza ready hone mein kam se kam 10 minutes the, aur mujhe unke college wale metro station Okhla Bird Sanctuary panhuchne mein bhi kam se kam 10 minutes lagte, aur is hisaab se toh woh nikal jaati. Maine Domino's wale bhaiya pe pressure banana shuru kiya. Unhone jaise taise kar ke mujhe 5 minutes mein pizza de diya.

Main pagalon ki tarah pure mall mein idhar se udhar bhaag raha tha, taaki main late na ho jau. Phir bhi mujhe 5 minute lag hi gaye metro station panhuchne mein. Saloni ka abhi bhi mujhe koi message nahin aaya tha ki woh metro se nikal gayi hain, isliye main bas bhagwaan se dua maang raha tha ki kahin aisa na ho jaye ki woh nikal jayein mere panhuchne se pehle.

Main Botanical Garden station se metro change kar ke seat lekar baith gaya. Wahan main baitha toh mere paas ek ladki aayi, aur bahut confused hoke mujhe pehchanne ki koshish karte hue kaha, 'I write what you feel?'

Main turant samajh gaya ki koi follower hi hogi, jisey mera Instagram username yaad hai. Maine bhi reply kiya, 'Yes!'

'Oh! Sir, Main aap ki bahut badi fan hoon. Main aapko bahut saalon se follow kar rahi hoon. Aap jo bhi likhte ho ek ek line bilkul dil ko chhu jati hai,' usne bahut excited ho kar kaha.

Maine usey 'Thank you' kaha aur achhe se baat karne laga. Aksar aise log takra jaate hain mujhse jab bhi main kahin jaata hoon, especially Delhi mein. Ab us ladki ki baaton aur tareefon mein main is kadar ulajh gaya ki jab tak main yeh samajhta ki mujhe next metro station par hi utarna hai, tab tak mera metro station miss ho gaya.

Mere paas ab koi option nahin tha next metro station par utarne ke alawa. Okhla Bird Sanctuary ke baad next station Kalindi Kunj tha. Jaise hi metro ke doors khule, main jaldi se utar gaya. Utarte hi maine dekha yahan pe toh door door tak ek bhi insaan nahin hai. Na mere saath koi utra aur na koi wahan metro ka wait karne wala tha. Maine mann hi mann socha ki main kaise banjar se metro station par aa gaya hoon.

Maine time na waste karte hue Saloni ko message kiya.

Aap kahan ho?

Main Okhla se nikal rahi hoon. Kyun kya hua? Unhone reply kiya.

Kalindi Kunj utar jana. Maine unhein bola.

Kyun? Kya ho gaya? Unhone aankhein badi karne wali emoji ke saath poochha.

Bas aap utar jana, miss mat karna station. Maine reply kiya.

Mere itna kehte hi maine phone pocket mein rakha aur aane wali metro ka intezaar karne laga. Mujhe poora yakeen tha ab jo next metro ayegi, usmein Saloni zarur hongi. Bas phir kya tha, dekhte hi dekhte metro ruki aur poori metro se bas ek hi shaqs utra, Saloni.

Saloni ko ye toh pata chal hi gaya tha ki main milne aaya hoon aur isiliye utarne ke liye keh raha hoon; lekin unhein yeh samajh nahin aa raha tha ki aakhir main bus stand ki jagah ek sunsaan metro station pe kya kar raha hoon?

Isse pehle ki woh kuch poochhti, unhone mere haath

mein pizza box dekh liya, aur woh dekh kar shayad poori kahaani samajh gayi.

'Tumhein bhi bilkul chain nahin hai, hai na? Jo munh se nikal jaye poora karna hota hai, pagal kahin ke,' unhone meri aankhon mein aankhein daalte hue kaha.

'Haha, maine socha jab cheat meal hi khani hai toh mere saath kyun nahin? Khwahish thi aapki ki aapko pizza khana hai, toh pizza with cute delivery boy aap ki khidmat mein shamil hain,' maine unke aagey sar jhukate hue kaha.

'Awww ... I love this cute pizza delivery boy,' unhone khushi se apni baahein failate hue kaha.

Unhone mujhe zor se hug kiya, aur hug karte hue hi meri aankhon mein dekha, aur mujhse kaha, 'I want toh kiss you.'

Mujhe us waqt kuch samajh hi nahin aaya ki ye achanak se unhone kya keh diya. Us waqt pyaar meri ragon mein daudh raha tha Saloni ke liye toh maine bagair kuch soche samjhe, seedha Saloni ke kaan mein halke se whisper kiya, 'Even I want to...'

Bas maine itna kaha, aur unhone mujhe pakad ke kiss kar liya. Maine zindagi mein pehli baar kisi ladki ko itni nazdeek se chhua tha, mehsus kiya tha, pehli baar ek ladki ko kiss kiya tha. Mujhe nahin pata Saloni ko kaisa lag raha tha, par mujhe aisa lag raha tha ki aise shaqs ko kiss karna jisko aap duniya mein sabse zyada chahte ho, maante ho, pyaar karte ho, woh kitna khoobsoorat ehsaas hota hai.

Us pal mein maine apni aankhein band ki aur us lamhein ko jeeta raha, tab tak jiya jab tak mann nahin bhara. Kamaal ki baat toh yeh thi ki, jitna main enjoy kar raha tha Saloni ko kiss karna, ussey kahin zyada woh enjoy kar rahi thi, aur us pehli kiss ke baad hum dono ne apni aankhein khol ke jab ek dusre ko dekha, toh dobara kiss kare bagair raha hi nahin gaya.

Us dusri kiss mein aur bhi zyada gehrai thi, ek deewangi thi, ek nasha tha, aur us nashe mein main madhosh hue ja raha tha. Madhoshi ka alam is kadar chhaya hua tha ki mujhe na jaane kitni der hosh bhi nahin tha ki main kahan hoon, kya kar raha hoon, bas kiss ko enjoy kiye ja raha tha aur shayad Saloni bhi.

Dusri kiss ke baad hum dono ne ek dusre ki aankhon mein dekha aur hansne lage. Woh hota hai na, jab aap apni life ko bilkul peak pe enjoy kar rahe hote ho, jab aap duniya mein sabse zyada khush hote ho, jab aapko sab kuch positive aur khoobsoorat lagta hai, bas wahi ho raha tha humare saath. Hum dono ek jaisa mehsus kar rahe the.

Uske baad humne sang ek bench par baith kar pizza khaya aur ek dusre ko khilaya. Main jashn mana raha tha Saloni ke saath relationship mein aane ka. Mujhe us din sab kuch mil gaya tha, maine sab kuch pa liya tha, sab kuch matlab SAB KUCH. Kyunki, mere liye mera sab kuch Saloni hi toh thi.

Wahan se pizza kha kar main Saloni ko ghar tak drop karne nikal gaya. Raaste mein humne khub baatein kari. Main unko thank you kehne laga ki unhone finally mujhe accept kar liya, magar jaise hi maine relationship ki baat kahi, unka reaction kuch yun aaya.

'Relationship? Nahin nahin, humne kiss ki hai, iska matlab yeh thodi hai ki hum dono relationship mein aa gaye!' unhone hanste hue kaha jaise woh mazaak uda rahi hain mera.

'What? Kiss karne ka matlab toh yahi hua na that you have feelings for me, aur kiss kiya matlab relationship mein aaye, kya aisa nahin hota hai?' Main shocked reh gaya unke reaction se.

'Hahaha, pagal, bahut hi filmy ho tum. Waise maine kiss kiya iska matlab ye nahin hai ki maine haan kar di hai, it's just that I wanted toh kiss you, main bahut khush ho gayi thi surprise se aur us khushi ko main aise hi express karna chahti thi,' Saloni ne apne kiss karne ki wajah batayi.

'Maine toh yahi dekha hai humesha, pehle relationship, baad mein kiss,' maine upset hote hue kaha.

'Such an old school boy,' Saloni ne hanste hue kaha.

Jab Saloni ne ye confess kiya toh mujhe thoda shock laga. Maine yahi socha ki bagair relationship ke koi kiss kaise kar sakta hai? Magar phir maine dusri taraf ye bhi socha ki, inko pyaar toh ho hi gaya hai, agar aaj kiss ki hai, matlab woh mujhe is kadar pasand karti hain, ki khud ko mujhe kiss karne se rok nahin paayi. Ab jo bhi relationship mein aane ke barrier hain, woh todne honge mujhe.

Aur un ardchano ko todne ke liye mujhe kisi hathiyar ki zarurat nahin balki intezaar ki zarurat thi, jo main karne ke liye beshaq taiyyar ho gaya tha.

20
Izhaar, takraar aur bahut sara pyaar

Waqt imtehaan le raha tha mere pyaar ka, main betaab tha apne mehboob ko paane ke liye, milan ki ghadi bhi ab zyada door nahin thi, khuda bhi mera taiyyar tha apni rehmat ke phool barsane ke liye.

Jis shaqs ko maine itni shiddat se chaha tha, finally woh shaqs ab mera hone ja raha tha, mujhe bahut strong vibes aa rahi thi. Mujhe ye yakeen tha ki ab woh din zyada door nahin jab Saloni apne pyaar ka izhaar karengi, aur main ye jag zaahir karoonga ki Saloni meri hai aur main sirf unka.

Aisa lag raha tha ki meri barson purani khwahish ab sach hone ja rahi hai, *'pyaar ke badle pyaar'* milne ki khwahish. Shayad ye bahut aam baat hogi duniya mein kayi logon ke liye, jinko asaani se pyaar mil jata hai, par mere liye ye bahut zyada badi baat thi, kyunki issey pehle bhi main pyaar ke liye kayi saal tadpa, aur ab bhi tadap raha tha.

Saloni ke saath us kiss wale incident ke baad ab kuch mahine beet chuke the, jahan humari din raat baatein hui, yunhi aate jaate milna hua, magar is sab ke saath saath hum dono ke beech aaye din takraar bhi hone lage the.

Aur zyadatar uski wajah bas ek hi hoti thi, dooriyan. Hum paas ho kar bhi paas nahin hote the. Jitni der milte the, kaafi nahin hota tha, us sab ki wajah se kabhi mere andar chidchidapan aane lagta toh kabhi unke andar, aur yahi wajah ban jaati ladaiyon ki. Jitni der milte the, bahut khoobsoorat waqt bitate the, lekin jahan apne apne ghar ki ore chale jaate, wahin par kisi na kisi baat par koi na koi ladai ya jhagda ho hi jata.

Mujhe bilkul bardaasht nahin hota tha ki humari kisi bhi baat par behes ho ya ladai ho, isliye main bahut koshish karta tha khud ko shaant karne ki, lekin Saloni apne opinions ki bahut pakki thi, jahan unhein lagta tha ki ye galat hai toh woh usey har haal mein galat prove kar deti thi.

Un sab ladai jhagdon ke bawajood bhi kabhi mere dil mein Saloni ki negative image nahin bani. Mujhe ye baat saaf pata thi ki ye jhagde saari zindagi rehne wale nahin hain. Ek din saath ho jayenge, toh ye jhagde bhi khatm ho jayenge.

Hum dono abhi bhi officially couple nahin the, par humari nazdeekiyon mein zara bhi kasar baaki nahin thi, waqt ke saath saath hum ek dusre mein ghulte ja rahe the, chhote chhote efforts humein itna kareeb lekar aa rahe the, jo maine toh kabhi sapne mein bhi nahin socha tha. Us kiss wale incident ke baad Saloni ki baaton aur actions se ye saaf pata chalta tha ki, woh mujhe chahne lagi hain, par faasla sirf rishte ka tha, jazbaat lagbhag ek ho gaye the.

Aksar baaton baaton mein Saloni haq jatane wali kuch baat kar jaati thi, aur main ye jante hue bhi ki woh haq jatana chahti hain kyunki unhein ab pyaar ho gaya hai mujhse, unse poochhne lagta tha ki, aakhir woh aisa kyun karti hain. Jab na pyaar hai aur na hi humare beech koi relationship, toh unke paas koi jawaab nahin reh jata tha.

Ek din main Saloni ko drop kar ke wapas metro se apne ghar aa raha tha. Raaste mein baat ho hi rahi thi humari call pe kyunki Saloni ghar par akeli hi thi toh woh achhe se baat kar pa rahi thi. Mere is tarah ke efforts ko dekhne par Saloni kabhi kabhi emotional ho jati thi, kabhi tareef mein do bol bol deti thi toh kabhi bolte bolte khamosh ho jaati thi.

'Aap humesha bolte bolte ruk jaati ho, kuch kehne wali hoti ho aur phir baat badal deti ho, aakhir kyun?' maine unki jhijhak ki wajah jaanne ki koshish kari.

'Kuch nahin,' unhone bahut hi straight faced reply diya.

'Boliye, Saloni ...' maine thoda zor diya.

'Main nahin jaanti ki ye sab kya hai, kyun hai, kyun main haq jatane lagti hoon out of nowhere, jabki humara koi rishta bhi nahin hai. Kyun mera ab pehle se zyada baat karne ka mann karne laga hai, kyun mera milne ka mann karta hai, aisa lagta hai ab roz hi milne aa jao, jabki manti hoon ki ye sab sahi nahin hai,' behad udaas mann se unhone kaha.

'Sahi nahin hai? Kaise sahi nahin hai, Saloni? Agar koi kisi ko chahta hai toh haq se keh sakta hai na ki woh usey chahta hai, is mein galat kya hai? Main jab se chahta hoontab se haq se kehta hu, haq se pyaar jatata hu, haq se milne aata hu, jo karta hoon haq se karta hu. Maine aapko aaj tak kisi cheez ke liye force nahin kiya, aapne jitna diya maine haste haste le liya, ab agar aap issey zyada kuch karna chahti ho, toh kya rok raha hai aapko?' Maine samjhane ki koshish kari.

'Mujhe nahin pata, Anubhav. I don't know ye sahi hai ya nahin, main pehle bhi pyaar karne ki galti kar chuki hoon, dobara galti nahin kar sakti. Last time apne pyaar ke liye Guruji ke against chali gayi. Ab himmat nahin hai ye sab karne ki,' unhone bebas hote hue kaha.

'Aap Guruji mein bahut vishwaas karti ho na?' maine unse poochha.

'Haan,' unhone jawaab diya.

'Aapko pata hai Guruji sach mein hain, aur aapse aaj tak jo bhi communicate kiya hai unhone woh sab sach hai?' maine ek aur sawaal kiya.

'Haan, sab sach hai,' unhone jawaab diya.

'Aapne jab Abhishek ke time par poochha tha Guruji se, toh unhone saaf mana kar diya tha na?' maine poochha.

'Haan, No aaya tha,' unhone bataya.

'Theek hai, aap ek kaam karo, mere liye bhi Guruji se poochh lo, agar jawaab mein Na aa jaye, toh main humesha ke liye aap ki zindagi se chala jaunga, aur agar Haan aa jaye, toh aap humesha ke liye meri ho jaogi, batao kar sakti ho aisa?' maine bahut hi bada daava kiya.

'Are you serious? Tum toh itna vishwaas bhi nahin karte Guruji par, toh tum itni badi baat kaise keh rahe ho?' unhone shocked ho kar poochha.

'Mujhe apne upar aur apne pyaar par poora vishwaas hai, dekhna agar main galat insaan hoon toh aaj hi Guruji aapko bata denge ki iske saath mat reh. Lekin agar main sahi insaan raha, toh Guruji aaj hi aapko mera bana denge humesha ke liye,' maine phir badi baat kahi.

'Achha, chalo theek hai, aaj hi faisla ho jayega, tum mere liye kitne sahi ho kitne nahin, main bhi bahut ulajh gayi hoon sahi aur galat ke beech mein,' unhone haami bharte hue kaha.

Itna kehte hi Saloni ne call rakh di. Main Botanical Garden panhuch gaya tha, aur wahan metro switch kar raha tha. Aate jaate itne couples dikhte rehte the aise public places par, toh unhein dekh khud ko aur Saloni ko humesha unmein imagine karta tha. Kahin koi haathon mein haath daale ghum raha hai, toh koi apne partner ko see off karne aaya hai, kahin koi saath mein baitha kuch kha raha hai, toh kahin do log bas sang baithe ek dusre ki maujudgi mein sukoon le rahe hain.

Main bhi bas unhein dekh kar muskura deta, unko behad khushkismat manta aur dil mein bas ye dua rakhta ki woh humesha yunhi khush rahein apne apne pyaar ke saath. Bas main ye soch hi raha tha ki, itne mein mausam badalne laga. Ab tak halki halki dhoop thi, lekin na jaane kahan se kaali ghatayein aane lagi.

Botanical pe metro aa chuki thi, aur main usey board kar ke wahan se nikal gaya. 2 metro stations door Noida city Center par jab metro panhuchi, toh darwaaze khulte hi maine dekha bahut tez baarish ho rahi hai, kareeb 10 minutes ke andar hi poora ka poora mausam hi badal gaya. Jaise taise khud ko baarish se bachata hua main bus ki ore ja hi raha tha, itne mein mere paas Saloni ki call aa gayi.

'Hello, haan ji?' maine call pick karte hi kaha.

'You know what?' Saloni ki aawaz mein ek khushi, ek excitement tha.

'Kya hua bataiye?' maine phir poochha.

'Guruji ne Haan keh diya, aur woh bhi ek baar nahin teen baar.'

Bas maine itna suna aur sunte hi meri khushi ka toh jaise koi thikana nahin raha, itna khush, itna zyada khush ho gaya main ki bas khushi ke aansu bhi ruke nahin, beh hi gaye. Zindagi ki saari khushiyan us ek call ke zariye mil gayi mujhe, us ek haan ke zariye mil gayi, jiske liye main aaj tak tadapta raha, tarasta raha, ummeedein karta raha, par humesha se ek vishwaas tha ki, is baar dil nahin tootega, is baar ishq zaroor muqammal hoga.

Lekin aaj khud Guruji ne Saloni ko mere liye haan keh diya. Main apni khushi ko sambhal hi nahin pa raha tha, baar baar Saloni se bas yahi poochh raha tha, 'Kya yeh sach hai?'

Aur har baar unka bas ek hi jawaab milta, 'Haan, Anubhav, yeh sach hai! Guruji ne mujhe ijaazat di hai, tumse rishta jodne ke liye. Aur mujhe mere Guruji par poora vishwaas hai, woh mujhe kabhi galat direction mein nahin jaane denge.'

Aaj bhagwaan se ki gayi har manokamna poori ho gayi, har dua kabool ho gayi, har khwahish poori ho gayi, aur sabr ka fal bhi mil gaya. Maine us lamhein mein bas ek hi kaam kiya.

Upar asmaan mein dekha, apne dono haathon ko joda, aur bhagwaan se bas ye dua maangi, ki is rishte ko humesha salaamat rakhna. Aapne milaya hai toh sambhaal kar bhi aap hi rakhna, kabhi bhule se bhi aisi koi galti mat hone dena jiski saza is rishte ki qurbani ho. Is kaabil banana ki Saloni ko main humesha khush rakh saku, kya hoga, kaise hoga, kuch pata nahin, ab bas jo hai aap hi ke haath mein hai. Aur mera aapse ye wada hai ki Saloni ke dil ki raksha main humesha karoonga, aane wali har musibat mein main unke saath khada rahunga, kabhi jaan ke dil nahin dukhaunga, jitni ho sake utni khoobsoorat zindagi unhein dunga, bas khayaal rakhna apne dono bachhon ka.

Aur itna kehte kehte mere aankhon mein aansu aa gaye, jab aankh khuli toh aas paas jo log guzar rahe the, unki nigahein mujhse ye keh rahi thi ki *'Isey kya hua hai? Ye aise kyun kar raha hai?'*

Aur main muskura kar bas ek hi jawaab mann hi mann de raha tha, *'Mohabbat hui hai aaj kisi ko mujhse, sachhi mohabbat, bas usi ki khushi hai.'*

Jab ye sab ho raha tha, toh mera dhyaan hi nahin gaya ki Saloni abhi bhi call par thi, 'Hello, kahan gaye yaar? Bolo na kuch!' Unhone jawaab ki ummeed mein baar baar pukara.

Aagey main Saloni se baat karne laga, aur jo jo maine bhagwaan se pray kiya, jo promises main bhagwaan se kar raha tha, wahi promises usi waqt main Saloni se bhi karne laga toh unhone mujhse bas ek hi baat kahi.

'Bas, dil mat todna yaar ...'

'Ab is dil ki zimmedari meri hai, iski hifazat ab main karoonga, aur meri hifazat mein isko aanch bhi nahin aane dunga, ye waada hai mera,' maine kaha.

21
Tum, main aur saawan ki baarish

*D**in badle, raatein badli, aashiqui bhi hone lagi*
Kabhi dukhon ka baadal chhaya, toh kabhi mohabbat ki baarish hone lagi
Har khwahish poori hui, har dua qabool hone lagi
Jo beintehaan mohabbat adhuri thi, ab woh bhi poori hone lagi.

Saloni se baat karte karte kab raasta kat gaya pata bhi nahin chala. Main jaise hi ghar panhucha, maine apni khushi Rajeev aur Ritabh dono ke saath sabse pehle share kari. Ab tak un dono ke saath bhi mera aisa bond ho gaya tha ki mujhe kisi buri nazar ka, ya negative energy ka darr reh nahin gaya tha. Unhein maine Saloni ki tasveer bhi dikhai, aur unhein sab kuch bataya, ki kaise hum mile, kaise nazdeek aaye, aur kaise itne mahinon ke intezaar ke baad aaj woh din aaya jab Saloni ne finally mujhe haan kaha.

Aur dono ne reaction mein mujhe seedhe gale laga liya aur ek saath ek hi cheez boli, 'BHAI PIZZA PARTY?!'

Aur maine bhi khushi se reply kiya, 'Karo order! Jee bhar ke karo. Aaj party tumhara bhai dega. Meri zindagi ka sabse khoobsoorat din main apne jigar ke tukdon ke saath share karoonga.'

Dono ne dhadaake se order karne shuru kar diye pizza, aur dekhte hi dekhte paanch pizza order kar diye. Jisko dekh kar maine kaha, 'Bete kar toh rahe ho order, agar ek bhi pizza bacha, toh dono ke munh me thoons thoons ke khilaunga.'

'Tu chinta mat kar launde, aaj tera din jashn manane ka hai, aur humara pel ke khane ka,' Rajeev ne Ritabh ko taali maarte hue kaha.

Us raat hum teeno ne jam kar pizza khaye. Kamaal ki baat toh ye hai ki ek bhi pizza nahin bacha, mujhe toh aisa lag raha tha jaise khushi ke maare meri bhookh chaar guni ho gayi. Magar woh din 5 September 2018 meri zindagi ka sabse khoobsoorat din saabit hua.

Saloni ke confession ke baad mere mann mein ye janne ki ichha aur bhi zyada badh gayi ki unhein kab se mere liye feelings aane lagi, is sab ki shuruaat unki side se kab hui, kab unhein laga ki main sahi insaan hoon unke liye, ab itni duaon ke baad aakhir woh mili thi mujhe, toh kuch toh main bhi sunna chahunga ki aakhir kya hai dil mein unke mere liye.

Toh beete kuch din baad main Saloni se call par baat kar raha tha, baato baato mein maine unse poochha ki aakhir yeh sab kab hua, kaise hua etc.

'Mujhe nahin pata kab main tumhare itna kareeb aane lagi, kab mujhe tumhare saath comfortable feel hone laga, apnapan mehsus hone laga; shayad tumhare efforts ne mujhe tumhari ore kheencha. Tumhare actions mein mujhe khud ke liye beshumaar pyaar aur izzat dikhi, sach kahoon toh maine tumse aur khud se bhi zyada Guruji par bharosa kiya hai, kyunki woh mujhe kabhi galat insaan ke saath rehne ki ijaazat nahin denge, unhone haan kaha woh bhi teen teen baar.'

'Achha, ye 3 baar ijazat ka kya matlab hai?' maine bhi curious ho kar poochha.

'Actually hua ye ki maine jab Guruji se poochha tha tumhare baare mein, toh unki pehli haan ke baad mere mann mein phir se ek baar surety lene ka khayaal aaya. Maine dusri baar phir poochha, phir bhi jawaab haan hi aaya, par dil toot jaane ke darr ki wajah se main teesri baar bhi majboor ho gayi, aur unka jawaab phir bhi nahin badla. Is tarah Guruji ne teen baar mujhe tumhare liye haan bola, jab ki aaj se pehle kisi cheez ke liye unhone is tarah se jawaab nahin diye mujhe.'

Yeh sun kar mujhe aisa laga jaise hum dono ka rishta kitna paak hai, upar wala bhi ijaazat par ijaazat de raha hai, itna khoobsoorat mujhe aaj se pehle kabhi mehsus nahin hua.

'Dekh lo, aap bharosa nahin kar pa rahi thi, par Guruji ne mujh par bharosa kar liya,' maine unse kaha.

'Woh toh bhagwaan hai na, ek insaan ki niyat bhi padh sakte hain, bas hum insaan hi bewakoof bante hain ismein,' Saloni ne kaha.

'I know, par aap befikar raho, maine agar jo ye haath thama hai toh bewakoof banane ke liye nahin, balki aapko woh pyaar, woh izzat, woh maan sammaan dene ke liye jiski aap haqdaar ho.' Maine ek waada kiya.

'Guruji ke haath mein hai ab sab, milane wale bhi wahi, juda karane wale bhi wahi.' Saloni ne phir ek baat kahi.

Us conversation ke dauraan maine ek cheez mehsus kari, ki Saloni ke mann mein mere liye izzat aur jazbaat aa gaye the, par shayad utne nahin jitne main ummeed kar raha tha, aur is rishte ki dor bandhne wale Guruji the, Saloni nahin. Unhone Guruji se poochh kar mujhe haan bola, par ek insaan khud se itna sure ho jaye ki woh haan bhi bole aur pyaar ka izhaar bhi kare, woh kahin na kahin missing tha.

Mere mann ko ye pata tha, par maine is baat ka zikr Saloni ke saath nahin kiya, maine unke acceptance ka maan rakha aur unki khushi mein khush ho liya. Mujhe unki acceptance mil gayi aur woh bhi haan keh kar khush thi, ye dekh kar main aur khush tha. Bas baaki tha toh itna hi, ki woh dil-o-jaan se mujhe apna lein, jismein waqt tha no doubt, par main aur intezaar karne ke liye bhi taiyyar tha.

Magar sabse pehle intezaar tha unse milne ka, jis lamhein se unhone mujhe apnaya tha, usi lamhein se mera dil tadap raha tha unke deedaar ke liye, unke haathon ko thaamne ke liye, unhein gale se lagane ke liye. Maine bagair deri ke agle hi din ye plan banaya ki main unke paas jaunga unke college ke over hone ke baad.

Agli subah ka suraj kaafi khubsoorti se khila hua tha, aur keher barsa raha tha apni garmi ka. Maine office se ghar panhuch kar sabse pehle alarm set kiya 2 baje ka aur bagair deri kare jo bhi breakfast karna tha, woh kar ke so gaya. Kareeb 5 ghante baad meri aankh khuli aur jaldi jaldi maine taiyyar hona shuru kara.

Humesha ki tarah is baar bhi Saloni ko kuch bhi pata nahin tha ki main unse milne aa raha hoon. Bas main panhuch gaya aur intezaar karne laga metro station ke neeche.

Dekhte hi dekhte Amity ke students ka crowd aana shuru ho gaya, aur mujhe intezaar tha toh sirf ek chehre ka.

Main bheed mein apne pyaar ko talaashta raha, aur phir woh ghadi aayi jab mujhe unka chehra dikhai diya.

Saloni ko dekh kar main bahut khush ho gaya, unki nazar abhi bhi mujh par padi nahin thi. Maine unke kareeb aane ka intezaar kiya. Woh apni dost Bisma, Vanshika aur Komal ke saath zor zor se kisi baat par hansti hui aa rahi thi. Jaise hi woh kareeb aayi unhone mujhe dekha, aur dekhte hi apni aankhein badi karli, unke hothon ki muskaan badhti chali gayi aur unke munh se zor se niklaa, 'Anubhaaavvvvv!'

Itna keh ke woh meri taraf bhaagti hui aayi aur unhone mujhe apne seene se laga liya. Maine bhi poori jaan se unhein qaid kar liya apni baahon mein. Humein kuch der tak hosh hi nahin raha ki hum itne logon ke beech ek dusre ko hug kiye hue hain. Us waqt mujhe ehsaas hua ki Saloni ne mujhe dil se apnaya hai, unka ek ek gesture, ek ek action ye express karta tha ki woh bhi mujhe apna maanti hain, woh bhi haq se maanti hain aur ye baat woh duniya ko dikhane se bhi darr nahin rahi hain.

'Aa gaye na tum?' unhone behad khushi jatate hue kaha.

'Tumhari chahat thi toh maine socha poori kar di jaye,' maine unhein kaha.

'Meri chahat? Maine toh tumse kaha bhi nahin.' Woh chalte chalte ruk gayi aur unhone meri taraf dekhte hue poochha.

'Har cheez batayi thodi jaati hai, kuch baatein bina bataye bhi sun li jaati hain,' maine unhein dil se jawaab diya.

'Uff, bas yahi pagalpan toh achha lagta hai mujhe tumhara,' unhone shayarana andaaz mein kaha.

'Aur mujhe tum,' maine bhi usi andaaz mein jawaab diya.

'Hahaha, pagal ... main soch hi rahi thi ki aaj dikh jaye ye ladka, bagair tumhein dekhe ghar jana nahin chahti thi,' unhone dil ki baat kahi.

'Aisa ho sakta hai ki bagair mujhe dekhe aap ghar chali jao?' maine kaha.

'Haha, ab toh mujhe bhi aisa lagta hai ki aisa ab possible nahin,' unhone bhi yakeen se kaha.

Itna keh kar hum dono ne hanste hanste wapas phir ek dusre ko gale laga liya aur dil se shukriya ada kara Guruji ka jin ki wajah se aaj hum ek hue.

Saloni ki friends unhein see off kar ke jaa chuki thi, kuch der ye discuss karne ke baad ki hum kahan jayein, humne Sector 18 jaane ka faisla kiya. Itne mein mausam ne karwat leni shuru kar di, kaali ghatayein chhane lagi thi. Humne metro board kari aur Sector 18 ki ore chal diye.

Metro ke andar pata nahin chal raha tha bahar ka mausam lekin metro se bahar aate hi mehsus hua ki tez hawa chal rahi hai aur suraj bhi poori tarah baadalon mein chhup chuka hai.

Main soch raha tha ki Saloni ko kisi achhe restaurant ya cafe lekar chalta hoon, kuch badhiya sa khana khaate hain aur kuch meaningful time spend karte hain. Magar unka iraada kuch aur hi tha. Main phone par dekh hi raha tha aas paas achhe restaurant aur cafes lekin itne mein Saloni ne kaha.

'Mera na kisi mehnge restaurant mein jaane ka mann nahin hai, let's eat thele wale chhole kulche,' unhone chatkaare lete hue kaha.

Main 2 minute tak sochta raha ki thele par se chhole kulche kyun khane hain, unhygienic hote hain ye-woh, par Saloni toh Saloni thi, unhein bahut shauq tha street food khane ka. Humne wahan aas paas bahut dhundha koi thela, par humein mila nahin, itne mein meri nazar ek aunty par padi jo apne thele par pakode lagayi hui thi aur zor se chilla rahi thi, 'Aloo pyaaz ke pakode le looo.'

'Saloni, aapke chhole kulche toh mil nahin rahe hain, let's eat pakode,' maine unhein bola.

'Haan, ye bhi chalega,' unhone usmein bhi khushi jatayi.

Jaise hi hum aunty ke paas gaye, aur unko ek plate pakode lagane ka order diya, itni der mein baarish honi shuru ho gayi, aur woh bhi thodi bahut nahin, bahut tez baarish. Na mere paas umbrella tha, aur na hi Saloni ke paas. Baarish unhein bhi pasand thi, aur mujhe bhi. Dekhte hi dekhte kuch seconds mein hi hum itne bheeg gaye, itne zyada jiski koi hadd nahin.

Us barasti baarish mein Saloni ka chehra itna khoobsoorat lag raha tha, itna zyada ki shabdon mein bayaan nahin kiya ja sakta. Woh baarish ki boondon ka lutf utha rahi thi aur main unhein dekh mann hi mann muskura raha tha.

Bheegi zulfein, bikhre baal, kya keher barsa rahi thi Saloni. Meri nazrein sirf un par thi aur unki nazrein sirf mujh par, aur dekhte hi dekhte hum kareeb aa gaye. Mera ek haath unki kamar par tha aur dusra unke gaalon par, unhone bhi mujhe yunhi pakda hua tha, aur hum rok nahin paye ek dusre ko kiss karne se. Baadalon ki chhaon mein, baarish ke paani se lipti hui woh kiss chashni jaisi meethi thi.

Jaise Aashiqui 2 mein baarish ki kiss dekhi thi, same wahi scene mera aur Saloni ka ho gaya tha. Pakode wali aunty bhi humein dekh kar hans rahi thi ki kaise pagal se log hain ye.

Us kiss ke baad hum dono ek dusre ko dekh kar bahut khush hue. Saloni toh khushi se jhoomne lagi, paani mein chham chham karne lagi. Unhein ye karta hua dekh main yahi soch raha tha ki ye chehra yunhi muskurata rahe aur woh yunhi enjoy karti rahe apni zindagi ke har pal ko jaise abhi kar rahi hain.

Humne usi baarish mein bheege bheege pakode khaye, aur hansne lage ki hum kitna pagalpan kar rahe hain. Ab isey pagalpan kaho ya bachpana, par jo tha us moment mein sabse zyada special, sabse zyada real aur sabse zyada genuine tha.

Ek relationship mein kabhi kabhi spontaneity dikhana zaruri hota hai, kabhi kabhi pagalpan karna, apne partner ko chhedna, bachhon wali harkatein karna zaruri hota hai, issey aapka rishta aur aapke andar ka ek bachha, ek bachpana humesha zinda rehta hai.

22
Din khoobsoorat bhi hue, badsoorat bhi

Baarish mein bheegte hue hum dono itne madhosh ho gaye ki waqt ka pata hi nahin chala. Jab phone mein time dekha toh 6 baj rahe the, jab ki Saloni 6 baje tak ghar panhuch jaati thi. Woh kareeb 45 minutes late ho gayi thi, isliye bagair deri kare unhone mujhse kaha, 'Beta, ab mujhe nikalna hoga, main kaafi late ho gayi hoon, meri mummy ki call aane se pehle mujhe R.K. Puram panhuchna hai.'

'Raat ke andhere mein kaisi lagti ho, ye main aaj tak nahin dekh paya, bas din hi din mein dikhayi padti ho aur uske baad chali jaati ho,' maine apne andar dabi ek baat kahi.

'Sabr karo, din kya aur raat kya, waqt aane par har waqt ka saath hoga.'

Saloni ki ye baat sun kar chehre pe jaise ek smile hi aa gayi, dil ko thandak panhuchane wali baat kahi unhone. Woh hota hai na ki, ek bharosa milna samne wale se ki haan hum ek honge.

'Chalo theek hai, phir chhod deta hoon main,' maine unhein aagey chalne ko ishaara kiya.

'Nahin nahin, aap ek kaam karo, aap yahin se ghar nikal jao. Itna lamba chakkar mat lagao bina kisi wajah ke,' unhone mujhe roka.

Saloni upar se neeche tak poori bheeg chuki thi aur aise mein main nahin chahta tha ki woh akeli jayein metro mein, toh maine zid kar ke unhein mana hi liya aur unke station tak chhod ke wapas ghar lauta.

Ghar panhuchne ke baad mujhe na jaane kyun ghabrahat si hone lagi, khud ko baar baar emotional hota hua dekh raha tha main, jaise na jaane kya peeche chhod aaya hoon, kis cheez se door ho gaya hoon. Seene mein ajeeb sa ek dard uth raha tha, toh maine fridge mein se paani ki bottle nikali aur ek ghunt paani pi kar rakh di, aur room mein aa kar let gaya. Letne ke baad apne phone mein maine ek song play kiya *'Ab phirse jab baarish hogi teri yaad mujhko aayegi'* by Darshan Raval.

Is song ke lyrics bahut zyada relatable the meri situation se toh isey let kar sunta raha. Saloni ke saath bitaye hue palon ko yaad karta raha aur chhup chhup kar rota raha, rok na saka khud ko. Humne jo bhi mastiyan ki, bheege baarish mein, bheege hue pakode khaye aur pyaari si kiss ki, woh sab yaad aa raha tha. Unki aankhon mein jo pyaar dekha tha maine, woh sab yaad aa raha tha, aur yaad karte karte rona is kadar aa gaya ki rok nahin paya Saloni ko call karne se.

'Hello, Saloni ...,' maine rote rote Saloni ka naam pukara.

'Kya hua, Anubhav? Aap theek toh ho? Why are you crying baba?', Unhone chinta mein poochha.

'Aapki yaad aa rahi hai bahut zyada,' maine ruansi aawaz mein kaha.

'Awww ... idhar aao, come on, hug me. Maine tight se aapko pakad liya hai, main aapke paas hi hoon, aap chinta mat karo,' Saloni ne emotional support dete hue kaha.

Saloni ko is tarah virtual hug karne mein mujhe bahut sukoon mila, aisa feel hua jaise sach mein unhone mujhe ek baar phir hug kar liya aur meri ghabrahat, rona sab kuch shaant ho gaya.

Jab aap kisi se sachha pyaar karte ho, toh uske presence ke liye bahut tadapte ho—unke paas aane, unke sang baithne, haath mein haath thaamne, gale lagane, unke aapko chhune ka ehsaas, is sab ke liye. Mera bhi bas wahi haal ho raha tha. Jab bhi is tarah ki situation hoti mere saath, main unko call kar ke apna mann halka kar liya karta tha. Saloni bhi chahe kitna bhi busy kyun na ho, mujhe pareshaan halat mein dekh mujhe shaant zaroor kar deti thi, meri lehron se ladti kashti ko kinara zarur de diya karti thi.

Blessing ban ke aayi thi Saloni meri zindagi mein. Kuch waqt hi guzra tha unke saath, par phir bhi jab jab main peeche mud ke dekhta tha mujhe kisi ke kahe hue ye words yaad aate the, *'It's hard toh love you, bahut mushkil hai tumhein pyaar karna.'*

Ye lines mere kaano mein aaj tak gunjti hain, aur aaj jab Saloni mujhe woh pyaar deti hain, izzat deti hain, care deti hain jo main deserve karta hoon toh is baat ka ehsaas hota hai ki pyaar karna kabhi mushkil nahin hota, bas niyat honi chahiye. Jiski niyat saaf hogi, uske dil mein mohabbat bhi sachhi hogi, lekin jo behrupiye bane firenge, pyaar ka dhong karenge, unki pyaar karne mein jaan toh sukhegi hi.

Saloni aur mera rishta bilkul Tom & Jerry jaisa tha, kabhi toh ek dusre se itna pyaar karte, itni pyaar bhari baatein karte, toh kabhi ek dusre se itna ladne lagte jiski koi hadd nahin. Ab tak humare beech jo bhi ladaiyan hoti thi unki wajah zyadatar dooriyan hoti thi, lekin is baar kuch aisa hua jiske baare mein maine bure se bure sapne mein bhi nahin socha tha.

Meri relationship aur work life ke alawa meri ek social life bhi thi. Main social media par active tha jahan main quotes likhta tha, stories likhta tha, logon se baat karta tha, aur kuch chuninda dost bhi ban gaye the jinse aksar baatein ho jaya karti thi.

Mujhe meri writing ki wajah se fame, love and respect ye sab kuch social media se milne laga tha. Ab tak 60,000 followers ho gaye the mere Instagram account par. Bahut se log mujhe admire karte the aur unme se kuch toh kaafi hadd tak pasand bhi karte the; aise kuch naamon mein se ek naam 'Sweta' tha.

Sweta Mumbai se thi, aur kaafi arse se mujhe Instagram par follow kar rahi thi. Shuruaat se hi woh mujhe pasand karti thi, ye na hi sirf mujhe usne bataya tha, balki uske actions mein bhi show karti thi. Meri taraf se maine usey shuru se hi clear kiya hua tha ki main usey sirf apna dost samajhta hoon aur mere dil mein uske liye koi feelings nahin hain. Iske bawajud bhi woh mujhe pasand karti thi, shayad meri baaton ko padh kar, ya meri soch ki wajah se, aur isi wajah se main uski kaafi respect karta tha.

Saloni se milne ke baad mera bartaav sabhi logon ki taraf thoda badalne laga tha. Main pehle se kam samay deta tha logon ko, aur is wajah se Sweta ke andar bhi thodi chidchidahat honi shuru ho gayi thi, khaas kar mere relationship mein aane ke baad se.

Mere sabhi post pe uska like aur comment aata tha. In fact message kar ke woh un posts ka personally reply bhi karti thi. Par jab bhi main Saloni ke liye kuch likhta tha ya Saloni ke saath apni picture post karta tha, woh koi bhi reaction nahin deti thi. Issey pata chal raha tha ki usey mera relationship mein aana bahut khal raha hai, aur kahin na kahin main bhi ye samajh raha tha kyunki jab aap kisi ko pyaar karte ho toh aap usko kisi aur ke saath nahin dekh sakte.

Saloni usey zyada achhe se nahin jaanti thi, par unhein pata tha ki meri Sweta naam ki ek ladki se kabhi kabhar baat ho jaya karti hai. Mujhe is baat ka andaza tinke barabar bhi nahin tha ki ek din Sweta ki ye dosti mere liye sardardi ban jayegi aur daraar le ayegi mere aur Saloni ke rishte mein.

Us din ki shuruaat bhi kadakti bijliyon aur baraste badalon se hui thi. Sunne mein bhale hi yeh filmy lage, par meri zindagi mein jo bhi badlaav ho rahe the, achhe bure, sab bahut dramatic tareeke se ho rahe the; poore weather mein us cheez ka asar dikhai deta tha, na jaane kaise ye hota tha, par ye hota zaroor tha.

Ritabh, Rajeev aur main, hum teeno apni society ke garden mein baarish ke rukne ke baad tehel rahe the, aur baarish ke baad ki mitti ki saundhi saundhi khushboo ko mehsus kar rahe the. Geeli ghaas pe nange paon chal kar ek sukoon sa mil raha tha.

Woh dono apna phone chala rahe the aur main apna. Maine Saloni ke liye kuch likha tha, toh main wahi unki picture ke saath apne social media pe post kar raha tha. Post karne ke kuch minutes ke baad hi Sweta ka mujhe DM (Direct Message) aaya.

You always used toh say mujhe pyaar nahin hota kisi se, main pyaar nahin karta, aur ab pyaar bhi ho gaya, relationship mein bhi aa gaye! Badhiya hai, log sahi kehte hain, never trust a writer, ye apni baato se logon ko pyaar karne par majboor kar dete hain, aur jab khud karne ki baat aaye toh peechhe hatt jaate hain.

Maine jab ye message padha toh mujhe gussa toh bahut aaya, par maine ignore kiya ye soch kar ki, main kya bolun usko jo pehle se hi apne dimaag mein assumptions bana kar baitha hai. Usko mere liye feelings thi, aur mera kuch bhi bolna befaltu mein usey hurt karta, toh maine seen kar ke chhod diya.

Haan, ab kyun karoge mujhe reply, tumhein toh mil gayi ab pyaar karne wali, jao usi ke paas jao, karo aashiqui uske saath, rang raliya manao apni so called Choi ke saath. Bhaad mein jao, I will never text you again.

Us moment pe mujhe bahut mixed feelings aayi, mujhe bahut gussa aaya. Mujhe ussey bahut kuch kehna tha, jawaab dena tha, par main chup raha. Woh meri Saloni ke liye bhi ulta seedha bol rahi thi, par phir bhi main chup raha, jo ki meri galti thi, shayad sabse badi; mujhe aisa nahin karna chahiye tha.

Maine ek baar phir bagair reply kiya usey bhi seen kar ke chhod diya, par us moment maine ye decide kar liya ki ab main uske saath apni friendship nahin rakhunga, toh maine bina deri kare usey unfollow kar diya Instagram se.

Ye sab hone ke baad main iske baare mein bhool gaya aur shaam hone ka intezaar karne laga taaki apni Saloni ke paas jau aur unke saath kuch waqt guzaar saku. Kareeb 4 baje main Okhla Bird Sanctuary metro station panhucha aur stairs pe baitha neeche hi wait karta raha. Maine Saloni ko bata diya tha ki main wahan panhuch gaya hoon. Woh bhi 15 minutes mein wahan panhuchne wali thi.

Is dauraan kayi log aas paas se guzar rahe the, aur main time pass karne ke liye Instagram stories dekh raha tha.

Kuch der hi beeti thi ki Saloni wahan panhuch gayi apni friends ke saath. Maine nazar utha kar dekha toh woh mere samne hi thi. Main unhein dekh kar turant utha aur apna phone pocket mein rakh kar seedhe unhein hug kiya aur kaha, 'Hello beautiful lady!'

'Hi Handsome!' unhone blush karte hue mujhe kaha.

Saloni ne apni friends ko see off kiya aur mere saath wahin stairs par baith gayi. Main unse baat karta raha, unke din ke baare mein poochhta raha. Baat karte karte mere phone pe kuch DMs aane lage.

'Kya baat hai? Kiske messages aa rahe hain, Mr Agrawal?' Saloni ne shaq ki nigaah se dekha magar ek muskurahat ke saath.

'Arey aise hi DMs aate rehte hain naye naye, toh bas usi ki notifications aa rahi hain,' maine phone dekhte hue kaha.

'Achha, main bhi toh dekhu, kon bechain ho raha hai baat karne ke liye,' unhone curious ho kar kaha phir ek muskurahat di.

Ye bolte hue unhone mere phone ki taraf haath badhaya aur maine bina soche samjhe unke haath mein apna phone rakh diya.

Unhone notification pe tap kiya toh seedha DM mein chali gayi, wahan woh yunhi messages padhne lagi, padhte padhte woh Sweta ke message tak panhuch gayi. Jaise hi unhone Sweta ki chat padhni shuru kari, mujhe ek second ko laga ki kahin aisa na ho ki koi baat buri lag jaye Saloni ko. Main bas itna soch hi raha tha ki itne mein Saloni ne meri taraf gusse ki nazar se dekha.

'Ye kaun hai Anubhav? Aur ye sab kya hai?' Unhone teekhe andaaz mein poochha.

'Arey ye ... maine bataya toh tha aapko ek Sweta naam ki ladki hai Mumbai ki, like karti hai and all,' maine thoda samjhate hue kaha.

'Ye ladki tumhein itna sab kuch bol rahi hai, mere baare mein ulta seedha likh rahi hai, aur tumne isko koi reply bhi nahin kiya?' unhone bhadakte hue poochha.

Mujhe jis baat ka darr tha wahi hua, Saloni ko ye cheez bilkul achhi nahin lagi ki maine usey koi reply nahin kiya.

'Anubhav, waise toh tum bahut badi badi baatein karte ho ki main tumhare liye ye kar sakta hoon woh kar sakta hoon, aur ye hai tumhara pyaar?' Aankhon mein angaare liye unhone poochha.

Maine unke gusse ko shaant karne ke liye unka haath pakadne ke liye apna haath aagey badhaya par Saloni ne mujhse kaha, 'No no no, don't touch me, I want an answer! Woh chahe jo marzi bol rahi thi, mujhe ussey koi fark nahin pad raha hai, par tumne usey jawaab kyun nahin diya? Batao mujhe!'

Saloni ko itne gusse mein main pehli baar dekh raha tha. Mere haath pair sookh gaye, aisa lag raha tha ki meri body mein jaan hi nahin hai, mujhe buri tarah paseene aane lage, anxiety hone lagi, aur mujhe samajh mein nahin aa raha tha ki main kya bolu, kya jawaab du unhein.

'Tum isko abhi phone karo aur bolo isey ki main kaun hoon tumhari aur sunao isko, warna main ja rahi hoon abhi aur baat nahin karoongi tumse,' unhone bahut gusse mein ye baat kahi mujhe.

Na jaane kyun par ye karne ki himmat main juta nahin pa raha tha. Kisi ladki ko sunana, bura bhala bolna, ya kuch bhi apshabd bolne ke guts mujh mein nahin the.

'Beta, please ye sab mat karwao. Mujhe maaf kar do, mujhse galti ho gayi, main maanta hoon apni galti. Please mujhe maaf kar do par ye phone kar ke sunana, gaali dena, ye sab main nahin kar sakta, main aisa nahin hoon,' maine unke aagey haath jod kar minnatein ki.

'Anubhav, seriously? Tumhare liye ye ladki important hai ya main?' unhone bikharti ummeedon se kaha.

'Of course, aap ho, par aap chhodo na ye sab please,' maine jawaab de kar baat ko khatm karne ki koshish kari.

'Tum jab tak phone nahin karoge, main tumse baat nahin karoongi,' unhone zid pakad li.

Main Saloni ko ye mehsus nahin kara sakta tha ki unki meri life mein koi value nahin hai ya unse upar bhi koi hai. Of course, woh ladki mere liye itna matter nahin karti thi, toh maine jaise taise himmat bandh kar Sweta ko call laga di.

Pehli call usne nahin uthayi, Saloni ne mujhse dobara call karne ke liye kaha, toh maine dobara lagayi, aur Sweta ne dobara bhi nahin uthayi. Issey Saloni ka gussa shaant hone ki jagah ulta aur badh gaya. Shayad unhein relief milti jab main usey kuch bolta, par mujhe mauka hi nahin mila.

'Anubhav, you've hurt me today! Aaj mera bahut dil dukhaya hai tumne! Maine kabhi tumse ye expect nahin kiya tha,' Saloni ne apni aankhon mein aansu liye mujhse yeh baat kahi.

'Tum humesha itni badi badi baatein karte the, aur ek so called friend ke aagey tum mere liye stand nahin le paye, tum saari zindagi kya nibhaogey yaar? Romantic baatein karne mein aur practically rishte nibhane mein bahut fark hota hai. Now I doubt my decision,' Saloni ne taunt maara aur afsos karte hue kaha.

Ye sab baatein mujhe teer ki tarah chubh rahi thi. Mujhe aisa lag raha tha ki main kitna bekaar insaan hoon, waise saari zindagi pyaar pyaar karta raha, aur jab nibhane ki baat aayi, apne pyaar ke liye stand lene ki baat aayi toh chup ho gaya, ghabra gaya.

Ye khayaal mere dimaag mein khud ke liye gusse ka jwalamukhi bana rahe the, aur woh jwalamukhi phatne se main rok nahin pa raha tha. Dekhte hi dekhte mere andar ka gussa bahar aa gaya aur mere haath mein jo mera phone tha, woh maine bahut tez aawaz mein cheekh kar poori jaan se zor se zameen pe patak ke maar diya.

Meri saansein buri tarah chadh gayi thi, aisa lag raha tha ki jaise achanak se oxygen ki bahut zyada kami ho gayi hai. Mujhe ghutan mehsus ho rahi thi, main apna sar pakad ke wahi zameen pe baith gaya aur buri tarah se rone laga. Afsos, pachtaave, bebasi aur lachaari ki deewar mujh par tut ke gir chuki thi aur mera dil aur dimaag buri tarah zakhmi ho gaye the uske neeche dab ke.

Ye manzar dekh kar Saloni buri tarah se ghabra gayi, unke chehre par afsos ke shikan aa gaye the. Unhein pal bhar nahin laga khud ka gussa bhool kar mujhe sambhalne mein.

'Anubhav, tum theek toh ho? I'm sorry maine kuch zyada hi bol diya, ruko ek second main tumhare liye paani laayi.' Saloni ne ghabrate hue mujhe sambhala.

Woh bhaag ke paas ki ek chhoti si shop se paani ki bottle le kar aayi aur mujhe sahara de kar stairs pe baithaya. Maine paani piya aur tab jaa kar mujhe ghutan mehsus hona band hui.

'Are you okay now? I'm sorry yaar, maine aapko bahut zyada hi bol diya.'

Unhone maafi mangte hue mujhe gale se laga liya aur meri peeth sehlate hue mujhe chup karaya. Maine gehri saansein lete hue unke aagey haath jod kar maafi maangne ki koshish kari toh unhone mere haath turant neeche kiye aur kaha.

'Haath mat jodo, I understand ho jaati hain aisi galtiyan, maine gusse mein bahut zyada react kar diya. Aap aise haath jod kar maafi mat maango, aur na hi kabhi maangna, I still love you, and I will always do.' Saloni ne mujhe shaant karate hue kaha.

'But still maine aapka dil dukhaya, I deserve toh be punished.' Mera phir rona nikal gaya.

'Beta, punishment dene wali main koi nahin hoon. Punishment toh aapne waise bhi khud ko de di, apna phone tod diya aapne. Ruko dhundh ke laati hoon main, aap yahin baitho.'

Saloni uth ke gayi aur wahin aas paas phone dhundhne lagi. Andhera hone laga tha toh dhundhne mein thodi dikkat bhi aa rahi thi, par jaise taise apne phone ki flashlight se unhone mera phone dhundha aur mere paas le kar aayi.

'Ye dekho kya halat ho gayi hai iski, ab ye sahi ho payega?' unhone phone dikhate hue kaha.

Phone ki screen toot chuki thi, body toot chuki thi, aur woh buttons press karne pe react bhi nahin kar raha tha. Mujhe uske toot jaane ka itna afsos tab bhi nahin hua jitna khud ke zariye Saloni ka dil aur bharosa todne ka ho raha tha.

'Ye toh gaya, iska kuch nahin ho sakta ab,' maine phone ki taraf dekhte hue kaha.

'Chalo tumhare liye phone lete hain, Sector 18 mein mil jayega,' unhone phone khareedne ki baat kari.

'Nahin nahin, main ghar jaa kar kuch jugaad karta hoon, aap pareshaan mat ho.' Maine unhein roka kyunki main un par burden nahin daalna chahta tha.

'Kya jugaad karoge, Anubhav? Koi phone hai kisi ke paas? Mujhe baat karni hai raat mein aapse, kaise karenge?' unhone aawaz mein garmi laate hue kaha.

Usi waqt mujhe dhyaan aaya ki Ritabh ke paas ek phone hai, jo woh use nahin karta, toh maine Saloni se uske baare mein kaha.

'Hai ek phone, aap chinta mat karo, aaj raat baat hogi humari, zarur hogi,' maine unse waada kiya.

'Chalo theek hai, ab aap bhi jao, aapke office ka time ho jayega, aapko panhuchna bhi hoga. Main yahan se ghar jaati hoon, aap bhi yahi se office jao. Mujhe ghar tak chhodne mat aao. Bina mobile ke zyada door tak travel mat karo, mujhe bahut tension hogi,' Saloni ne chehre par chinta ke shikan laate hue kaha.

Maine bina zid kiye unhein wahan se see off kiya aur apne office ke liye nikal gaya. Raat mein jab Ritabh office aaya toh maine usey bataya ki mera phone gir gaya hai.

'Ye phone mujhe gira hua toh nahin lag raha hai, jaisa iska haal hai aisa lag raha hai ki isko patak patak ke toda gaya hai,' usne shaq karte hue kaha.

'Abey nahin yaar, metro station se neeche gir gaya dhoke se aur ye halat ho gayi,' maine bahana banaya.

'Achha, chal koi nahin, mera wala spare phone le liyo,' usne mujhe support karte hue kaha.

Ussey baat kar ke maine realize kiya ki, chalo phone ka jugaad toh ho jayega, lekin phone ghar par hai, aur maine Saloni ko ye promise kiya tha ki main unse baat karoonga.

Main kisi ka phone borrow kar ke call karne ke liye ready nahin tha kyunki sab break mein apne apne phones use karte the, in fact Ritabh bhi. Aur Saloni ghar baithi hui chinta kar rahi hongi, toh maine fever ka bahana bana kar half day leave le li aur mujhe meri manager se approval bhi mil gaya.

Bas phir cab kar ke ghar ke liye nikal pada, aur ghar panhuch kar sabse pehle maine Ritabh ke bag se phone nikala, phone mein apni sim daali aur usey on kiya.

Phone on hote hi sabse pehle maine Saloni ko call kiya. Unhone pehli hi ring par call pick karli.

'Main bas tumhara intezaar hi kar rahi thi, thank god tum aa gaye, tum ab theek toh ho na?' Saloni ne concerned aawaz mein poochha.

Mujhe us pal ye mehsus hua ki bhale hi Saloni laakh gussa kar rahi thi, khari khoti suna rahi thi, par jis moment unhone ye dekha ki meri halat kharab ho rahi hai, meri tabiyat bigad rahi hai, us moment unhone apna sab kuch chhod chhad ke pehle mujhe sambhala, jab ki maine unka dil bhi dukhaya, bharosa bhi toda aur ummeedein bhi todi. Ye kaam toh bas ek aisa hi shaqs kar sakta hai jiska dil bahut saaf hai, jo hadd se bhi zyada pyaar karta hai aur jo apne pyaar ko dukhi nahin dekh sakta.

Mujhse itni badi galti hui, aur shayad main maafi ke kaabil bhi nahin tha, par Saloni ne meri saari galtiya aise odh li jaise kuch hua hi nahin. Us raat call pe maine Saloni ko hazaaron dafa sorry bola aur maafiyan maangi.

Maine pyaar toh pehle bhi kiya tha aur ab bhi kar raha hoon, par shayad rishton mein kaise raha jata hai, kaise nibhaya jata hai, kaise apne partner ko priority pe rakha jata hai, kaise stand liya jata hai apne pyaar ke liye, ye pehli baar jee raha tha, aur abhi bahut kuch seekhna baaki tha. Us raat maine kasam kha li, maine jo galti ki hai, usey zindagi mein kabhi nahin dohraunga. Apne pyaar ko humesha upar rakhunga, kabhi Saloni ka jaane ya anjaane mein dil nahin dukhaunga aur koshish karoonga ki unhein aise halaaton ka samna karna hi na pade jab unke munh se ye nikle ki maine unke liye stand nahin liya.

23
Career khatm?

Us phone wale incident ko kuch din beet chuke the, aur dheere dheere ab yeh ehsaas bhi hone laga tha ki Saloni ka toota hua dil toh jud gaya, par mera toota hua phone barbaad ho gaya. Na usme jaan baaki aur na hi koi ummeed thi ki woh theek ho sakta hai. Is sab se mera mann bhi dukhi hua; woh mera pehla phone tha jo maine apni kamayi se khareeda tha, aur main usko sambhal ke rakh na saka.

Gusse mein kayi baar aisa hota hai ki aap jo nahin bhi chahte hain, bure se bure sapne mein bhi jo nahin socha hota hai, woh aap kar baithte hain. Main janta hoon, mera is tarah gussa karna koi bahut achhi baat nahin thi, isliye nahin kyunki maine apna nuksaan kiya, balki isliye bhi ki jab ek insaan aap ki wajah se hurt hota hai, toh aap aisi situation nahin create karte jismein aap ab victim ho aur samne wala aapko samajh raha hai, mana raha hai.

Bhale hi Saloni ne mujhe na ye baat kahi, aur na hi aisa mehsus karaya, par mujhe khud mein aisa mehsus ho raha tha ki, maine jaane anjaane mein khud ko victim bana diya poori situation ka, jab ki Saloni bahut hurt thi. Haan, maine jaan bujh ke nahin kiya, maine khud aisa emotion pehli baar feel kiya, aisi situation pehli baar face kari.

Insaan galtiyan kar ke seekhta hai, aur maine thaan liya tha ki, main seekhunga aur isko repeat nahin hone dunga, aakhir main bhi Saloni ko kho nahin sakta tha. Us din Saloni ka woh gusse wala roop dekh kar main ek baat bahut achhe se samajh gaya tha ki, Saloni ek aisi ladki nahin hain jo galat sahengi aur dab ke rahengi. Woh bhale hi pyaar ki wajah se shaant ho gayi thi, par us reaction se ek baat bahut achhe se samajh aa gayi thi ki, Saloni ka dil dukhana matlab unhein kho dena, kyunki mujhe nahin lag raha tha ki woh ab dobara meri aisi kisi galti ko maaf karti.

Khair, us baat ko ab kareeb bees din beet chuke the aur humne us incident se move on bhi kar liya tha. Saloni bhi us baat ko ab bhula chuki thi, kyunki unka behaviour bilkul pehle jaisa ho gaya tha.

Is beech us phone ke tootne wale incident ke alawa bhi kuch buri cheezein hui mere saath. Ritabh aur Rajeev ne aaj se kareeb ek mahine pehle iEnergizer mein apna resignation daal diya tha kyunki woh apni IT field mein grow karna chahte the, career banana chahte the, aur aaj unka notice period bhi khatm hone wala tha.

Main un dono ke office chhodne ke decision se kaafi insecure ho gaya tha, especially Ritabh ke, kyunki uske saath mera bahut achha bond tha. Hum dono wahan saath aate jaate the, in fact humari work desk bhi side by side thi, toh mujhe akelapan mehsus hona shuru ho gaya tha.

Par maine aakhir mein khud ko ye keh kar samjhaya ki ye toh zindagi hai, har koi har waqt saath nahin rahega, koi kisi mod pe saath chhodega toh koi kisi, par zindagi thodi tham jayegi? Woh toh aagey badhti rahegi, har haal mein.

Jitna dukh mujhe ho raha tha, utna Ritabh ko bhi ho raha tha, par ladkon mein kahan ye qala hoti hai ki woh apne jazbaaton ko apas mein bayaan kar sakein? Bas aawaz se, actions se, is baat ka ehsaas ho jata hai ki dusra shaqs kya mehsus kar raha hai.

Un dono ka plan tha filhal ke liye apne ghar Bareilly jaane ka, toh ab main sirf office hi nahin, balki ghar mein bhi akela ho jaane wala tha kuch dino ke liye. Bareilly ke liye nikalte samay maine un dono ko roka aur kaha.

'Oye, tum dono ne apna munh kyu latkaya hua hai? Aaogey toh yahin na, saath mein hi rahenge, chahe office badal jaye toh kya hua, rahenge toh saath mein hi, so, chill karo, aur araam se jao dono, main abhi office continue kar raha hoon, baaki aagey ki aagey dekhenge,' bhaari dil ke saath maine yeh kaha.

'Haan bhai, saath mein rahenge,' Ritabh ne bhi emotions hold karte hue kaha.

'Yes brother! Chal chalte hain, milte hain jaldi, apna dhyaan rakhiyo,' Rajeev ne jaate jaate kaha.

Us din yeh ehsaas hua ki ladke bhale hi apne emotions show nahin karte, par apne andar hold kar ke bahut kuch rakhte hain. Bas ek chingaari kaafi hoti hai unke emotions ko trigger karne ke liye aur wahi hua, un dono ne jaate jaate jo hug kiya hai, ussey saaf zaahir ho raha tha ki unke andar ke emotions us ek hug ke zariye bahar aaye.

Un dono ke jaate hi mera mann bahut ajeeb ho gaya tha, mann mein ajeeb-o-gareeb khayaal aa rahe the. Memories flash kar rahi thi, humare bitaye hue un palon ki, kaise humne office jaana shuru kiya tha, office mein hum teeno ka pehla din, saath mein baithna, mastiya karna, Ritabh aur mera gaana gana, aur bhi na jaane kya kya, aisa lag raha tha jaise ab hum alag hone wale hain.

Mujhe nahin pata tha ki ab aagey saath mein rahenge ya nahin, bas itna janta tha ki is waqt mujhe un dono ki bahut yaad aa rahi hai, aur aagey bhi aayegi. Akele hi office jana hai, aur ab sab kuch akele karna hai agle shayad do teen weeks tak.

Ek taraf ye dukh tha aur dusri taraf Saloni kisi cheez ke liye overexcited thi.

'Kisi ka birthday aa raha hai!' unhone behad khush hote hue kaha.

'Abhi bahut time hai birthday mein,' maine bahut hi unexciting reply kiya.

'Toh kya hua? Par birthday toh aa raha hai na, I'm super excited for your birthday.'

'Kyu hi hona hai excited yaar, chill karo, woh bhi baaki dino ke jaisa ek din hi hai.'

'Tum kyun excited nahin ho apni birthday ko lekar?' unhone janne ki koshish kari.

'Mujhe nahin pasand apna birthday.'

'Arey, par kyun?'

'Bas nahin pasand, kuch bad memories, nothing else ...,' maine upset hote hue kaha.

'Ohho, it's okay baba, mitti daalo us bad memory par, aur aagey badho,' unhone mere morale ko boost karne ki koshish kari.

'Yeah, wahi kiya hai aaj tak bas,' maine phir se sad face banate hue reply kiya.

Saloni ko bahut excitement thi, par main apne birthday ke time pe thoda ajeeb sa feel karne lagta hoon; unwanted sa, pata nahin kyun.

Woh October ka pehla din tha. Saveron mein garmi ka ehsaas ab kam ho gaya tha, thandak mehsus hone lagi thi. Jahan ek taraf personal life better ho rahi thi wahin dusri taraf Ritabh aur Rajeev ke office chhodne ke baad se mera office mein dil lagna poori tarah se band ho gaya tha. Mera office mein rehne ka mann hi nahin karta tha. Main zyadatar time bahar ghumta rehta tha Saloni se baat karne ke liye, aur baaki time neend aane par so jata tha, toh is chakkar mein mujhe kaafi warnings milna shuru ho gayi thi apne team leader aur manager se.

1 October ki raat bhi yahi hua, main break ke baad wapas gaya hi nahin floor par aur sota reh gaya. Mujhe kayi log aaye uthane par us raat neend is kadar sawaar thi sar par ki maine '*5 min mein aa raha hu*' bolte bolte 4 ghante laga diye. Meri is tarah ki laparwahi dekh kar mujhe fir se kaafi sunaya gaya aur mera break bhi cancel kar diya.

Mera mann toh bahut kar raha tha ki main bhaag jau wahan se, par main undecided tha. Us waqt tak maine socha nahin tha ki main aagey office aaunga ya nahin, bas jaise taise maine woh raat guzaari aur savera hote hi main logout kar ke ghar aa gaya.

Mujhe khana banana aata nahin tha, toh main apne liye bread-jam sandwich bana raha tha. Itne mein mere paas Saloni ka message aaya.

Aaj thoda jaldi mil sakte hain hum?

Unka message dekh kar main thoda sa chinta mein aa gaya ki achanak aaj jaldi milne ka plan kaise hua, toh maine bina reply kiye seedhe call laga di. Par Saloni ne call kaat di aur text kiya.

Abhi message pe baat karo, ghar par hi hoon main.
Kya hua? Sab theek toh hai, beta?
Haan theek hai, bas ye batao ki 11 baje mujhe Sector 18 mil loge?

Haan haan, main aata hoon. Aap chinta nahin karo.
10 baj rahe the, aur mujhe Sector 18 panhuchne mein time lagta morning traffic ki wajah se, toh maine bina deri kare jo haath mein bread ka piece tha, woh khaate khaate seedhe nikalne ka faisla liya.

11 baje main Sector 18 metro station panhuch gaya tha. Wahan Saloni mera intezaar pehle se kar rahi thi toh main daud ke unke paas panhucha. Mujhe dekh kar Saloni ki aankhon mein maine ek alag hi sukoon dekha. Unhone mujhe dekhte hi gale laga liya. Maine bhi unhein hug kiya.

'Kya hua beta? Sab theek toh hai?' maine unse poochha.

'Meri ek aawaz pe tum aa gaye, I love you so much! I don't want toh lose you, Anubhav!' unhone jazbaati ho kar kaha.

'Aapke liye toh main humesha hi rahoonga, kahi se bhi aawaz dogi, bhaaga chala aaunga, par mujhe batao toh ki hua kya hai aapko?' maine unhein bharosa dilate hue poochha.

'Yahan se chalte hain, kahin baith ke baat karte hain,' unhone kaha.

'Achha theek hai.'

Mere itna kehte hi hum dono paidal paidal nikal gaye aur ek bakery mein jaa kar baith gaye. Wahan baith kar humne kuch order kiya, aur baat karni shuru ki.

'Actually kal raat hua ye ki, papa mummy kuch baat kar rahe the kisi known ke baare mein, ki unhone apni beti ki kisi aise ladke se shaadi kardi jiski job BPO mein thi. Us job ko lekar un dono ka reaction bahut ganda tha, ki ye koi job hoti hai, kam se kam corporate mein toh job kare agar job wale se hi karani hai toh. Tab se mera dimaag kharaab hua pada hai, aap bhi BPO mein hi job karte ho, aur mujhe darr lagne laga ki main kaise aapke liye convince karoongi mummy papa ko.' Unhone apni baat batayi.

'Ohho, bas itni si baat, is wajah se itna pareshaan ho gayi aap? Main aaj hi chhod dunga company aur koi achhi si job dhundhunga. Waise bhi maine saari zindagi BPO ki naukri thodi karni hai, ye toh bas career ki starting hai, aur experience ke liye hi kar raha tha main,' maine unhein dilasa diya.

'But beta, itna asaan toh nahin hai dusri job dhundhna.' Unhone kaha.

Maine unka haath pakadte hue kaha, 'I know itna asaan nahin hai, par koshish karoonga toh zarur kahin na kahin kisi achhi company mein lag jaunga.' Maine bharosa dilaya.

'I'm with you Anubhav! Mujhe pata hai aap kar loge,' unhone support kiya.

'Aapka saath rahega toh duniya jeet lunga, ek job kya cheez hai,' maine kaha.

Saloni apni chair chhod ke mere paas aayi aur mujhe gale se laga liya.

'You know main itna darr gayi thi, mujhe raat bhar neend nahin aayi. Mera soch soch ke dimaag kharaab ho raha tha, aur main kab se soch rahi thi ki aapko bataungi, par aapke office hours finish hone ka wait kar rahi thi,' Saloni ne raahat ki saans lete hue kaha.

'Beta itna sochna hi nahin chahiye tha, mujhe bata deti toh main aapko itna pareshaan hone hi nahin deta,' maine unhein kaha.

'I'm blessed toh have you,' Saloni ne muskurate hue kaha.

Uske baad hum dono ne bahut achhe mood se breakfast kiya aur apne apne ghar ke liye nikal gaye. Saloni ke jaate hi mere dimaag mein do cheezein chal rahi thi. Main soch raha tha ki office mein kya kahunga? Kya main notice period serve kar ke wahan se niklu ya bina inform kiye chhod du? Agar main aise bina bataye chhod dunga toh mujhe experience letter nahin milega aur mera 1 saal waste ho jayega.

Par dusri taraf ye bhi soch raha tha ki mera mann ab tak waise hi nahin lag raha tha, ab is conversation ke baad toh aur bhi zyada kachha ho gaya. Ghar panhuchte panhuchte maine decide kiya ki main chhod dunga, lekin 7 ko. Salary milne tak ruk jata hoon; agar aaj chhod diya, toh is mahine ki salary ruk jayegi. BPO ke experience letter ka main kya hi karoonga, kuch kaam nahin aayega, toh kyun main apna time waste karoon ek aisi job mein jo mujhe future mein kuch khaas nahin degi. toh maine Saloni ko message kar ke bol diya.

I'm leaving it on 7th! Bas salary uthaunga, aur chhod dunga ye jagah.
Are you sure?
Yes! I'm 100 per cent sure!
May Guruji bless you aur jaldi se tumhari job kisi achhi company mein lagwa dein.

Woh din kuch alag hi ehsaas lekar aaya tha, positive, negative saare emotions feel ho rahe the. Ek taraf ye lag raha tha ki ek jagah se nikal kar dusri jagah jaunga, kuch naya try karoonga, isliye grow hone wali feeling aa rahi thi. Dusri taraf aati hui income ko thukra raha tha, toh is baat ka dukh bhi tha, na thoda na bahut, attendance bonus mila kar ₹23,700 rupees kama raha tha, jo ki filhaal ke liye achhe the. Isliye kaafi mixed emotions feel kar raha tha main.

Na jaane ye faisla sahi saabit hoga ya galat, kitna struggle karna padega, kitna time lag jayega ek achhi job haansil karne mein, in thoughts ne mujhe pareshaan karna shuru kar diya tha. Ek aadmi jab naukri kar raha hota hai, chhoti badi jaisi bhi, usey itna fark nahin padta, lekin jab woh job khatm ho jaye aur woh kuch naya dhundhna shuru kar de toh ek insecurity wali feeling aani shuru ho jaati hai, mere saath bhi wahi ho raha tha.

Bas, main bhagwaan se yahi pray kar raha tha, ki jo bhi aapne kismat mein likha hai, mujhe manzur hai. Naukri ke liye bhaag daud karna, kam ya zyada paisa kamana, jo bhi hai, mujhe manzoor hai, bas meri shiddat, meri Saloni ko mujhse door nahin karna. Mujhe is layak banana ki sab kuch khushi khushi ho jaye, uske badle mein jo struggle karne ki keemat chukani padegi, woh main chukaunga, har haal mein.

24
Jism se rooh tak ...

Maine apna office continue rakha, 2 October ki raat bhi main office gaya, koshish kiya ki sou nahin, kaam karlu, but jitna ho sakta tha maine kiya. Ab jab pata tha ki main yahan zyada din ka mehmaan nahin hoon, toh office mein bitaye hue dino ko soch kar nostalgic feel kar raha tha. Canteen mein der raat aloo pyaaz ke paranthe khana, walking area mein raat raat bhar Saloni se baat karna, bhaag bhaag kar punch-in karna, raat ke 3 baje bhooton ko dhundne nikalna, aur bhi na jaane kya kya.

Main bahut jaldi kisi jagah se, logon se, attached ho jata hoon. Waqt bitate samay pata nahin chalta ki ek din ye yaadein ban jayengi, par jab pata hota hai ki aapka is jagah se jaane ka samay aa gaya hai, toh woh khayal bahut emotional kar dete hain, rula dete hain. Us waqt aisa lag raha tha jaise kisi se lipat ke ro lu, par hum ladke hain, humein bachpan se yahi sikhaya jata hai ki jo ladke rote hain woh kamzor hote hain.

Khair, agle din office se main ghar panhucha, aur wahi routine calls aur texts ka silsila chalne laga Saloni ke saath. Aaj ki raat aur kal ki raat mere office ki chutti thi toh mere mann mein khayal aaya ki kyun na Saloni kuch der ke liye mere saath time spend karne yahan aa jaye.

Mera khayal unke saath sirf waqt bitane ka tha, no sex, nothing. Magar jab maine Saloni se ye baat kahi toh unka kuch is tarah ka reaction aaya.

'Ho jayega, Anubhav. I know, jab saath mein hote hain, aur pata hota hai ki na koi dekhne wala hai na sunne wala, apna personal space hai, toh woh closeness badhti chali jaati hai and then things happen.'

'Mujhe nahin pata aap itni sure kaise hain, par main khud ko janta hoon. I can control myself, aur mera simple hai, aaj mujhe pata hai ki main itna strong nahin hoon ki main aapke saath shaadi kar saku, jab tak main future ko lekar sure nahin ho jata, jab tak main financially stable nahin ho jata, I won't go any further,' maine daava kiya.

'Main phir bhi bol rahi hoon, ho jayega, main jaanti hoon. And pata hai, baat ye nahin hai ki main karna nahin chahti aapke saath, I would love toh do that with you, bas mujhe lagta hai I need more time for that, abhi zyada waqt nahin hua hai. I love you with all my heart and soul. Please bura mat feel karna,' unhone apne dil ki baat kahi.

'See, I cannot force you. Mera aapko flat pe invite karne ka purpose ye nahin hai ki zor zabardasti karke bulau and situation ka fayeda utha kar aapko uncomfortable karoon. Mera bas itna purpose hai ki main yahan akela hoon, hum dono jab bhi milte hain bahar duniya jahaan ke kharche hote hain humare, aur main bas wahi avoid karne ke liye yahan bula raha tha, taaki hum ek achha waqt ek dusre ke saath spend kar sakein. Iske baad bhi aapko aisa lagta hai ki kuch ho jayega, toh fir rehne do, ya agar aap aati ho aur main kuch ulti seedhi harkat karoon toh aap mujhe chhod ke chali jana, main nahin rokunga aapko,' maine phir ek bada claim kiya.

'Achha theek hai, kal milte hain, aapke yahan, aapke paas,' unhone bagair soche samjhe seedhe ye baat keh di.

Mujhe nahin pata Saloni mere saath kitni comfortable thi, par main unki izzat karta hoon aur unki body ki bhi utni hi izzat karta hoon. Mujhe nahin pata ki kal ka din kaisa hoga, humare beech kya hoga aur kya nahin, par main poori koshish karoonga ki jo mera commitment hai, main usey nibhau, kyunki insaan ki baat ki hi sabse zyada value hoti hai. Maine unhein zubaan de di thi, ab mukarne ka sawaal hi nahin uthta.

Us raat hum dono baat karte karte call par hi so gaye. Agli subah Saloni apne college ke time par ghar se nikli, aur ghar se nikalte hi unka mujhe text aa gaya tha. Main bhi kayi saare alarms laga ke soya tha taaki main late na ho jau. Mujhe Noida City Center tak jana tha unhein receive karne aur phir hum cab karke ghar panhuchte.

Sab kuch plan ke according hi hua. Main Saloni ko pick karne ke liye metro station panhuch gaya tha aur intezaar kar raha tha unke aane ka. Kareeb 2 metros ke baad unki metro aayi aur maine unhein metro se bahar aate hue dekha.

Unke baal poori tarah bheege hue the, aise jaise nahane ke baad unhone dry nahin kiye the. Upar military colour ka top aur neeche black colour ki jeggings pehni hui thi. Woh apne saath ek college bag carry kar ke layi thi. Unhein itni subah subah dekh kar mera chehra jaise khil utha, humne milte hi ek dusre ko hug kiya.

'Good morning, Choi!' unhone pyaar se kaha.

'A very good morning toh the most beautiful lady,' maine muskurate hue kaha.

Iske baad humne chalte chalte cab book kari aur kareeb 2 minutes bahar intezaar karne ke baad hum cab mein baith kar wahan se nikal gaye.

Raaste mein Saloni kuch doori par baithi hui thi, maine unki taraf haath aagey badhaya taaki woh mera haath thaam sakein. Unhone mere haath ko thama bhi aur khud mujhe side se hug kar liya. Meri yahi tamanna thi ki woh mere saath haq se baithein aur haq se mujhe hug karte hue safar tay karein.

Kareeb 20 minutes mein cab meri society panhuch gayi aur kuch hi seconds mein gate se andar enter karke tower tak bhi panhuch gayi. Hum pay kar ke bahar aaye aur lift ki ore badhe. Saloni ka toh pata nahin, par meri dhuk dhuk hone lagi thi, kyunki ye life mein first time tha jab main flat par Saloni ke saath hone wala tha.

Flat ke andar enter karte hi main Saloni ko apne chhote se flat ka tour karane laga. Main door khulte hi samne drawing room aur uski balcony thi, drawing room ke corner mein hum log apne footwear remove karte the usually toh kuch wahan pade hue the. Left mein wardrobe aur straight chalne par kitchen tha, jiske right mein ek room aur left mein dusra room tha.

Drawing room mein refrigerator tha toh maine Saloni ko kitchen se glass nikal kar ek glass paani offer kiya aur unhein seedha kitchen ke right wale room jo ki mera tha, us room mein lekar gaya. Wahan neeche double mattresses bichhi hui thi toh wahin mera chhota sa bed tha jispe maine Saloni ko araam se baithne ke liye kaha.

Room ke corner mein ek speaker rakha hua tha toh maine apna phone connect kar ke ek English song play kiya jiska naam tha 'Hero' by Enrique Iglesias.

'Oh my God, I love this song!' Saloni ne meri taraf dekhte hue excited ho kar kaha.

'Pata hai Saloni, ye woh song hai jo main I guess 9th–10th class se sunta aa raha hoon, aur maine humesha se ye sapna dekha ki main ye song apne pyaar ko dedicate karoonga jab uske saath ek khoobsoorat waqt bita raha hounga. So, at this moment, I dedicate this song toh the love of my life, SALONI BECTOR!' Maine loudly, proudly kaha.

Meri ye baatein sun kar Saloni ki aankhein bhar aayi, aur un namm aankhon ke saath unhone kaha, 'I'm so lucky toh have you. You don't know how much you mean toh me. Mujhe nahin pata tum mere kaunse achhe karmo ke phal ho. Par jo bhi hai, main Guruji ka shukrana karti hoon ki unhone tumhein meri zindagi mein bheja jab mujhe kisi ke saath ki sakht zarurat thi.'

'Baby, don't cry please, main toh bas pyaar lutane aaya hoon, aur pyaar ka sagar hai mujhmein, saari zindagi bhi lutaunga toh bhi kam nahin padega.'

'Ohho, mere shayar sahab ... ek baar gale se toh lag jao,' Saloni ne apni dono baahein khol kar kaha.

Unhein is tarah mujhe hug karne ke liye excited dekh kar main khud ko rok nahin paya aur apne aap ko thoda aagey shift karke hug karne laga.

Meri chin unke shoulder par thi aur mera haath unki kamar par. Us lamhein mein main itna kho gaya ki unki back kab rub karne laga, kuch pata hi nahin chala. Jis tarah main unki back rub kar raha tha unhein gale se lagaye hue, usi tarah woh bhi meri back rub kar rahi thi apne jism ko mere jism se odhe hue.

Background mein *Hero* chal raha tha, aur yahan main mohabbat ke rang ke dariya mein khud ko duboye ja raha tha. Hug karte karte kab hum dono ke gaal ek dusre se rub karte hue ek dusre ke hontho se ja mile pata hi nahin chala, woh mujhe chume ja rahi thi aur main unhein. Main ishq ke nashe mein jhoom raha tha, aur woh mohabbat ke har sur se sur mila rahi thi.

Saloni pure junoon mein thi mujhe aur chahne ke, ek dusre ko chumte chumte hum dono ke kapde ab humare jism se juda hone lage the. Woh poori tarah taiyyar thi aaj har hadd paar kar jaane ke liye. Maine bhi shikayat ka mauka nahin diya aur chumne laga unke jism ke katre katre ko. Unki aahein ye jata rahi thi ki woh todne ke liye tayyar hain har zanjeer jo unhein aaj tak baandhe rakhi thi.

Jis lamhein mujhe mehsus hua ki ab bas ek hi cheez baaki hai, maine apne pure jism par kaabu pa liya. Main unke gale ko chumte hue unke chehre tak panhucha aur unki aankhon mein aankhein daal kar ye kaha, 'I'm sorry baby, main sahi waqt aane ka intezaar kar lunga, par apni hadd paar nahin karoonga.'

Mere itna kehte hi Saloni ki aankhon mein aansu aa gaye, aur unhone mujhe tight se hug kar liya. Hug karte hue woh zor zor se rone lagi. Main achanak ghabra gaya.

'Achanak kya hua aapko, Saloni? Sab theek toh hai, baba? Koi galti ho gayi kya mujhse? Please mujhe maaf kardo agar maine kuch galat kaha ya kiya aapke saath,' maine ghabrate hue poochha.

'Aapne kuch galat nahin kiya, balki aapne hi toh sab sahi kiya hai, mere toote hue jism ko joda hai, toote hue dil ko joda hai, toote hue bharose ko joda hai, bas main is baat ko soch soch ke ro rahi hoon ki aap kitni pure soul ho yaar, kitni zyada pure soul. You show it in your actions that you respect me and my body. Aap bahut izzat karte ho meri

Anubhav, verna mujhe bas aaj tak aise hi log mile jo mujhe chhune ke liye mere kareeb aate the, istemaal karne ke liye baat karte the, aap pehle shaqs ho jiske saath main aaj abhi sab kuch karne ke liye tayyar hoon aur woh shaqs mujhe rok raha hai, mana kar raha hai kyunki usne mujhse ek waada kiya tha ki woh mere saath tab tak sex nahin karega jab tak woh achhe se settle nahin ho jata, meri nazro mein aaj aap bahut upar uth gaye ho. I love you, I love you so much, so much, so muchhhhh.' Unhone khushi ke aansu liye ye baat kahi.

'Maine wada kiya tha na, mera wada baakiyo ke jaisa hargiz nahin jo kamzor pad jaye is tarah ke halaat mein. Mera har waada atoot hai Saloni.' Maine unke narm gaalo ko apne dono haatho se hold karte hue kaha.

'I can feel it, I can see it, and now I can proudly say that I 100 per cent TRUST YOU, 100 per cent LOVE YOU.' Saloni ne bhari aankhein liye ek badi si smile ke saath kaha.

'Aaj aapne mujhe saatve aasmaan par panhucha diya, aaj aisa lag raha hai jaise meri itne mahino ki mehnat safal ho gayi. Jo bharosa main jeetna chahta tha, woh jeet liya, jo pyaar main aapse chahta tha, woh haansil kar liya.' Maine unki aankhon mein aankhein daal kar kaha.

'You deserve this moment, main hi bewakoof thi jo aapke pyaar ko pehchanne mein itni der kardi, aapse aaj main waada karti hu, aapko pehle se zyada pyaar karoongi, har pal karoongi, saari zindagi karoongi, kabhi sataungi nahin, kabhi tadpaungi nahin, aaj se meri har khushi aapke saath, aapke liye, aap se, aap tak.' Saloni ne apne dil-o-jaan se yeh baat kahi.

'I LOVE YOU SO MUCH CHOI CHOI.' Maine khushi se cheekhte hue kaha.

'CHOI CHOI ...' Unhone namm aankhon se kaha.

'Aaj meri barso purani khwahish poori ho gayi, kisi apne se lipat kar rone ki, shayad apne breakup ke baad main is hug ke liye, in aansuo ke liye bahut tadpi hu, can I please cry more?' Unhone rote rote poochha .

'Aap jee bhar ke ro lo, iske baad sirf hasna hai, khush rehna hai, main hoon aapke saath, aapke andar jo dabe emotions hain, woh sab nikaal do, sab kuch.' Maine unhein ijaazat di rone ki.

Mere itna kehte hi Saloni kareeb 15 minutes tak mujhse lipat ke roi. Unhone mujhse baar baar kaha ki main unke liye kitna mayine rakhta hu, kitna special moment, kitna special din hai unke liye aaj ka, woh ye din, ye tareekh kabhi zindagi mein nahin bhulengi. 3 October 2018 sirf meri hi nahin, balki Saloni ki zindagi ka bhi sabse khoobsoorat din saabit hua.

'Ek din kitaab likhunga main humari, jab Guruji humari shaadi kara denge, aur wada hai ye mera ki is din ka zikr zarur karoonga. In lamhon ko bahut khubsoorti se bayaan karoonga, aur ek kitaab main qaid kardunga, taaki duniya ko bhi pata chale, sachha pyaar aaj bhi hota hai, pure souls aaj bhi hoti hain.' Maine commitment diya.

'Main bhi waada karti hoon, tumhari baahon mein baith kar humari kahaani padhungi.' Unhone bhi apne dil ki baat kahi.

25
Birthday se pehle dhamaka

Un lamhon ko main jitna marzi saja saja ke shabdon mein utar doon, par koi lafz un lamhon ko us khubsoorti se bayaan nahin kar payenge, jitna woh asliyat mein humne jiye the. Us din hum dono ke bina kuch kiye woh sab kuch ho gaya tha jiski kabhi kalpana bhi nahin ki thi. Hum dono pehle se kayi guna zyada kareeb aa gaye the, bharosa badh gaya tha, mohabbat badh gayi thi aur izzat badh gayi thi ek dusre ke liye.

Woh din bhule se bhi bhulaya nahin jayega, kyunki usse special moment maine us din se pehle kabhi nahin jiye the, aisa nahin hai ki isse pehle meri zindagi mein khushiyan nahin thi, bilkul thi, par woh khushi alag thi, woh khushi jannat thi mere liye, jo meri shiddat ne mujhe di thi.

Aur ek cheez jisne mujhe aur bhi achha feel karaya tha woh ye tha ki Saloni humare liye breakfast bhi bana ke layi thi, jo ki aloo aur pyaaz ke paranthe the. Jab unhone mujhe bataya toh main itna khush ho gaya jisko bayaan karna bhi mushkil hai. Hum dono ne saath mein woh paranthe enjoy kiye aur us din ki khubsoorti ko ek behetreen ant diya.

Hum apne har din ke experience ko ek dusre se raat mein sone se pehle share zarur karte the, us din jo bhi Saloni ne feel kiya, woh mere saath share kiya aur maine jo feel kiya, maine bhi har ek cheez unhein batayi. Ye bhi bataya ki main unhein kitna miss kar raha hu, unki bas khushboo baaki reh gayi thi mere bistar par, aur wahi mujhe unki bahut yaad dila rahi thi.

Us mulaqaat ke baad main pehle se zyada miss karne laga tha unhein, kayi kayi baar toh aisi tadap uthti thi unse milne ki jisko bayaan nahin kiya ja sakta, aisa lagta tha jaise abhi mil lein kaise bhi kar ke. Par, sau baat ki ek baat, humara rishta pehle se zyada majboot, pehle se zyada gehra ho gaya tha.

October ka mahina aa gaya tha, aur October mujhe humesha un purane dino ki yaad dila deta hai jab mujhe dhokha mila tha aur mera poora birthday spoil ho gaya tha. Kisko milta hai apni birthday ke din gift mein dhokha? Mujhe mila tha, toh mere liye uske baad se ye mahina waisi hi vibe lekar aata hai aur jab tak November nahin aa jata, main aisa hi mehsus karta rehta hoon.

Par is mahine ki shuruaat is baar kaafi khoobsoorat hui kyunki ab Saloni aa gayi thi meri zindagi mein jo meri har cheez ka bakhubi khayaal rakhti thi. Chahe zaruratein ho ya khwahishein, unke liye main aur mere liye woh ab priority ban chuke the. Woh pehle se hi excited thi mere birthday ke liye, mujhe aisa lag raha tha ki shayad woh kuch karengi, halanki main kuch bhi grand nahin chahta tha, woh jis tarah chhup chhup ke mujhse milti thi, main bas yahi chahta tha ki woh mere saath ek achha waqt bita sakein, subah se lekar shaam tak apna poora waqt mujhe de dein, aur kya hi chahiye mujhe.

Bas yahi sochte sochte 7 October aa gayi, aur tareekh ke saath saath meri salary bhi mere account mein credit ho gayi, jo ki meri last salary hone wali thi, kyunki 6 October last day tha mera iss office mein. Iske baad ki professional life kya hone wali thi, kaun si company milti, kitni salary hoti, is sab se main bilkul anjaan tha.

Main bahut excited tha apni Saloni ke saath ye din spend karne ke liye. Subah 11 baje mere account mein salary aayi aur maine socha ki chalo aaj achhe se celebrate karta hoon ye din Saloni ke saath, main ye soch hi raha tha itne mein samne se message aa gaya unka.

Beta, main Noida City Center panhuch jaungi 1 baje tak, aap wahi mera wait karna neeche, upar mat aana, hum wahi se kahi chalenge. Saloni ne likha.

Theek hai, main panhuch jaunga. Maine reply kiya.

Main 12.30 baje ghar se nikla auto kar ke aur 1 baje tak Noida City Center panhuch gaya. Main utar ke auto wale bhaiya ko paise de kar jaise hi muda, maine dekha Saloni kuch bags ke saath stairs se excited hote hue aa rahi hain. Unke paas kareeb do shopping bags the, jinko dekh kar main shocked ho gaya aur maine waise hi react kiya.

'Woah! Isme kya hai, beta? Lao main pakad leta hoon,' maine unse bags mangte hue poochha.

'Haan lelo lelo, main pakde pakde thak gayi hoon. Please hold them.' Unhone khushi khushi mujhe de diya.

'Par isme hai kya mujhe batao too?' Maine excitedly poochha.

'Pehle ghar chalo, phir batati hoon.' Unhone mujhe dekh kar ek pyaari si smile di.

'Hum ghar chal rahe hain?' Main ye sun kar aur bhi shocked ho gaya.

'Yess, c'mon book the cab, abhi kuch sawaal jawaab mat karo,' Saloni ne jaldi jaldi cab book karne ke liye kaha.

Saloni ko itna excited dekh kar main aur bhi zyada excited ho gaya aur baar baar unse poochta raha jab tak unhone mujhe daant nahin diya ki main bahut sawaal kar raha hoon. Main phir chup ho gaya aur jaldi se cab book kari aur hum dono usme baith kar ghar ke liye nikal gaye.

Main raaste bhar unke expressions read karne ki koshish karta raha aur puchne ki koshish karta raha par Saloni avoid kar rahi thi mujhse baat karna ya mere kisi bhi sawaal ka jawaab dena. Main phir samajh gaya ki woh abhi kuch na batayengi, na dikhayengi, so let's just wait for it.

Hum society panhuche aur jaldi se pay kar ke apne flat ki ore badhe. Main gate unlock kar ke jaise hi Saloni ko andar lekar gaya, unhone gate ke band hote hi, zor se chillaya.

'Happyyyyy Birthdaaayyyyy Month, Babyyyyyy!' aur mujhe hug kar liya.

'Ohhhoooo, thank youuuu so muchhh,' maine unhein hug karte hue kaha.

'Ab main dekhlu isme kya hai?' maine excitement mein poochha.

'All yours now, but pehle room mein chalo, sab kuch yahin dekh loge kya?' unhone kaha.

'Haan haan chalo chalte hain ...' maine khushi se kaha.

Hum dono jaldi se mere room mein panhuche aur settle down hue.

'Pehle ye wala open karo.' Unhone ek bag ki taraf ishaara kiya.

Bahar se dekhne mein woh kisi bakery ka product lag raha tha, maine jaldi jaldi usey unbox kiya, toh dekha us mein 4 cupcakes the, jinke upar *'Happy Birthday Month Baby'* likha hua tha. Woh cupcakes itne zyada cute lag rahe the, aur cute ke saath saath tasty bhi.

Maine woh cupcakes bahar nikaale aur sabse pehli bite Saloni ko khilayi. Unhone ek chhote bachhe ki tarah woh cupcake khaane shuru kar diye, main bhi ek chote bachhe ki tarah khaane laga. Hum dono ek dusre ko dekh kar khush hote rahe aur woh cupcakes enjoy karte rahe. Main cupcake ki last bite lete hue dusre bag ki taraf ishara karte hue Saloni se poochha, 'Isme kya hai?'

'Aap khol ke dekho,' unhone pyaar se kaha.

Maine Saloni ko pehle itna excited kabhi nahin dekha tha, woh ek bachhe ki tarah khush thi, aur super excited thi meri agli unboxing ke liye. Maine bag ke andar haath dala toh ek aur box tha jo gift wrapped tha.

Maine Saloni ki ore thoda curious ho kar dekha ki aakhir isme hai kya, aur woh mujhe dekh kar bahut zyada blush kar rahi thi aur ishaare se keh rahi thi.

'Aap khud check karo.'

Maine box ko bahar nikala aur usey unwrap karne laga. Jaise hi maine uski poori wrapping utaari uske baad jo mere samne tha, usey dekh kar main poori tarah shocked ho gaya tha.

Woh EK iPhone KA BOX THA. IPHONE KA BOX!

Main us box ko dekh kar apna sar pakad ke baith gaya.

'Beta ye kya kiya aapne? Ye main kaise lelu aapse, this is too expensive!' Main ab bhi shoched tha.

'Please mana mat karna, ye aapke liye hai, meri wajah se aapka phone toot gaya tha us din, aur main is guilt mein aur der nahin reh sakti thi, maine us din hi ye soch liya tha ki main aapke birthday par latest iPhone gift kar ke aapko super happy kar dungi. Please accept this gift,' unhone masoom sa chehra bana kar kaha.

'Baba, aap mujhse baat kar leti, main aapke guilt ko khatm kar deta, itna kharcha karne ki kya zarurat thi?' maine unse practically kaha.

'I know aap kar dete, par main ye karna chahti thi, ab aap pleaaaase isey accept karo aur jaldi se unbox karo, maine kab se hold kar ke rakhi hui hai excitement,' unhone mujhe manane ki koshish kari.

Us moment mein main bahut khush bhi tha aur is chinta mein bhi doob gaya tha ki Saloni ne meri wajah se itna kharcha kar diya. Jahan tak main janta tha, ye iPhone 8 tha, aur uski keemat kam se kam ₹60,000 thi, par ab jab woh ye khareed chuki thi, toh main apne aap ko dukhi dikha kar unhein aur bhi zyada dukhi nahin kar sakta tha. Isliye maine apne chehre par ek smile la kar usey unbox karna shuru kiya.

Jab woh box khola toh usme ek khoobsoorat Rose Gold color ka iPhone tha. Jisko haath mein lete hi main khushi se jhoom utha. Saloni ye baat bakhubi jaanti thi ki mujhe phones ka kitna shauq hai, aur iPhone toh ek middle class insaan ke liye kisi sapne se kam nahin hota. Maine khushi khushi woh phone accept kiya aur Saloni ke haath mein dete hue kaha, 'Isey aap on karo, mujhse zyada isey first time use karne ka haq aapka hai.'

Unhone woh hath mein lekar on kiya aur hum dono excited ho kar Apple ka logo dekhte rahe. Kuch der mein hi woh on ho gaya aur humne woh poora setup kiya.

Maine Saloni ko uth ke bahut tight hug kiya aur kaha, 'Thank you so much for everything.'

Saloni bahut selflessly mere liye cheezein kar rahi thi, bina kisi ummeed ke ki main bhi unke liye ye sab karoon, aur yahi baat unhein bahut khaas banati hai. Unhone mere birthday month ke naam pe itna bada dhamaka kar diya ki mere hosh hi ud gaye, na jaane woh kya karti aagey, par maine unhein pehle hi is cheez ke liye warn kar diya ki woh kuch na karein, kyunki woh already bahut kuch kar chuki hain mere liye.

'Dekho, meri kuch khwahishein hain, main apne baby ke liiye kuch karna chahti hoon, apne pyaar ko khush karna chahti hoon so please don't stop me from doing anything,' unhone apne dil ki baat kahi.

'Beta woh toh theek hai par kisne kaha main dukhi hu, main bahut khush hoon ki aap ho mere paas, issey zyada aur kya chahiye mujhe, meri sabse badi daulat aap ho,' maine unhein pyaar se samjhaya.

'I don't know anything, bas ye ek cheez thi jo mujhe tha ki main kar du, aur sach batau toh mujhse meri excitement hold hui hi nahin. I had savings, toh maine aaj hi kar diya, mujhse wait hi nahin hua birthday ka,' unhone hanste hue kaha.

'Offo, aap bhi na, bas pagal hi ho, faltu mein itna kharcha kar ke baith gayi,' maine kaha.

'Ye kharcha nahin hai investment hai, mere pyaar ke upar, aur iska return bahut hi amazing hoga, I know that,' unhone confidently kaha.

'Tum pehli ladki ho jo kharche ko investment ki tarah dekhti hai,' mujhe unka ye take bada interesting laga.

'Aap nahin samjhoge, aapne mujhe duniya ki saari khushiyan de di, mujhe sahi raaste par le aaye, mujhe samman diya, you made me feel beautiful about myself, my body. Main aapke liye jo kar doon woh kam hai,' unhone proudly kaha.

'Ab kya kahu aapko. Kamaal ho aap bhi...' Main shabdon ki ladai mein haar gaya.

Us din ke khatm hone tak humne khub pyaar bhari baatein kari, kisses kari, jee bhar ke ek dusre se pyaar kiya aur ek khoobsoorat note pe us din ko alvida kaha.

26
Best Birthday Ever!

Birthday se pehle ke surprise ne mujhe is kadar shock kar diya tha ki mujhe usse ubharne mein kay din lag gaye. Mujhe pata nahin par aisa lag raha tha jaise kisi ne mere liye achanak se bahut kuch kar diya ho. Kabhi toh aisi feeling aa rahi thi ki unhone bahut zyada kar diya aisa nahin karna chahiye tha, phir kabhi ye lag raha tha ki main jitna kar pata unke liye unke birthday par, unhone ussey kayi guna zyada kar ke mere andar ek guilt create kar diya ki main unhein utni khushi nahin de sakta.

Negative, positive har tarah ke thoughts aa rahe the mere mann ke andar, aur samajh nahin aa raha tha ki jo hua, woh sahi hua ya galat. Khair, thode din in thoughts ne mujhe pareshaan kiya, par mujhe baad mein realize hua ki Saloni aur mere beech kisi tarah ka competition nahin hai. Woh mere liye jitna unse bann pada utna kar rahi thi, aur jitna mujhse ban padega main utna unke liye karoonga.

Bas phir kya, ek baar ye realization ho gayi toh maine us gift ko dil se apna liya, aur achhe se usko use karne laga, mann mein bina kisi other thought ko laaye. Kuch bhi kaho, phone bahut lajawaab tha, shandaar camera, iOS user interface, phone chalane mein premium feel ho raha tha. I was feeling so ameer!

Aksar jab logon ko latest iPhones ke saath metro mein dekha karta tha toh thoda FOMO (Fear Of Missing Out) mujhe bhi hota tha, ki kaash main bhi ek din iPhone chalau, par sapna, sapna hi reh gaya tha, aaj ye sapna bhi poora ho gaya, Saloni ki wajah se.

Kabhi kabhi aisa lagta tha jaise hum dono ek dusre ki zindagi mein aaye hi hain ek dusre ki khwaishein, sapne poore karne ke liye, aur hona bhi yahi chahiye, aap kisi ke saath bhi relationship mein aa jao, aap ki life mein khushiyan plus honi chahiye, minus nahin. Log aksar pyaar ke chakkar mein compromise karne lagte hain, khushiyon ke saath, peace ke saath, apni growth ke saath, jo ki baad mein toxicity ka roop le leti hai.

Saloni ka meri zindagi mein aana ek blessing se kam nahin tha, meri har tamanna ko poora karna, ek bachhe ki tarah khayaal rakhna, ek teacher ki tarah guide karna, aur ek humsafar ki tarah har situation mein saath khade rehna. Agar koi dekhta toh yahi kehta ki hum dono ek dusre ke liye perfect hain, hum ek dusre ke dimaag ko padh sakte the, ek dusre ki majbooriyan samajh sakte the, ek dusre ki khwahishon ko samajh sakte the, aur woh sab kuch jiske baare mein log kaamna karte hain ki unke partner mein bhi ho.

Do din tak main office nahin gaya aur do din tak daily office start hone ke time par mere paas mere team leader ka phone aata tha, par maine receive nahin kiya. Company ki policy ke hisaab se agar teen raato tak aap NCNS (No Call No Show) karte hain toh third day woh absconding mark kar dete hain, matlab ki banda bina bataye office chhod ke bhaag gaya, toh usey fire kar dete hain.

Phir woh din bhi aa gaya jab Rajeev aur Ritabh ko wapas aana tha. Main unhein dekh kar bahut khush hua aur meri jaan mein jaan aayi ki chalo ab har din akele nahin guzarna padega flat mein, kuch din Saloni bhale hi aayi, par unke aane se pehle aur jaane ke baad flat mein mujhe bahut akelapan feel hota tha.

Jab woh dono aaye toh mere phone ko dekh kar unke reactions se meri hansi hi chhut gayi.

'Ye kya hai? Ye Motorola ka phone Apple kaise bann gaya?' Ritabh ne phone ki taraf dekhte hue poochha.

'iPhone? Kya baat hai laundeyyy! Ye kab liya tune?' Rajeev ne bhi uska dekha dekhi mein puch liya.

'Bhai Saloni ne gift kiya ...' maine bade hi garv ke saath kaha.

Mere itna bolte hi un dono ka munh khula ka khula reh gaya. Pehle toh vishwaas karne ko tayyar nahin the, par ek point pe dono ne vishwaas kiya aur mujhe congratulate kiya. Main bhi flaunt kar raha tha apna new phone. Aakhir un dono ke phones se better and new tha. Thoda bahut dosti mein jaise chhedte hain, bas utna hi, itna nahin ki unhein mujhe lekar egoistic ya show off wali feeling aaye.

Iske saath saath maine Ritabh aur Rajeev ko apne office chhodne ke baare mein bhi bataya, toh woh dono toh aise khush ho gaye jaise maine kitna mahaan kaam kiya hai aur unhein mujh pe bahut garv hai. Aisi baatein hone lagi ki,

'Aaj raat toh jashn manna chahiye.'

'Party karenge broooo.'

'Office chhodne ki partyyy.'

Woh moment bhi badiya tha, aur raat mein jab maine Saloni ke saath share kiya toh woh bhi bahut khush hui. Dekhte hi dekhte ye raat bhi guzar gayi aur saath hi saath aisi kayi raatein aur guzri, phir woh din aaya jab mere birthday mein sirf ek din baaki tha.

Saloni social media pe mere liye tees days ka countdown kar rahi thi, jo ki mere liye kaafi khaas tha. Ab mere saath woh sab kuch ho raha tha, jo shayad maine pehle kabhi kisi ke saath kiya tha, toh mere liye ye feeling bahut khaas thi ki koi mere liye itne efforts kar raha hai, mujhe gifts de raha hai, mujhe special feel kara raha hai. Aur majaal hai jo Saloni ne koi bhi, tinke barabar bhi, kasar chhodi ho mujhe har tarah se special feel karane mein.

Us raat maine aur Ritabh ne khub gaane gaye, Insta Live par bhi aaye, aur Rajeev toh poora masterchef bana hua tha, ek se badhkar ek pakwaan bana raha tha. Kyunki meri birthday eve thi, woh dono apne apne tareeke se special feel kara rahe the, us moment mujhe feel ho raha tha jaise main kitna lucky hoon, jo jo us waqt meri zindagi mein tha, uske saath mera relationship bilkul pure tha, na koi daag, na koi negative feeling, sirf positive feelings.

Birthday mein sirf 15 minutes reh gaye the, hum teeno phone chala rahe the poora enjoy kar ke ki achanak door bell baji. Main Ritabh aur Rajeev ko dekh raha tha, aur woh dono mujhe. Hum poore confused ho gaye ki is waqt kaun aaya hai itni raat ko, ek second ke liye khayaal aaya ki kahi Saloni toh nahin? Par dusre second ye bhi laga ki unke liye raat mein bahar nikalna is impossible, toh kuch bhi ho, woh toh nahin ho sakti, toh aakhir hai kon?

'Tu ja, ho sakta hai Saloni ho,' Ritabh ne kaha.

'Nahin woh nahin ho sakti. Unke ghar mein allowed hi nahin hai is waqt bahar jana. But let me check,' maine kaha.

Main uth ke gaya aur gate khola toh dekha ek ladka khada hai, haath mein kuch samaan lekar. Flat ke bahar koi light nahin thi, aur lift ke bahar ki light ki visibility itni zyada thi nahin toh mujhe bahut clear nahin dikh raha tha kuch.

'Sir ye Anubhav ji ke liye hai, woh yahi rehte hain?' Us anjaan ladke ne poochha.

'Haan main hi hoon bhai, ye kisne bheja hai aur kahan se aya hai?' maine thoda surprised hoke poochha.

'Ye Saloni Bector kar ke hain, unhone bheja hai.' Us ladke ne kaha.

Maine thoda aur dhyaan se dekha toh ek bouquet aur ek box tha. Usey dekh ke aur ye sun ke ki Saloni ne bheja hai, main super excited ho gaya aur delivery boy ko *Thank you* bol kar jaldi se andar aaya.

Maine roshni mein dekha toh itna bada aur khoobsoorat roses ka bouquet tha jisko dekh kar mere chehre par ek badi si smile aa gayi. Ritabh aur Rajeev bhi room ke bahar aa rahe the dekhne ke liye ki kaun hai aur kya aaya hai.

'Ohh bhaiii, ye kitna sahi lag raha hai, Saloni ne bheja hai na?' Rajeev ne excited ho kar poochha.

'Haan bhai, Saloni ne bheja hai, kitna sundar hai na,' maine aur bhi zyada khushi se kaha.

'Waah yaar, aur isme cake hoga, dikhaiyo kaun se flavour ka hai?' Rajeev ne lalchate hue poochha.

'Haan, tujhe pehle cake thusna hai na, ruk ja abhi,' maine ussey kaha.

'Bhai, dekh isme ek note bhi laga hai,' Ritabh ne bouquet ki ore ishara karte hue kaha.

Maine bouquet ke beech mein chhupa woh chhota sa note dekha, dekh kar maine Ritabh ko bouquet pakadne ke liye kaha. Uske bouquet pakadte hi maine woh note nikala aur usey open kiya, toh usme likha tha.

'Happy Birthday, Choi! May Guruji bless you with all the happiness in the world. Yours, Choi.'

Usey padh ke toh jaise meri aankhein hi namm ho gayi, maine Ritabh se bouquet liya aur turant ek room mein gaya jaha main akele mein baat kar sakta tha aur fatafat Saloni ko FaceTime kiya.

Jaise hi Saloni ne call pick kari, mere ek haath mein bouquet tha aur dusre haath se phone pakde hua main Saloni ko smile karte hue dekh raha tha. Woh bahut khush hui mujhe is tarah khush dekh kar.

'Kaisa laga bouquet?' unhone pyaar se poochha.

'Ye bahut pyaara hai, I didn't know ye hone wala hai, thank you. Itna kehte hi main apne emotions hold nahin kar paya, aur video call par hi mera rona nikal gaya.

'Arey arey arey, aaj toh khushi ka din hai, ro nahin, be happy, you deserve it, you deserve surprises like this, and I will always do it.' Saloni ne mujhe chup karate hue kaha.

'Aap bahut kuch kar chuki ho, aur ab ye bhi, mujhe nahin pata main kaise express karoon, I feel happy, I feel complete with you. I love you so much meri jaan, I love you.' Maine khub sara pyaar zaahir kiya.

'I love you more, by the way cake kaat liya aapne?' unhone mujhse poochha.

'Cake? Arey haan, cake bhi toh tha, woh bhuke nange kha na jayein mera cake, ruko main dekhta hoon,' maine yaad karte hue kaha.

'Go go goooo, aur mere saath kaatna please, phone mat rakhna,' Saloni ne request ki.

Main bhaag kar dusre room mein panhucha, toh dekha ye dono baithe hue bistar par cake ko nihaar rahe the, aur aise dekh rahe the jaise bas ye humare munh mein jaye aur hum anand le sakein iske lazeez swaad ka.

'Oye, mere cake se apni nazrein hatao, main kaatunga ab,' maine dono ko hatate hue kaha.

'Abey jaldi aa bhai, hum kab se wait kar rahe hain,' Ritabh aur Rajeev ek saath bole.

'Haan Ritabh tu camera pakad, Saloni video call pe hai, aur Rajeev tu bouquet pakad, main cake kaatunga,' maine dono ko duties di.

Samay 11.59 ho raha tha, cake katne mein sirf 1 min baaki tha, humne jaldi se candles blow kari, aur wahi bed pe baith gaye cake kaatne ke liye aur wait karne lage 12 bajne ka, Ritabh countdown kar raha tha,

10, 9, 8, 7, 6, 5, 4, 3, 2, 1 ... 12.00 a.m.

Saloni, Ritabh aur Rajeev teeno ek saath chillaye, HAPPY BIRTHDAYYYY ANUBHAVVV!

Taaliyan bajne lagi, gaane bajne lage, aur hawa mein fail gayi khushiyan mere janamdin ki shuruaat hone ki. Cake kaatte hue maine nazrein utha kar dekha toh Saloni bhi door video call pe baith ke taaliyan baja rahi thi, Ritabh aur Rajeev bhi poore khoye hue the us moment mein khushi se. Mujhe bahut achha feel ho raha tha, bahut apnapan feel ho raha tha, mere liye bahut important, aur special moment tha woh.

Maine cake kaat kar pehla piece ek plate mein nikaal diya aur phir dono ko khila kar cake andar wale room mein le gaya. Andar aane ke baad apne mattress ke edge aur wall se tika ke phone rakha aur ek piece kaat ke maine Saloni ko dikhate hue khud khaya.

'Aapne pehla wala piece kyun nahin khaya tha?' Saloni ne notice karte hue poochha.

'Woh piece aapka hai, mere celebration ke har hisse pe pehla haq aapka hai, har khushi par pehla haq aapka hai, isliye is cake ka pehla piece aapka hai,' maine unhein woh darja dete hue kaha.

'Awww ... I love you so much, Anubhav! Happy Birthday Baby! May Guruji bless you with all the happiness in the world. Guruji aapko humesha khush rakhein, abaad rakhein, aapko khub tarakki dein, khub kalyaan karein aapka, kabhi kisi cheez ki kami na ho aapke paas, aur is janam mein bhi aur har janam mein bhi, mujhe sirf aapka banayein.' Saloni ne khub saari blessings di aur humare liye dua maangi.

'Thank you so much, Jaaan! Aap ho toh har khushi hai, aur aap nahin toh kuch bhi nahin,' maine unse kaha.

'Main humesha aapke saath hoon, humesha. Dekhna, Guruji humein ek dusre ka bana denge, aapko itni tarakki denge, itna upkaar karenge aap par ki mere parents kya duniya ki koi taakat aapko mera hone se nahin rok payegi.' Saloni ki aawaz mein ek confidence tha.

'Aaj maine aapke liye kuch likha hai, kya aap padhoge?' Saloni ne muskurate hue poochha.

'Haan haan, zarur padhenge, bhejiye,' maine bhi khushi se kaha.

Yeh waqt, jo aaj tere hath se chhu ke guzra hai
Yeh pal, jo aaj teri rooh ko chhu ke guzra hai
Isey tham jaane do
Yeh madhoshi in hawao ki
Yeh muskurahat tere hotho ki, yeh khamoshi teri zubaan ki
Inhe toot jaane do

Yeh intezaar, tumhare janamdin ka, yeh waqt, ye lamha, ye pal
Iska intezaar kiya hai maine
Aaj theher jaane do
Is pal mein bhagwaan se khub saari duayein mangna chahti hoon
Tumhari khushiyo ki, lambi umr ki aur mere kabhi na chhutne wale saath ki mujhe ... kar lene do
Aaj, abhi, isi waqt, ek dusre me kho jaane ki, khub sara pyaar jatane ki, har ada ko chhu lene ki, har pal ko chum jaane ki, tumhare har jazbaat ki, ek zid hai mujhe ... kar lene do
Yeh ehsaas-e-ishq bhi mujhe pehli baar hua hai, kyunki tumhare jaisa khaas pehli baar mila tha
Mulakaatein bhi hui, hansna khilkhilana bhi hua, yeh junoon-e-mohabbat ka asar tha, kyunki tumhare jaisa khaas pehli baar mila tha
Zindagi kitni haseen hai, yeh tumse milke pata chala, bure waqt mein bhi muskurate hue kaise har manzar ka saamna karte hain, yeh raabta-e-ishq bhi mujhe pehli baar hua tha, kyunki tumhare jaisa khaas pehli baar mila tha
Chahe adhura hi sahi par beshumaar hota hai, sab kuch jaise kitna haseen hota hai, Woh waqt bhi kitna khoobsoorat hota hai, jab pyaar hota hai
Thoda hansna, thoda rona ho jata hai, thoda ladna thoda jhagadna ho jata hai lekin woh waqt bhi kitna khoobsoorat hota hai jab pyaar ho jata hai
Kisi ko beintehaan chahne ka dil karta hai, har mushkil ka samna karne ka haunsla bhi tumse milta hai, dua hai ki ye safar ab tumhare saath hi guzre

Khuda tumhare chehre pe ye muskaan barkarar rakhe ye dua hai meri, humesha tumhein abaad rakhe, ye dua hai meri, ab bas yahi dua hai, ki har dua kabool ho meri

Main shukrguzaar hoon khuda ki jo tumhare jaisa khoobsoorat shaqs unhone meri jholi mein rakha hai, aaj us khoobsoorat insaan ke liye dua maang rahi hoon ki har dua kabool ho uski

Happy Birthday Meri Jaan, Mera Jahaan, Mera Sab Kuch.

Happy Birthday Anubhav, I Love You So Much!

Note shuru hone se lekar ant tak aansuo ka behna nahin ruka, silsila chalta raha. Ehsaas hua ki ab mere paas ek aisa insaan hai, jo mujhe pa kar utna hi khush hai, jitna main usey. Woh mere liye utna hi wafadaar hai, jitna main uske liye. Pyaar ke badle pyaar milna kitna khoobsoorat hota hai mujhe us din mehsus hua.

Birthday ki shuruaat aisi hui hai, toh ant kaisa hoga, ye sawaal maine khud se kiya, par jawaab bhi mere paas tha.

BEHAD KHOOBSOORAT, BESHAQ!

27
Best Birthday Ever! (Continued)

Subah ke 5 baje tak humne baat kari aur ek dusre ke saath woh har emotion share kiya jo humare dil mein daba hua tha. Maine Saloni ko kahaani sunai apne Zoya wale birthday ki, unhone mujhe phir bhi samjha, sambhala aur apni meethi meethi baaton se khush kiya saari raat.

'Achha aap mujhe koi ek sweet dish batao, jo aap chahte ho ki main aapke liye cook kar ke laau?' Saloni ne bahut mohabbat se poochha.

'Beta, iski kya zarurat hai?' maine kaha.

'Please zyada request na karwao aur mujhe batao,' unhone thodi zid ki.

'Aap batao, aap kya achha bana leti ho?' maine unhi se puch li unki expertise.

'Mujhe toh bas atte ka halwa achha banana aata hai,' Saloni ne hanste hue kaha.

'Bas toh phir wahi khila dena apne haatho se,' maine khushi khushi kaha.

'Done!' Saloni ne reply kiya.

Unhone jaate jaate bola ki main unhein subah 10 baje Logix Mall mein milu, wahi se mere birthday ki shuruaat hogi. Kya plan tha, hum kya karne wale the, mujhe kuch bhi andaaza nahin tha, ab bas aagey aagey dekhna tha ki kya hoga.

Apni aankhein masalta hua main alarm bajne par utha aur uthte hi sabse pehle phone mein jhanka toh dekha 9 baj rahe hain, sirf 1ghante mein ready ho kar panhuchna tha mujhe toh bina deri ke main fatafat se bathroom gaya, aur 15 minutes mein ready ho gaya. Ye mera fastest ready hone ka record tha. Excitement hi itni thi, aur late kar ke niraash karna main chahta nahin tha apni jaan ko.

Kapde kharaab na ho isliye maine metro tak cab book kari, apne aap ko poora maintained rakhna tha mujhe, hair bhi jaise set kiye the, waise hi rehne chahiye, ye nahin ki auto mein hawa lagne se sab kharaab ho jayein. Subah subah traffic hone ki wajah se mujhe kareeb aadha ghanta lag gaya Logix panhuchne mein. Main station se neeche aa hi raha tha ki dekha wahan Saloni pehle se hi maujud thi.

Woh poori ready thi, black jeggings, blue and white striped t-shirt pehni hui, aur sunehre lambe baal jo ki khule hue the, jo mujhe bahut pasand hai. Woh ready usi tarah hui thi jaise main unhein dekhna chahta tha, sakshaat apsara lag rahi thi Saloni.

Haath mein ek bag liye, mujhe dekh ke haath upar kar ke *'Happy Birthdayyy Babyyyy'* kehti hui bhaag kar mere paas aayi aur mujhe tight hug kiya. Main bhi khushi se jhoom utha unhein itna excited dekh kar. Hug karte hi mujhe bahut pyaar se kiss kiya, jisse meri dhadkanein hi maano tez ho gayi, meri pehli birthday kiss jo thi.

Uske baad hum dono mall ke liye aagey badhe, chalte chalte maine Saloni se poochha, 'So, hum yahan kyun aaye hain? I guess abhi toh yahan proper shops bhi nahin khuli hongi?'

'Hum yahan shopping karne nahin, movie dekhne aaye hain,' unhone kaha.

'Oh, wow! Humari pehli movie date!!' Main kaafi excited ho gaya.

'Yesss, ab chalo jaldi se, zyada time nahin hai. Movie shuru hone wali hai.' Woh haath pakad ke le jaane lagi.

Saloni ne pehle se hi tickets book ki hui thi, toh hum seedha hall mein jaa kar baith gaye. Hum dono ek dusre ke saath, agle 2 ghante tak baithne wale the, aur morning show tha toh itna crowd bhi nahin tha. Jiski wajah se humein achhi privacy mil gayi.

Movie ke dauraan humne ek dusre ke saath bitaya har pal enjoy kiya, aur saath hi saath movie bhi enjoy ki. Movie kareeb 2 ghante ki thi toh hum 12 baje tak wahan se free ho gaye. Free hone ke baad, jab hum bahar aaye, toh humari exit food court mein hui. Wahan Saloni ne mujhe kuch der baithne ke liye kaha.

'Baitho yahan thodi der, mujhe kuch dena hai aapko.' Unhone apne bag se ek box nikala, jismein atte ka halwa tha.

'Ohho, atte ka halwa, ye aapne bana liya? Kya baat hai!' Maine khushi se us dabbe ki ore dekhte hue kaha.

'Main hi jaanti hoon ye kaise kaise maine banaya hai, apni maa se chhup chhup ke andhere mein subah subah, taaki kisi ko pata na chale.' Saloni ne raahat ki saans lete hue ye baat kahi.

'Ayyee, so sweet of you. I love you, please jaldi se khilao na apne haatho se,' maine unse ek chhoti si demand ki.

Phir Saloni ne apne haatho se mujhe halwa khilaya.

'This is so good, Saloni! Ye bahut tasty hai, aap bhi taste karo, ye lo.'

Phir maine Saloni ko apne haatho se khilaya aur hum dono ne halwa enjoy kiya. Itne mein mere ghar se mummy ki call aane lagi, aur maine woh attend kari.

'Happy birthday beta,' Mummy ne kaha.
'Shukriya maa,' maine unhein reply kiya.
'Aur beta, kya ho raha hai?' unhone mujhse poochha.
'Bass, apni biwi ke haath ka halwa kha raha hoon, aap bhi khao,' maine thode masti bhare mood mein kaha.
'Biwi? Matlab Saloni?' Mummy ne thoda surprised hote hue poochha.
'Aur kaun? Ek hi toh hai,' maine bahut proudly reply kiya.

Mera is tarah haq se Saloni ko apni maa ke samne biwi kehte hue dekh Saloni blush karne lagi. Unhein bahut special feel hua. Unhone mujhe ishaare se speaker on karne ke liye kaha toh maine on kar diya.

'Hahaha, pehle bana toh le ...' Mummy ne haste hue kaha.

'Arey bana bhi lenge, aur waise bhi bani nahin hai toh kya hua, humara relation husband-wife se kam thodi hai,' maine mummy ko reply kiya Saloni ki aankhon mein dekhte hue.

'Chalo badhiya hai, dono khub khush raho, aur humesha saath raho,' Mummy ne blessings dete hue kaha.

'Okayy, chalo main karta hoon baat free ho kar.'
'Okay beta, khush raho, bye.'

Mummy ki is call se mujhse bhi zyada Saloni khush ho gayi, unhein ehsaas hua jis tarah maine unke liye haq se baat kari mummy se aur mummy se bhi positive response aate hue dekha. Unki aankhon mein khushi ke aansu aa gaye, woh moment unke liye bahut special tha.

Humne thodi der wahan kuch pictures click kiye. Ab tak 12.30 baj chuke the, aur mall mein bhi ab bheed badh rahi thi. Photo session ke baad Saloni har thodi der mein phone check kar rahi thi, aur baar baar kisi ko reply kar rahi thi.

Mujhe aisa laga ki woh apne college friends se baat kar rahi hongi, kyunki Saloni college bunk kar ke mere saath thi, toh shayad random updates le rahi hongi toh maine koi sawaal jawaab nahin kiye.

'Aapko bhookh lag rahi hai? Kuch khaane chalein?' Saloni ne phone table pe rakh kar mujhse poochha.

'Haan haan, chalte hain, main subah kuch khaa kar bhi nahin nikla tha,' maine kaha.

Phir hum dono wahan se nikalne lage, mall se bahar aate aate Saloni ne mujhe bataya ki hum 'Walk in the Woods' ja rahe hain, jo ki ek restaurant hai Sector 18 mein. Mujhe unki choice pe koi bhi shaq nahin tha kyunki woh humesha achhi jagah hi uthna baithna pasand karti hain.

Wahan se metro board karne ke baad hum 10 minutes mein Sector 18 panhuche. Maine Saloni se kaha rickshaw kar lete hain, par unhone walk prefer kari, kyunki woh restaurant wahan se walking distance par hi tha. Mujhe ek baar ko laga ki hum kar sakte hain rickshaw kyunki walking distance bhi 10 minutes ka tha, jo ki 2 minutes mein rickshaw se cover ho jata, par phir maine zyada dhyaan nahin diya, aur hum dono paidal paidal nikal pade.

Hum wahan panhuche toh maine dekha, bahar se kaafi eye catching tha woh restaurant, animals bane hue the, woh bhi 3D toh unhein dekh kar achha laga. Restaurant first floor pe tha, toh hum dono stairs se upar panhuche. Uska interior thoda dark tha, matlab zyada bright lights nahin thi, light background music baj raha tha jo ki forest sounds jaisa tha, jaise birds ki chehekne ki aawazein piano ke saath, woh bahut kaafi soothing sa lag raha tha. Dekh kar aisa lag raha tha jaise jungle mein hi kahin baith kar log lunch kar rahe hain. Main pehli baar aise kisi unique concept wale restaurant mein aaya tha.

'This is so cool, kaafi achha lag raha hai, kaafi unique ... by the way kahan baithe?' Maine tareef karte hue poochha.

'Wahan chalte hain, woh corner wali table par.' Saloni ne ek table ki taraf point karte hue kaha.

Woh table thodi privately placed thi restaurant ki sabhi tables ke comparison mein, kyunki woh ek bade se aquarium ke peeche thi. Saloni ne mujhe aagey chalne ke liye kaha. Main chalte hue wahan tak panhucha toh dekha corner mein 2 bags rakhe hue the. Mujhe laga shayad wahan koi baitha hoga pehle, aur unka reh gaya hoga, jo aa kar le jayega. Maine unnoticed chhod diya.

Phir mera dhyaan table par pada, jo ki glass ki bani hui thi aur dekhne mein kaafi sundar lag rahi thi, uske neeche lights jal rahi thi aur kaafi saare marbles bikhre hue pade the. Pehle toh mujhe laga woh randomly bikhre hue hain, par maine gaur se dekha toh un marbles ke beech mein rose petals bikhre hue the, jo poori table par kuch darsha rahe the.

Un marbles aur rose petals ko mila kar 'HAPPY BIRTHDAY CHOI' likha hua tha jisko dekh kar main poori tarah surprise ho gaya. Maine nazar ghumayi toh Saloni already meri taraf aankhon mein khushi aur hontho par muskaan liye dekh rahi thi.

'Ye aapne kiya?' Maine ek badi si smile ke saath poochha.

'Aapke liye ...' Saloni ne apne chehre se haami bharte hue kaha.

Maine Saloni ko side hug kiya. Bas main hug hi kar raha tha itne mein woh background music jo ab tak jungle ka baj raha tha, achanak se ek Happy Birthday song play ho gaya aur samne se teen log humari taraf badhne lage. Unmein se ek ke haath mein cake tha aur do log sparkle guns pakde hue aur unme se sparks nikalti hui bahut sundar lag rahi thi.

Mujhe apni aankhon par yakeen hi nahin hua ki ye sab mere liye ho raha hai. Mera mann bhar aane laga, itne mein Saloni unke saath clap karti hui birthday song gaane lagi aur apni chair se uth gayi.

Woh log cake humare paas lekar aaye, bahut sundar sa red velvet cake tha jispe *'Happy Birthday Choi'* likha hua tha aur beech mein ek candle jali hui thi. Saloni ne mera phone unhein hand over kiya taaki woh poora shoot kar sakein. Maine table se ek knife uthaya, ek piece cake ka cut kiya aur sabse pehli bite Saloni ko khilayi, woh khush ho gayi, aur phir unhone mujhe khilayi.

Phir humne sabke samne ek sweet si kiss ki aur apni apni seats par baith gaye. Baithne ke baad maine Saloni ko phir se hug kiya, kyunki mujhe bahut achha lag raha tha ki unhone mere liye ye sab kiya. Woh moment bahut special tha mere liye. Main apni worth samajh pa raha tha, apni value samajh pa raha tha, aaj ki date mein berozgaar ho kar bhi Saloni ko is baat ki koi parwah nahin thi, mere paas duniya ka sabse perfect insaan tha, na koi khaami, na kuch, har surat se khoobsoorat, meri Saloni.

'Aapne kitna kuch kar diya mere liye, itna toh main deserve bhi nahin karta,' maine unki taraf dekhte hue kaha.

'Beta, aap duniya ki saari khushiyan deserve karte ho, mujhe toh issey bhi tasalli nahin mili hai, mere paas aur hota toh main aur kar deti aapke liye, koi kami chhodti hi nahin,' Saloni ne apni khushi ko express kiya.

'Aapko lagta hai ye kam hai? Jis insaan ke liye zindagi mein kabhi kisi ne itna kuch nahin kiya, uske liye aapne itna sara, itna zyada kar diya, ye kam thodi hai! Ye bahut hai, beta, mujhe toh fikar ho rahi hai ki pata nahin kitna kharcha kar diya aapne, pehle phone, phir ye sab,' maine thodi chinta karte hue kaha.

'Paisa aapse upar thodi hai, beta, aur paise ki baat mat karo, tumpe paise udana mera haq hai, kyunki tum mere ho, sirf mere,' unhone haq se kaha.

'Beshaq aapka hoon,' maine bhi haq se kaha.

Uske baad Saloni ne ishara karte hue kaha, 'Woh bags uthana jo tumhare side mein rakhe hain.'

'Ye bags? Ye kiske hain?'

'Aapke hain, aur kiske hone hain, Anubhav?' Saloni ne hanste hue kaha.

'Seriously? Isme kya hai?' Main kaafi surprised ho gaya tha.

'Bagair gifts ke bhi koi birthdays hote hain bhala? Chalo kholo inhein,' unhone mujhe unpack karne ke liye kaha.

Maine bags utha kar table pe rakhe, aur ek ek karke open kiye. Total 2 bags the, ek mein 2 hoodies thi, aur dusre mein ek wallet ka box tha, ek belt thi, aur ek watch ka box tha. Ye sara samaan maine table pe rakha, aur Saloni ki taraf dekhte hue poochha, 'Why? Itna sab kuch? Tum pagal ho kya yaar? Kitna kharcha kar diya tumne? Ye sab bahut mehnga hoga. Tommy Hilfiger ki belt, Coach ka wallet, Fossil ki watch woh bhi automatic. Tommy aur Fossil toh maine suna hai, ye Coach kaunsi brand hai?'

'You don't know Coach?' unhone chaunkte hue poochha.

'How would I know Coach? And why would I know Coach?' maine phir poochha.

'Bhaii, sexy brand hai, zyadatar ladkiyo ke bags mein famous hai, but men's wallet bhi tha, so I got one for you,' unhone mujhe bataya.

'Mujhe batao ye sab kitne kitne ka hai?'

'Tohfe ki koi keemat nahin hoti. Maine dil se diya hai, tum jab use karoge toh mujhe badi khushi milegi,' unhone kaafi realistically kaha.

'Baat toh sahi hai. Chalo theek hai, nahin poochta,' maine bagair behes ke us baat ko wahin roka.

Un gifts ko maine khushi khushi accept kiya, kyunki mujhe bhi proud feel ho raha tha ki Saloni ne mere liye ye sab kiya. Mujhe nahin pata kitna kharcha kar ke baithi thi ye ladki, par theek hai, kisi ke pyaar ko paise se nahin tola ja sakta. Woh unki khushi thi jo mujhe zarurat ki har cheez de rahi thi, aur main kaun hota hoon Saloni ke pyaar pe sawaal karne wala? Aur sabse zyada zaruri toh ye hota hai ki, jab bhi aapko koi insaan kuch de raha hai toh aap uski keemat se zyada uski niyat ko dekho, usey pehchaano, naa ki uski keemat ko.

'In sab cheezon ki tumhein zarurat thi, mujhe pata hai. Belt tumhari fatt rahi thi, watch tum pata nahin kaunsi local si pehnte ho, I don't like that watch, wallet ki haalat dekhi hai tumne? Aur ab thand aa rahi hain, 2 hoodies isliye di taaki achhe se sundar se dikho tum jab bhi milo, aur ye sab tumhari zaruratein hain, chahe phone ho, ya accessories, bas apni pasand ki brands ki di maine, taaki mujhe tumhein dekh kar aur bhi zyada khushi mile.' Saloni ne apni feelings express ki.

'Badi mehngi khushiyan di hain tumne mujhe,' maine unse kaha.

'Tum aur tumhare pyaar ke aagey ye chhillar bhi nahin hain, isliye baar baar paise ki baat mat kiya karo. Main jitni kadar pyaar ki karti hoon, utni kadar paison ki bhi karti hoon. Abhi tak itna bacha ke rakha tha taaki waqt aane par sahi jagah kharch kar saku. Aur ye meri zindagi ka sabse best investment hai, jahan mujhe pata hai loss toh kisi keemat par bhi nahin hoga,' unhone bahut confidently bola.

Hum middle class log hain, hum kisi pe chaar paise kharch karein, woh chalta hai, lekin jab hum par koi karta hai toh thodi si awkwardness aa jaati hai, aisa lagta hai ki koi itna kharcha na kare yaar, ek gulaab ki bhi utni hi value hai jitni ₹15000 ki watch ki. Kyunki, materialistic cheezein important nahin hoti, feelings important hoti hain, values important hoti hain. Mujhe mere rishte mein sabhi kuch mil gaya, Saloni ka kabhi na kam hone wala pyaar bhi, aur kuch zarurat ki cheezein bhi, jinhein maine pure dil se accept bhi kiya, aur istemaal bhi bharpoor karoonga.

Gifts ke silsile ke baad humne khana order kiya, aur khub enjoy kiya. Khana khane ke baad Saloni ne mujhse kaha, 'Abhi 2 baj rahe hain, mere paas abhi bhi kaafi time hai, kyunki abhi na main ghar ja sakti hoon aur ab college jaane ka bhi koi fayeda nahin hai.'

'Ghar chalein? If you don't mind ...' Mere dimaag mein jo aaya maine keh diya.

'Why would I mind, baby? I'll be more than happy toh be with you wherever you take me!' Unhone bagair kisi doubt ke seedhe haami bhar di.

Humne wahan se wrap up kiya aur ghar ke liye cab book kari, cab mein baith kar, sara samaan lekar, hum dono ghar ke liye nikal pade. Maine raaste mein Ritabh ko text kar diya ki main aur Saloni kuch der ke liye ghar aa rahe hain, thoda samet de agar kuch faila hua ho toh.

Jab hum ghar panhuche toh maine Saloni ko Ritabh aur Rajeev dono se milwaya. Woh dono Saloni se mil kar bahut khush hue, aur Saloni ko bhi dono kaafi decent lage. Phir hum dono room mein gaye aur maine room lock kar liya taaki koi disturbance na ho.

'Hey you hotty, undress yourself and wear the ones I've gifted you.'

Saloni ne jis adaa se bola, woh bahut seductive tha. Mujhe ek second ke liye bhi nahin laga ki main ruku aur maine turant apni shirt nikaal ke side mein fek di. Mann toh bahut kar raha tha ki main unhein khub chumu, khub pyaar karoon unhein, par khud ko rok liya maine, kyunki aaj sirf hum do nahin the us ghar mein, 2 log aur bhi the, aur main nahin chahta tha humein koi sune.

Par phir bhi mujhse raha nahin gaya, aur main bhaag ke unki taraf gaya aur unhein ek pyaari si, lambi si kiss kari. Phir maine Saloni ko ek ek kar ke dono hoodies try kar ke dikhai.

'You look very hot in these hoodies, kisi ki nazar na lage mere baby ko, meri bhi nahin.' Saloni ne nazar lagne wala action karte hue kaha.

'Aap ki nazar kabhi lag sakti hai mujhe? Aap toh duniya mein sabse zyada pyaar karti ho mujhe.' Maine unhein pyaar se galat thehrate hue kaha.

Phir hum dono ne bahut si pics click kari, baatein kari, waade kiye ek dusre ko humesha khush rakhne ke, aur ek dusre ke saath apni apni feelings share kari, in sab cheezo ne mere birthday ko aur bhi zyada khushnuma bana diya.

Maine Saloni ko belt pehen ke bhi dikhayi, watch pehen ke bhi dikhayi, aur jab wallet nikala toh unhone mere wallet mein kuch ₹500 ke notes rakh diye.

'Iski koi zarurat nahin hai, beta, abhi nahin hain par main ATM se nikaal ke rakh lunga,' maine unhein bahut strictly rokne ki koshish kari.

'Pagal, wallet kabhi bhi khaali nahin rakhte. Aap nikaalte rehna, filhaal ye rakh lo, mere liye rakh lo, aur mana mat karna, tumhein meri kasam hai,' unhone bhi utni hi strictly kaha.

Saloni ki kasam ke aagey main poora kamzor pad jata hoon, kyunki jaan chali jaye par unki kasam na toote, utni mayine rakhti hai unki kasam mere liye. Maine woh bhi accept kiya ye realize karte hue ki yaar, ye ladki kitni giver hai, sab kuch lutaye ja rahi hai mujh par bina kisi ummeed ke, bina kisi lalach ke, bina ye soche ki main bhi unke liye kuch karoon. Aaj ke zamane mein kaun kisi ke liya itna maarta hai? Kaun kisi ke liye itna karta hai? I guess bahut kam log, par mere paas ek shaqs hai jo ye sab karta hai mere liye, toh kyun na ho mujhe unke upar garv?

'I'm the luckiest person in this world toh have you. Agar aap nahin hoti meri zindagi mein toh mera kya hota, yaar? Bhatka hua tha, aapne raah dikhayi, gire hue ko sahara diya, pyaar diya, chahatein, zaruratein sab poori kari, I feel blessed ki bhagwaan ne mujhe aapse milaya, aur mila kar aap ka bana diya,' maine apne jazbaat bayaan kiye.

'Lucky toh main hoon, Anubhav. Sambhala toh tumne mujhe hai, pata nahin kya kar rahi thi, kin chakkaro mein padi hui thi, apne aap ko harm karti thi, nuksaan panhucha rahi thi, aapne mujhe sahi raaste par chalna sikhaya, toh uske badle mein main khushi se jo kar doon aapke liye, woh kam hai. Mere liye aap zaruri ho, bahut zaruri, meri zindagi ho aap, mere choi ho aap,' Saloni ne bhi dil khol kar kaha.

Us hawa mein alag hi nasha tha, alag hi junoon tha, aur alag hi sukoon tha. Main bahut khushkismat tha jo mere paas Saloni thi. Jab aap ek bahut khoobsoorat aur healthy relationship mein hote ho, toh aapko ye toh lagta hi hai ki aap bahut khushkismat ho jo aapko unke jaisa saathi mila, iske saath saath aap ke mann mein khone ka darr bhi bahut hota hai, aap chah kar bhi us darr ko khatm nahin kar paate.

Mere mann mein bhi bahut tha khone ka darr, aur ye thought kabhi kabhar pareshaan bhi bahut kar deta tha, par phir apne aap theek ho jata tha kyunki meri partner sambhal leti thi hai aise moments pe. Mujhe ye toh achhe se pata tha ki main Saloni ko kabhi bhi loyalty ya trust issues se nahin khounga, main agar kabhi khoya toh unstable hone ki wajah se khounga. Us shaam maine ye khayal Saloni ke saath bhi share kiya.

'Dekho, main zyada duniyadaari nahin samajhti, bas ek baat bahut achhe se jaanti hoon ki mujhe mere bhagwaan par poora vishwaas hai. Agar unhone mere liye tumhein chuna hai, toh soch samajhkar hi chuna hoga, ab tumhein is layak banana ki hum dono ki dhoom dhaam se raazi khushi shaadi ho sake, ye unka kaam hai, isliye main is baat ki zyada fikar nahin karti. Ab jo marzi hogi mere rab ki hogi.'

Us din maine thaan liya ki, shiddat se mehnat karoonga apni shiddat ko paane ke liye, har mushkil se lad jaunga, har pareshaani ko maar giraunga, par Saloni ko apna bana le jaunga. Guruji mere saath hain, unka aashirwad mere saath hai, bas aur kya chahiye mujhe?

Woh shaam sang guzarne ke baad maine Saloni ko metro station drop kiya, jaate jaate maine unse kaha, 'Suno ... thank you for everything. Ye birthday mere liye ab tak ke saare birthdays mein sabse zyada khaas, aur sabse zyada azeez raha hai. Main kabhi zindagi mein nahin bhulunga apne is birthday ko, aur credit sirf aur sirf aapko jaata hai. Aapne jaise aaj ke din par chaar chaand laga diye, mere liye woh bhi bahut khoobsoorat hota jo aap sirf mere paas waqt bitane aa jaati par aapke efforts ki main daad deta hu, kya khubsoorti se aapne saare executions kiye, movie ka surprise, pyaar se halwa bana ke lana woh bhi itne risk pe, fir Walk in the Woods ka poora surprise, phir itne badhiya gifts aur aakhir mein personal time spend karne ke liye ghar aana. I loved each and everything about this birthday. I love you Saloni, I love you so much! I'm very lucky toh have you, baby.'

Saloni ne seedha mujhe hug kiya, aur hug karte hue boli, 'You deserve all the happiness in this world, baby. I'm glad ki main aapke chehre pe muskaan la saki.'

Maine zindagi mein bahut se couples dekhe, logo se baat kari, woh batate hain ki unhein aksar kis tarah ke responses milte hain jab woh apne pyaar ko special feel karate hain unke birthdays par. Kabhi toh samne wala bilkul appreciate nahin karta aur ye jatata hai ki *'Maine thodi kaha tha mere liye ye sab karo.'* Kabhi samne wala shaqs aapke diye hue gifts ki bilkul tareef nahin karta aur aapke samne hi unki bekadri kar deta hai.

Main jab is tarah ki kahaniya sunta tha logon se, toh mujhe mehsus hota tha ki log kitni galat cheezein karte hain. Humein humesha apne partner ke actions ki, unke efforts ki tareef zarur karni chahiye. Issey unhein bhi khushi milti hai aur satisfaction milta hai ki aap unke efforts ko kitna notice aur appreciate karte ho.

Humara is tarah unki bekadri karna unka confidence bhi hamper karta hai aur dil bhi todta hai. Isliye do meethe bol zarur bolo dil se jab bhi koi aapke liye kuch karta hai. Kabhi bhi uske efforts ko waste mat jaane do, verna ek baar uska mann bigad gaya toh na toh woh kabhi aapke liye kuch karega aur na hi shayad rehna pasand karega aap ki zindagi mein. Aur in cheezon ke liye kabhi kaha nahin jaata, ya ye maangi nahin jaati, ye humesha dil se di jaati hain.

28
The real struggle

◆

Mera birthday toh kaafi khushnuma guzra, par birthday ke baad jo leher aayi tension ki, usne neendein hi uda di maano. Job chhod chuka tha, kayi companies mein apply kar raha tha par kahin se response nahin aa raha tha. Main bahut zyada pareshaan ho raha tha job or career ko lekar, tension mein aa gaya tha ki aakhir kab lagegi meri job? Kahan lagegi? Kitna package hoga?

Aisa na ho ki main life mein upar jaane ki jagah neeche jata chala jau, kyunki mujhe is baat ka bhi ehsaas tha ki mere paas unlimited time nahin hai settle hone ke liye. Hardly 3-4 saal hain, in 3-4 saalo mein mujhe ye prove karna tha ki main kaabil hoon Saloni se shaadi karne ke liye. Agar main kuch ban gaya tab toh Saloni ke parents mere haath mein unka haath denge, verna ye khwaab bas ek khwaab bann ke reh jayega.

Main Saloni ko tinke barabar bhi ehsaas nahin hone deta tha ki mujhe kitni fikr hai is baat ki ke main aaj bilkul unemployed hoon aur mera future poori tarah unstable hai. Main koshish karta tha ki main Saloni ko poori tarah bharosa dilau ki hum saath zaroor honge. Issey na hi sirf woh motivate hoti thi, balki unse mujhe ek support bhi milta tha, ek motivation bhi milta tha kabhi na rukne ka, kabhi na theherne ka.

Birthday ke guzar jaane ke baad meri zindagi se Noida ka chapter close ho gaya. Kyunki main ab earn nahin kar raha tha toh rent aur baaki ke kharche nahin utha pata. Maine apne bhai se baat ki aur unhone bina soche samjhe mujhe apne paas Gurgaon bula liya, wahan woh apne friend Nimit bhaiya ke saath rehte the, aur dono ne mujhe unke 1RK mein panaah di.

Mera bhai har roz mere liye khaane ka arrangement kar deta tha aur saath hi kuch paise bhi de deta tha jisse main apne zarurat ke kharche kar saku, jaise ki metro se aana jaana, thoda bahut khaane peene ka kharcha etc. Main unka aaj bhi bahut shukrguzaar hoon jo unhone mujhe us waqt support kiya jis waqt mere paas rehne ke liye bhi koi thikana nahin tha.

Main daily kisi na kisi company mein apply kar raha tha, aur job consultancies ke zariye interview dene ja raha tha, jaha se mujhe humesha nirasha ka samna karna padta tha. Agar kahin pe selection ho bhi raha tha toh woh job mujhe itna kuch offer nahin kar rahi thi, na achhi salary aur na hi koi perks. Salary ki starting bhi ₹10-15k hoti thi jo ki meri iEnergizer wali job se bhi kam thi.

In dino meri Saloni se sabse zyada job aur interviews ki hi baat ho rahi thi. Woh aksar mujhe prepare karne mein help karti thi aut mera hausla badhati thi.

'Is job ka package achha hai, bol toh rahe hain ki ₹27k in hand denge, but let's see kya hota hai,' maine call pe Saloni se kaha.

'Dekho, main bas itna jaanti hoon ki Guruji hain lagwane wale, aap koshish karte raho, kahin na kahin toh hoga hi, par jahan se bhi shuruaat hogi, ek dum badhiya hogi. I wish you all the best, baby.'

Saloni ka itna keh dena mere liye unka sabse bada support hota tha. Verna agar nazar utha ke dekhein toh na jaane kitne aise cases hote hain jahan par kuch ladkiya ladko ki unstability aur unemployment ki wajah se chhod ke chali jaati thi. Par meri Saloni mere saath thi, ye meri sabse badi achievement aur success thi. Ab kuch baaki tha toh bas itna hi ki Saloni ke is support par mujhe khara utarna tha, kyunki duniya ki koi ladki ye deserve nahin karti ki usey ek unstable aur unemployed husband mile. Main bhi ye dena afford nahin kar sakta tha ki apni phool si Saloni ka dil todu.

Har subah ghar se main nikalta tha ek khushkhabri ki ummeed mein aur nirasha lekar ghar laut jata tha. Poora November isme nikalta ja raha tha aur mujhe ab is baat ki pehle se bhi zyada tension ho rahi thi. 1 December ko Saloni ka birthday bhi tha, aur itna sab kuch woh mere liye kar chuki thi mere birthday par, toh mera bhi farz tha ki main unko special feel karane ke liye jitna bann pade utna toh karoon.

Mere paas paise bahut zyada nahin the, par jo bhi tha, mujhe Saloni ke liye kuch na kuch toh karna hi tha. Job ki tension alag thi aur is cheez ki tension alag. Saloni bhi deserve karti thi ki unka partner unhein special feel karaye, sirf main hi ye deserve nahin karta tha. Woh chahein kitna bhi ye batayein ya jatayein ki unhein koi expectation nahin thi mujhse. Par reality ye thi ki, woh kuch toh ummeed kar hi rahi thi jo ki bahut natural hai.

Woh aksar apni beeti hui birthdays ke kisse sunati rehti thi ki unke ex ne aisa kiya waisa kiya, kayi baar khush kiya toh kayi baar bahut niraash, unki inhi baato se main ye samajh jaya karta tha ki aakhir kuch toh karna hi padega unko special feel karane ke liye, verna mujhe bahut guilt hoga.

Agle kuch din aur maine koshish kari, ki main aakhir koi toh khushkhabri du Saloni ko unke birthday se pehle, par jaise jaise waqt beet raha tha, mujhe iske asaar ab nazar nahin aa rahe the. 25 November aa gayi aur meri gaadi abhi bhi wahin ki wahin ruki hui thi. Ek toh job nahin, dusra paiso ki bhi kami thi. Mujhe samajh nahin aa raha tha ki main kya karoon Saloni ke birthday par.

Phir mujhe dhyaan aaya ki maine jo RD karayi thi job lagne ke samay par ₹1000 per month ki, usey break kar leta hoon. Jo paise aayenge, ussey Saloni ka birthday celebrate karoonga, kyunki main udhaari ke sakht khilaaf tha, udhaar lekar apni girlfriend ka birthday celebrate karoon, ye mere liye ek bewakoofi se kam nahin thi.

30 November aa chuki thi. Maine abhi tak koi shopping wagairah nahin kiya tha. Mera dimaag overthinking se fata ja raha tha ki aakhir kya karoon jisse Saloni ko main unke birthday par special feel kara saku. Mujhe gifts toh lene hi the, aur meri pocket bas mujhe ₹12,000 kharch karne ke liye hi allow kar rahi thi.

Main sabse pehle toh ye chahta tha ki main unke liye unki birthday dress lu. Jo ki bina unhein lekar gaye namumkin tha, kyunki size wagairah ka issue ho jata hai aur phir unki pasand ka bhi mujhe abhi itna andaza nahin tha. Maine Saloni ko thoda convince kar liya tha aur unhone bhi understand kiya ki main akele ye nahin kar pata. Saloni aur Vanshika dono saath mein aaye shopping ke liye.

Hum teeno H&M gaye aur wahan unke liye dress hunt karne lage. Wahan black dresses bahut saari thi, aur kaafi der dhundhne ke baad ek dress par mann bhi aa gaya.

Saloni ne try kar ke dekha aur woh dress wakayi mein bahut sundar lag rahi thi un par.

'Birthday pe pehenne ke liye ye best rahegi, hain na?' Saloni ne dress ki fit and finish dekhte hue poochha.

'Of course, ye bahut sundar lag rahi hai aap par, and fitting bhi bahut achhi hai iski,' maine unhein kaha.

'Haan ji, chalo le lete hain,' unhone convince hote hue kaha.

'Isey aap apne saath hi le jana, taaki kal pehen sako,' maine unhein kaha.

'Theek hai, thank you, baba, itni sundar dress ke liye, I love you!' unhone ek pyaari si smile ke saath kaha.

'Achha ab mere birthday pe main kya pehnungi woh toh decide ho gaya, par aap kya pehnoge ab woh main decide karoongi. I'll buy you your outfit, aur aap na nahin karenge.'

'Arey, magar iski kya zarurat hai? Main pehen lunga kuch,' maine unhein mana karte hue kaha.

'Arey varey kuch nahin, hum chal rahe hain lifestyle, wahan se aapke liye sundar se kapde lete hain.' Unhone excited hote hue mera haath pakda aur kheech ke bahar ki ore le jaane lagi.

Saloni ki zid ke aagey kiski chali hai. Unhone jo thana kar ke dikhaya. Unki birthday ke aas paas bhi main unhein naraaz nahin kar sakta tha. toh jaise taise kar ke Saloni ne mujhe apni pasand ki chinos aur shirt dilayi, jo ki all black thi, bilkul Saloni ki dress ke jaisi.

Plan ke according maine Saloni ko wahin pe see off kiya. Unhone bhi zyada kuch poochha nahin ki main aaj unhein RK Puram tak chhodne kyun nahin aa raha, kyunki kahin na kahin unhein bhi is baat ka ehsaas tha ki main kuch planning kar raha hoon toh woh wahan se apne aap apne ghar ke liye nikal gayi.

Saloni ke jaane ke baad Vanshika bhi wahan se jaane lagi. Mere mann mein khayaal aaya ki kyun na main Saloni ke liye gifts Vanshika ki help se loon. Unhein zyada idea hoga Saloni ki pasand napasand ka.

'Vanshu, sun teri thodi help chahiye, tu free toh hai na?' maine Vanshika se poochha.

'Haan haan bol, kya help chahiye?' Vanshika ne kaha.

'Abhi jo maine outfit dilaya unhein, woh meri taraf se unke liye gift tha par mujhe unhein lana pada size and fitting ki wajah se, magar mujhe Saloni ke liye aur bhi gifts lene hain, can you help me out with it?' Maine Vanshika ko aagey ka plan bataya.

'Oye hoye, kya baat hai. Haanji chalo, shopping karte hain!' usne khushi khushi kaha.

Wapas aa kar humne unke liye gifts search karne shuru kiye. Jo budget tha, uske hisaab se humein jo theek lag raha tha, maine wahi liya. Vanshika ne mujhe suggest kiya ki Saloni ko kya kya pasand hai, maine usi hisaab se dhundha aur 1 ghante ki bhaag daud ke baad, maine unke liye ek bag, ek pair heels ka, ek pyaari si winter cap, ek watch aur ek pair of sunglasses liye. Mujhe poori ummeed thi ki Vanshika ne help ki hai, jo ki unki best friend hai, toh zarur unko pasand aayenge ye gifts.

Shopping ke dauraan mere paas Ritabh ka ek message aaya tha.

Bhai hum log flat khaali kar rahe hain. Tu ek baar Noida aa kar dekh le agar tera koi samaan hai toh woh tu pick kar le, kahin aisa na ho ki koi keemti cheez reh jaye.

Maine shopping toh kar li thi, par sirf paise se khareedi hui cheezon se main special feel nahin karana chahta tha Saloni ko. Main chahta tha ki kuch aisa karoon jisse Saloni ko aur bhi zyada special feel ho jaye. Ritabh ka woh message padh ke mere mann mein ek khayaal aaya ki kyun na main kuch aisa karoon jo Saloni ko humesha se pasand hai mere baare mein. Maine apne mind mein poora plan banaya ki kaise kaise main is kaam ko anjaam de sakta hu.

Vanshika ne jaane se pehle mujhse poochha, 'Achha sun, kal ka tera koi plan hai kya?'

Maine bhi reply kiya, 'Sach kahoon toh maine koi plan abhi tak banaya nahin hai, kyunki for obvious reasons, mere paas ab kuch bacha nahin.'

'Arey tu tension mat le, pagal, hum girlfriends ka humesha se raha hai, jiska birthday hota hai uske friends mil ke uske liye party plan karte hain. Hum abhi bhi confused hain jagah ko lekar, decide hote hi main tujhe message kar dungi,' Vanshika ne meri chinta thodi kam kar di.

'Achha, chalo ye bhi theek hai, mujhe bata dena tumhara jo bhi plan ho,' maine raahat ki saans lete hue kaha.

Saloni ke saath mera bond aisa tha ki main jo karta tha, unke saath har ek baat share karta tha. Hum shuru se aise hi the, kahin ja rahe hain toh bata rahe hain, ek dusre ko har ek cheez ke liye updated rakhte the. Iska fayeda ye hota tha ki humare rishte ki transparency kaafi badh gayi thi. Lekin iska ek nuksaan ye bhi tha ki koi bhi kaam karna, jiske baare mein Saloni ko pata na ho, ya unse chhup ke kuch ho jaye ye bilkul namumkin ke barabar tha.

Woh bahut jaldi doubtful ho jaati thi jab bhi unhein aisa mehsus hota tha ki koi cheez unse chhup rahi hai. Unke andar bahut hi zyada curiosity hoti thi har ek cheez ko janne ki, iski wajah se unhein surprise dena thoda mushkil ho jata tha. Par phir bhi jaise taise karke maine kuch karne ke baare mein socha aur apne kadam aagey badhaye.

Beta, aaj raat main Noida mein hi rukunga. Ritabh ka message aaya hai ki woh log flat khaali kar rahe hain aur koi samaan mera wahan reh gaya hai toh main ek baar check kar lu, toh mera jaana zaruri hai. Maine Saloni ko ek message likha.

Theek hai, araam se jana aur panhuch ke ek baar inform kar dena. Unhone reply kiya.

Saloni ko apna plan batane ke baad maine Ritabh se baat ki toh woh Botanical metro station par tha, maine usey wahin rukne ke liye kaha aur wahan ke liye nikal gaya.

'Tu ye key rakh, main tujhse kal subah ye wapas le lunga, ye key mujhe owner ko handover karni hai.' Ritabh ke paas panhuchne par usne mere haath mein key rakhte hue kaha.

'Theek hai, le lena,' maine reply kiya.

Maine socha tha ki main Saloni ke liye ek birthday card banau toh maine society ki hi ek shop se card aur kuch sketch pens le liye aur 9.30 tak flat par panhuch gaya. Wahan panhuchte hi Saloni ko ek message drop kar diya *Reached.* Flat par koi nahin tha, maine lights on ki poore ghar ki kyunki mujhe andhera pasand nahin hai, aur apne room mein gaya. Wahan ab baithne ki koi jagah nahin thi, na koi chair aur na hi mattress toh main khada hi raha.

Mere do plans the, ek unke liye pyara sa card banana aur dusra plan tha ki main unke liye woh saare songs gaau jo unhein bahut pasand hain. Woh songs jo itne mahino mein unhone mujhse sune, aise songs jo woh gungunati rehti thi jab bhi hum calls pe baat karte the ya milte the, woh saare songs jo mere dimaag mein the, woh maine record karna shuru kiye.

>1: *Mere Rang Mein Rangne Wali*
>2: *Jab Koi Baat Bigad Jaye*
>3: *Zara Zara Mehekta Hai*
>4: *Main Rahoon Ya Na Rahoon*
>5: *Meri Bheegi Bheegi Si*

Ye saare songs Saloni ko bahut pasand the, aur maine ek ek karke ye saare songs shoot kiye, is mein mujhe kareeb 1 ghanta lag gaya. Songs shoot karne ke baad maine Saloni ke liye video messages record kiye jismein maine express ki apni feelings aur itna hi nahin, maine ek love letter bhi likha apne phone mein jo main unhein theek 12 baje bhejta. 11 baje tak maine apne saare kaam nipta diye aur ab bas tha 12 baje ka intezaar.

29
Saloni ka birthday barbaad kar diya

Main Saloni ke birthday ke saath saath is soch mein bhi dooba hua tha ki aakhir main yahan sounga kaise. Sirf floor hai, uspe ek kapda tak nahin hai. Ritabh ne mujhe bataya tha ki woh Jharna ke yahan uske flat mein rukega; halanki Jharna meri bhi friend thi, par mera dil gawahi nahin de raha tha ki main khud committed ho kar ek ladki ke flat mein ruku. Aisa lag raha tha jaise main agar aisa karoonga toh woh shayad Saloni ko pasand nahin ayega, isliye maine faisla liya ki chahein jo ho, main yahi sounga.

Maine flat mein thoda dhundhna shuru kiya ki kuch mil jaye neeche bichhane ke liye. Maine teeno balconies check kari, aur check karne par unmein se ek balcony mein mujhe ek purana foam ka slim sa mattress mila, aur ye wahi mattress tha jo humne starting mein reject kar ke fek diya tha.

Kuch na hone se behtar tha ye mattress, toh maine woh wahan se hataya, thoda jhaada aur andar room mein laga diya. Ab mujhe ispe bichhaane ke liye bhi kuch chahiye tha, toh maine ab saari almirahs check ki, aur dekha agar kuch mil jaye toh. Poore ghar mein mujhe bas ek halki patli chaadar mili, jisko ya toh main odh sakta tha ya biccha sakta tha. November ka aakhri din tha toh beshaq halki thand bhi thi. Maine decide kiya ki main bina apne kapde utaare isko upar se odh lunga taaki thand na lag jaye.

Kareeb 11.45 ho gaye the, Saloni ko call karne se pehle maine unke liye poori Instagram post ready kar li taaki bas post karna reh jaye, uske baad maine unhein video call kiya.

'Just 15 minutes toh gooo ...' Main khub excitement se chillaya.

'Ayyeee halke bolo, motu, koi sun lega.' Saloni ne phone ki volume kam karte hue kaha.

Unke ghar pe raat mein cake nahin cut kiye jaate, kisi reason ki wajah se unke yahan ye culture nahin follow karte. Bas sab log wish zaroor karte hain. Humari masti bhari baat cheet mein 15 minutes kab guzar gaye pata hi nahin chala. Maine 12 bajte hi unhein khushi se wish kiya..

7 February ...

Ek chhote se message se shuruaat hui is pyaari si dosti ki ... baatein hui, mulakaatein hui, hasna khilkhilana bhi hua, rona aur muskurana bhi hua, fikar, ghabrana bhi hua, thoda thoda tadpana bhi hua, aur fir? Bas fir kya?

Pyaar ho gaya ...

Ek aise insaan se mila jiske log khwab dekhte hain, aisi mohabbat ke, jo bas kitaabon ke panno pe chhapi dekhi thi maine, woh pyaar woh ishq woh mohabbat mili mujhe tumse, sachhi mohabbat mili mujhe tumse.

Zindagi ke har mayene, sahi galat, sach jhooth, asli rang dikhaye tumne, kaise muskurana bhi zaruri hota hai, ye mujhe sikhaya tumne, ek aise insaan ko pyaar diya jo pyaar ke liye pal pal tadpa, ek aise insaan ko woh sab kuch diya jo woh khud bhi deserve nahin karta, ek insaan ke kadmo mein duniya ki saari khushiyan rakh di.

Jab jab aankhein kholta hoon, us bhagwaan se kamna karta hu, ki mujhe is kaabil bana de, ki main isko humesha ke liye apna bana saku, kaise tumhare saath call pe so jata hoon, kaise tumhari khushi me khush ho jata hoon, kaise tumhare pagalpan mein tumhara sath deta hoon, kaise tum mujhe rote hue hasa deti ho, kaise mere dard ko apna bana leti ho, kaise meri bechaini ko khud ki maujudgi ka bharosa dila ke mita deti ho, kaise mere kandhe pe apne sar ko araam deke, mere haath ko jakad leti ho, mere liye aansu bhi bahati ho, aur mere ansuo ko behne se rok bhi leti ho.

Bhagwaan ne bahut zyada fursat se agar kisi ko banaya hai toh woh sirf aur sirf tum ho, aur agar tumhe itni fursat se banaya gaya hai toh socho mujhe kitni fursat se banaya hoga tumhara banane ke liye. I really love you with all my heart, Saloni, meri zindagi sawar gayi tumse milke, bas ...

Mujhe nahin pata tum kyu aisi ehsaano wali baatein karti ho, mujhe toh tumne sambhala hai, sahi rasta dikhaya hai, aur kuch logon ko galat sabit karke dikhaya hai jo keh ke chale gaye ki mujhe pyaar karna mushkil hai aur main pyaar ke kaabil nahin.

Pyaar ke kaabil main kitna hoon ye ehsaas bhi toh sirf tumhi ne dilaya hai, bahut bahut bahut zyada pyaar karta hoon Saloni aapse, please kabhi shak mat karna yaar mere pyaar pe, wada karta hoon har khushiyan dunga tumhe, kabhi samjhauta mat karna mujhse yaar, har pareshaani me sath nibhaunga, kabhi munh mat modna yaar, har dukh ko odh lunga, kabhi badal mat jana yaar.

Aaj is din ke liye maine sach batau toh saal bhar intezaar kiya, jis din se tumse mila, jab se baatein badhi, jab pyaar ho gaya, is din ka intezaar ho gaya, sirf aaj itna pyaar karke nahin dikhana hai, sirf aaj saabit nahin karna ki kitni mohabbat hai, mujhe toh tumhara birthday har roz manana hai, har roz tumhe pyaar jatana hai, karke dikhani hai aisi mohabbat jiske baare me log bas padhte aaye hain kitabon mein ...

Dua mangta hoon ki aaj ke din aapko Guruji duniya ki saari khushiyan dein, woh sab kuch dein or ussey zyada dein jo aap deserve karti ho or bas ye chahta hoon ki aaj specially aaj ke din aap bahut sara special feel karo ...

Happy birthday Jaan,
Meri CHOI CHOI.

Video call ke dauraan Saloni mera message padh rahi thi, aur padhte padhte poore waqt woh bas roye ja rahi thi, unke aansu thamne ka naam hi nahin le rahe the. Maine darwaaze pe logon ki dastak bhi suni, par Saloni itni khoyi hui thi ki unhone ek baar bhi apna dhyaan nahin hataya meri wish se. Message padhna band karte hi Saloni ne rote rote kaha.

'I love you so much, Anubhav, Guruji humesha aapko khush rakhein aur lambi umar dein.'

Maine apne chehre ki khushi kam nahin hone di unhein dekh kar aur poore dil se kaha, 'I love you. Abhi jao dekho kaun hai bahut der se koi aapke darwaaze par hai.'

Saloni ne kaha ki woh free ho kar baat karengi aur itna kehte hi unhone phone rakh diya. Is dauraan maine Saloni ke liye jo card socha tha woh banana shuru kiya, pyaari wishes ke saath, achhe se decorate kar ke maine unke liye card ready kiya aur jo videos ready kari thi Instagram par woh maine post kar di aur dekhte hi dekhte uspe logon ke likes aur comments aane shuru ho gaye. Mujhe behad khushi ho rahi thi ki aaj meri girlfriend, meri jaan ka birthday hai aur duniya unhein wish kar rahi hai. Main behad khush ho raha tha. Ab bas intezaar tha toh itna ki woh jaldi se apna Instagram open karein aur meri post dekhein.

Apne birthday par lagbhag sabhi log ye expect karte hain ki unke dear ones unke liye wishes likhein, par meri post dekh kar Saloni ko kuch alag hi tarah se wishes milne wali thi. Mujhe vishwaas tha ki unhein zaroor pasand aayegi.

Main Instagram chala hi raha tha ki unka mere post pe like aa gaya jisse mujhe ye pata chal gaya ki unhone post dekh li hai. Woh moment mere andar hulchul paida kar raha tha. Main ummeed kar raha tha ki unhein pasand aaye ye mera chhota sa surprise. Issey pehle woh comment karti, unka seedhe call aa gaya aur mere phone pick karte hi unhone kaha, 'This is so beautiful, yaar. Aise kaun karta hai? Aise bhi koi rulata hai bhala? You're the best, I love you, I love you, I love youuuu. Bahut achha gaaya aapne, bahut bahut bahut zyada achha, aur woh bhi woh saare songs jo mujhe bahut pasand hain. I can't control my tears tonight. Kya yaar, aise kisi ke birthday pe koi usey rulata hai kya?' Saloni ne emotional ho kar kaha.

Mujhe laga Saloni shayad shikayat kar rahi hain toh maine unhein apni real intentions batayi, 'Arey arey, roiye nahin please, main toh bas aapko special feel karana chahta tha.'

'I know! Aur ye bahut special hai mere liye,' Saloni ne haami bhari.

Saloni itni cutely ro rahi thi, ek chhote baby ke jaise, ki main confuse ho gaya ki unhein rone du ya chup kara lu. Phir maine socha ki chup hi kara deta hoon, aaj birthday hai achha nahin lag raha ki woh ro rahi hain, woh bhi itna sara.

Is tarah Saloni ke birthday ki shuruaat hui, khushi ke aansuo bhari, meethi meethi shuruaat. Ab na jaane kal kya hoga, kal sabse zaruri din hai, main kal ek bhi galti afford nahin kar sakta tha, isliye koshish yahi thi ki Saloni ka mood achha rahe, woh sara din special feel karti rahein.

1 December 2018

Suraj ki kirne seedhe mere chehre par padi aur isi ke saath maine apni aankhein khol kar din ki shuruaat kari. Sabse pehle Saloni ko ek pyara sa good morning wish kiya, uske baad main ready hone chala gaya. Subah ke 10 baj rahe the. Maine Vanshika ko seedha call kiya aur poochha ki aagey ka kya plan hai, kyunki ab tak usne mujhe koi response nahin diya tha.

'Radio Station panhuchna hai,' Vanshu ne call karke kaha.

'Aye tu pagal hai? Radio station, seriously? Birthday hai bhai meri biwi ka, school ki trip nahin ja rahi hai jo radio station panhuch jayein.' Mujhe bahut awkward laga ye jaan kar.

Pata nahin kyun par meri baat sun kar Vanshu hansne lagi, aur hanste hanste kaha, 'Bhai, main aakashvaani nahin leke jaa rahi tujhe. Radio station ek cafe hai Kailash Colony mein, wahan panhuchna hai.'

'Oh! achha phir theek hai. Tune toh meri dhadkanein hi badha di.'

'Haha, chal milte hain phir wahin pe.'

Call rakhne ke baad mere mann mein khayaal aaya ki main Saloni ke liye ek rose bouquet bhi le leta hoon.

Phir maine google search kiya aur aas paas bouquet wala dhundhne laga. Ek Gaur City mein tha, toh maine jaane se pehle phone kar ke puch liya ki woh bana dega ya nahin, toh usne haami bhari aur maine nikalne ki tayyari kari.

Is dauraan mere paas Ritabh ka call aa gaya key ke liye, maine usey Gaur City mein hi bula liya. Wahan panhuchte hi maine Ritabh ko key di aur bouquet wale se bouquet banwaya. Usne bees roses ka ek bada hi sundar bouquet bana ke mujhe de diya. Main nahin chahta tha ki ye bouquet aur Saloni ke baaki gifts kharaab ho, isliye maine cab book ki RK Puram tak ki aur nikal gaya.

'Anubhav, yaar, koi toh batao mujhe ki main kab ready hona shuru karoon? Kaha panhuchna hai mujhe?' Saloni naraaz hone lagi.

'Baba, aap ek kaam karo, mujhe RK Puram pe milo, mujhe 45 minutes lagenge, aap usi hisaab se nikal jana,' maine unse kaha.

'Okay.' Unka thoda rudely reply aaya.

Saloni is baat se irritate hone lagi thi ki unhein ab tak kisi ne bataya nahin ki unhein panhuchna kahan hai, na hi maine aur na hi Vanshika ne, kyunki unhein ready hone mein bhi time lagta aur us hisaab se panhuchna bhi hota.

Woh irritation main bhi samajh sakta tha, par main kya karta, main helpless tha. Mujhe khud subah pata chala tha ki humein kahan panhuchna hai, aur jab tak sab log wahan panhuch nahin jaatey Saloni ka wahan panhuchna pure surprise ko kharaab kar deta. Khair main bas dua karte hue aagey badha ki sab sahi rahe, koi mood spoil hone wali baat na ho jaye bas.

Mere RK Puram par panhuchte hi maine Saloni ko ek message kar diya. Is beech woh bhi ready ho gayi thi aur mere message karte hi woh bhi apne ghar se nikal gayi. Woh apni car se aa rahi thi isliye unhein mushkil se 5–7 minutes lagne the. Door se hi mujhe unki car aati hui nazar aayi aur mujhe dekh kar unhone left side ka indicator diya aur dheere dheere mere paas ruk gayi.

Car rok ke woh car se bahar nikli, black dress mein woh itni khoobsoorat lag rahi thi jaise ek apsara seedhe is dharti par utar aayi ho. Bahut sundar lag rahi thi Saloni, unhein dekh kar mere munh se sirf do lafz nikle 'Meri Saloni' aur ye kehte hi main maano jaise apne hosh hi gawa baitha.

Mujhe is baat ka bahut garv tha ki woh meri hain, sirf meri, aur main is reality ko accept karne mein jaise kho gaya tha maano. Bhale hi filmy scene ki tarah lag raha tha ye sab kuch, par haqeeqat tha, aur ye haqeeqat behad khoobsoorat thi, bilkul Saloni ki tarah.

Maine ek ghutne par baith ke unhein roses ka bouquet diya, aur kaha, 'In gulaab ke phoolon mein khushboo zaroor hai, bas ab aap inko sweekaar ke apni khubsoorti se gulzaar kardo.'

'Aww, in phoolon se khoobsoorat toh tumne baat kahi hai. Samajh nahin aa raha ki ab in phoolon ko dekhoon ya tumhein. Khair tumhein hi dekh leti hoon, my handsome hunk. You look so hot in black. I love you so much.' Saloni ne tareef karte hue kaha.

'Haha, thank you and you look so beautiful too! Happy Birthday, Meri Jaan.' Maine unhein wish kiya.

Saloni ne roses accept karte hue mujhe car drive karne ke liye kaha. Hum dono car mein baithe, mere paas jo bags the Saloni ke gifts ke woh maine peeche seat pe rakh diye aur is cheez par Saloni ne koi sawaal bhi nahin kiya, shayad woh ye expect kar rahi thi ki main jab dikhaunga woh tab hi dhyaan dengi. Mujhe route ka idea nahin tha, isliye maine phone ko thoda tilt kar ke taaki Saloni ko na dikhe, navigate kiya Radio Station ke liye aur drive karna start kiya.

'So, kahan ja rahe hain hum?' Saloni ne curiously poochha.

'Bas thoda intezaar kariye, 15 minutes ki baat hai,' maine smile karte hue kaha.

'Kaun kaun aa raha hai mere birthday pe?' unhone poochha.

'Aapke friends hi hain,' maine bataya.

'Achha, chalo theek hai,' Saloni ne baat khatm ki.

Delhi ke traffic se guzarte hue hum apni manzil par panhuch gaye. Wahan utarte hi Saloni ke hao bhao thode badal gaye, unhone meri ore naraazgi aur kayi sawaalo bhari aankhon se poochha, 'Radio Station?'

'Aap aise kyun poochh rahi ho? Aapko nahin pasand hai ye jagah?' maine ghabrate hue poochha.

'Nahin, yahan hum casually aate hain time pass karne college ke baad. Ye kiski choice thi?' unhone bahut hi disappointed hote hue poochha.

Meri literally fatt gayi ye soch kar ki Saloni ko unke birthday celebration ka venue achha nahin laga. Aur main answer bhi nahin kar pa raha tha kyunki maine is sab ka dhyaan nahin rakha ki birthday kahan ho rahi hai kahan nahin, kya woh jagah Saloni ko pasand hai ya nahin. Mere liye us moment pe sabse bada concern ye ban gaya tha ki Saloni ka mood ab kaise theek hoga aur meri toh maano bolti hi band ho gayi, mujhe samajh mein hi nahin aaya ki main kya jawaab du unhein. Phir bhi maine himmat kar ke kaha.

'Actually mujhe Vanshu ne bola tha ki woh aur aapke baaki friends party ka dekh lenge kyunki aap logon ka ye pact hai.'

'Chalo koi nahin, let's not spoil it. Chalte hain upar.' Unhone mera chehra par padh liya tha ki main bahut ghabra gaya hoon unke reaction se, isliye unhone hum dono ka mood kharaab na ho toh baat sambhalte hue kaha.

Maine Saloni ko ishaare se aagey chalne ke liye kaha. Hum dono lift ke through upar panhuche aur lift khulte hi wahan pe Saloni ke saare friends the. Saloni ko dekhte hi woh sab log zor se chillaye 'Happpyy Birthdaayyy!' aur main bhi ye dekh kar khushi se taaliyan bajane laga. Vanshu, Bisma aur Komal mere paas aa kar Hi Hello karne lagi aur chhedne ke liye 'Jiju, jiju' karne lagi. Phir hum log setup kiye hue table par ja kar baith gaye.

Maine Saloni ko ishaare se kaha, 'Apna mood theek rakhiyega please, bahut important hai.'

'As long as you are by my side, I'm perfectly alright,' Saloni ne is baar ek real smile ke saath kaha.

Mujhe sunn ke thodi tasalli hui ki chalo, at least yahan pe unka mood ab thoda behtar hai. Saloni ki saari friends mein sabse zyada mazaak karne wale unke do dost the, Bisma aur Komal. Ye dono unke saath khub masti mazaak kar rahe the, toh Saloni bhi better feel kar rahi thi ab. Hum dono ek dusre ka haath thaame hue baithe the.

Main thoda sa nervous feel kar raha tha, kyunki, mujhe aadat nahin thi is tarah ke cafes aur parties ki. Meri birthday bhi kaafi private thi, par yahan pe Saloni ke saare friends the, toh main thoda conscious ho raha tha ki main theek toh lag raha hoon na? Achhe se toh baitha hoon na? Ye sawaal mere andar the, par Saloni ne jis tarah mera haath thama hua tha, ussey mujhe kaafi himmat mil rahi thi.

Ye party Saloni ki friends ne mil kar di thi, toh zaahir hai sabhi log unke friends the, kuch logo ko dekh kar woh bahut khush hui, par kuch logo ko dekh kar unka chehra phir murjha gaya. Maine jab ye afsos dekha unki nazro mein toh kaafi poochne ki koshish kari, par mujhe us waqt chup kara diya gaya ye bol kar ki 'abhi sahi waqt nahin hai, jab yahan se niklenge tab bata dungi.'

Maine bhi zyada zid nahin ki aur party enjoy karne laga. Kuch der mein cake aa gaya. Saloni ne woh cake cut kiya, aur sabse pehle mujhe bite khilayi, mujhe aur bhi zyada special feel hua. Ye sab mere liye first time tha, apni girlfriend ki birthday party mein hona, special treatment milna, main bahut khush tha unke liye.

Cake cutting ke baad sab log photos click karane lage, Saloni ne sabse pehle mere saath karayi, aur phir dheere dheere sabke saath karayi. Main paas khada dekhta raha unhein, apne saare dosto mein sabse sundar, sabse haseen lag rahi thi meri Saloni. Unhein dekh kar mujhe apni choice par bhi proud feel ho raha tha. Ek ladke ke liye ye bhi bahut matter karta hai ki uski partner sundar ho, aur meri Saloni behad sundar hai.

Kareeb 2 ghante wahan bitane ke baad chalne ka samay hua. Main aur Saloni ek saath wahan se nikal aaye sabko achhe se goodbye bol kar. Car mein baith kar unhone sabse pehle apni heels nikali, aur chain ki saans li. Uske baad Saloni ne naraazgi jatani shuru kari.

'Seriously? Ye arrangement tha inka for my birthday? Sab ko chhodo Vanshu se maine ye expect nahin kiya tha, ki woh yahan pe mera birthday celebrate karegi. Maine in logo ke birthday ke liye kitne kitne efforts daale the, kitni cheezein karti thi main inke liye taaki special feel ho inhein, aur mere birthday par inhone ek cafe mein laa ke baitha diya bas and what the hell was Deepshikha doing there? Isko pata nahin hai I no longer like her, I no longer want toh see her face, aur woh bandi mere birthday pe mere samne baithi hai, like seriously?'

Itna kehte kehte Saloni ro padi. Maine unhein kaafi shaant karne ki koshish kari par woh chup nahin hui. Woh bahut disappointed thi apni friends se aur unke arrangement se.

'Ab chalo yaar yahan se, I don't want toh be here.' Saloni ne apne aansu pochte hue gusse mein kaha.

Maine car nikali aur hum wahan se nikal gaye. Kahan jana tha, mujhe pata nahin tha. Abhi gifts bhi dene the, kahan doon, kaise doon, mujhe kuch samajh mein nahin aa raha tha, aur Saloni ke chehre par dikh raha tha ki woh kahin sukoon bhari jagah jana chahti hain.

'Hum kahan ja rahe hain?' Saloni ne poochha.

Mere paas is sawaal ka koi jawaab hi nahin tha, aur main bahut embarrass ho raha tha ki maine apni taraf se koi bhi arrangement nahin kiya tha unke liye. Unke dosto pe rely kiya ye soch kar ki woh mujhse behtar tareeke se sambhal lenge, par unse bhi Saloni disappointed ho gayi.

'Aap bataiye kahan chalein?' maine hichkichate hue kaha.

'Jahan aap le chalo yaar, mera ho gaya in logon se,' unhone bahut thaki hui aawaz mein kaha.

Main mann hi mann soch raha tha ki kahan lekar jau, par itne bade sheher mein kahan le jata, mujhe samajh hi nahin aa raha tha. Hum kuch der yunhi ghumte rahe.

Mujhe bahut afsos ho raha tha ki meri jeb mein itne bhi paise nahin hain ki main Saloni ko kisi achhi jagah pe le chalu. Bahut lachaar jaisi feeling aa rahi thi. Hum dono ke beech ek awkwardness ho gayi thi, jismein na woh mujhse kuch keh pa rahi thi aur na main unse. Being the birthday girl woh ye expect kar rahi thi ki main unke liye kuch toh special karta ya pehle se plan karta kuch.

'Ek kaam karte hain, main ghar chali jaati hoon. Hum kab tak aise hi ghumte rahenge, na koi jagah hai jaane ki na kuch, issey better hai ghar chalte hain. Aap paas mein koi metro station pe rok do, main drop kar deti hoon aapko,' Saloni ne kaha.

Main andar hi andar ro raha tha ye sab sun kar. Maine Saloni ka birthday spoil kar diya. Kuch bhi special nahin kiya, kuch bhi nahin jisse woh apne birthday par special feel kar sakti, jisse mere saath unka pehla birthday yaad kar paati. Mere mann mein aaya ki main Saloni ko at least unke gifts toh du.

'Jaane se pehle maine aapke liye kuch cheezein li hain, aap dekhogi?' maine socha gifts dekh kar woh khush ho jayengi.

'Haan ji zaroor, kyun nahin?'

Maine peeche seat pe rakha sara samaan uthaya aur ek ek kar ke unhein dena shuru kiya aur kaha, 'Agar inme se koi bhi cheez aapko pasand na aaye toh woh wapas kar sakte hain, toh aap please bata dena.' Maine safe side ke liye unhein bata diya.

Saloni ko kuch cheezein pasand aayi, par kuch cheezein nahin. Unhein sunglasses achhe lage, watch achhi lagi, card bahut pasand aaya jisko dekh kar, padh kar woh bahut khush hui, unhone tareef kari mere efforts ki, mujhe pyaar jataya magar unhein bag aur heels pasand nahin aayi. Mujhe ek aur jhatka laga. Ab toh poora yakeen hi ho gaya ki literally maine Saloni ka birthday spoil kar diya.

'Ye sab aap ki pasand ka tha?' unhone phir se usi disappointment ke saath poochha.

'Sach kahoon toh maine Vanshu se help li thi. Main chahta tha ki aapke liye jo mujhse ban pade woh karoon, mere paas jo tha uska maine ye sab liya kyunki main literally koi kasar nahin chhodna chahta tha aapko khush karne mein, par aap toh dukhi hi ho gayi.' maine bahut hi bhaari mann se kaha.

'Arey nahin baba, baat dukhi hone ki nahin hai. I knew it ki ye aap ki pasand nahin ho sakti, isliye maine doubtfully poochha. Sach kahoon toh Vanshu aur meri pasand bahut alag hai. Usey cham cham pasand hai aur mujhe sophisticated and classy cheezein pasand hain. Par koi nahin, aap dukhi mat ho, hum isey exchange kara lenge. Don't worry about it.' Unhone apni pasand ke baare mein bataya.

'I'm really sorry jaan, maine aapka birthday spoil kar diya. Maine kuch bhi special nahin kiya aapke liye. I so wished mere paas thode zyada paise hote toh main aapke liye special arrangements karta.' Main bhi bahut upset ho gaya.

'Sssshh, it's okay beta, aapke paas jo tha usme aapne mere liye bahut kuch kiya. Aapne apni hard earned money se mere liye jo jo kiya woh sab mere liye bahut special hai. Aur ye mat kaho ki aapne mere liye kuch nahin kiya. Aapne raat mein itne achhe songs gaaye mere liye, 12 baje itna sundar message bheja, itna sundar bouquet diya, aur ye gifts bhi toh aapke efforts hi hain na, so don't be upset.

Aap literally nahin jaante the meri pasand, isliye main aapse naraaz ho hi nahin sakti is baat pe. Main naraaz apne friends se thi aur sabse zyada Deepshikha ke wahan hone se.' Saloni ne baat sambhalne ki koshish kari.

'Mujhe sach mein nahin pata tha ki wahan pe ye sab hone wala hai. Maine toh ye cafe bhi pehli baar dekha hai. Haan meri galti zarur hai ki mujhe dhyaan rakhna chahiye tha ki aap ki birthday mein kaun aa raha hai aur kaun nahin, kahan ho rahi hai celebrate etc.,' maine apni galtiya maani.

'It's okay, baba, main aaj yahan aapke saath baithi hoon, mere liye yahi bahut special hai. Us party mein bhi aap hi the jiski wajah se main khush thi. So, you matter toh me, ye gifts ye materialistic cheezein nahin, jab tak aapka saath hai, mera birthday ek room mein bhi celebrate ho toh main khush hoon, issey zyada ki chahat nahin hai mujhe. Bas aapse ye expect kar rahi thi ki aap thoda dhyaan rakhte cheezon ka, main unki friend hone se pehle aap ki girlfriend hoon, aap ki jaan hoon, hoon na?' Saloni ne meri aankhon mein aankhein daal kar mujhe pyaar se samjhaya.

'I know, baby, aap ho meri jaan, bas main chuk gaya thoda,' maine pachhtave bhare jazbaaton ke saath kaha.

'And it's okay, aapke liye bhi ye first time tha. Aapko bhi idea nahin tha in sab cheezon ka, isliye main aapse naraaz nahin. Thank you for doing the best you could, you made me feel special by your presence, and by your cute gifts. I loved everything you gave toh me, watch, sunglass, winter cap aur baaki sab cheezein. Ye main humesha apne dil ke kareeb rakhungi. I love you so much, jaan.' Saloni ne ek pyaari si smile ke saath kaha.

Us shaam ghar laut te waqt mere mann mein kayi khayaal chal rahe the, meri nakamyabiyo ke, meri berozgaari ke ...

bada hi barbaad jaisa mehsus ho raha tha. Saath hi saath ye bhi ehsaas tha ki main akela nahin hoon, mere saath ab Saloni bhi hai. Unke liye kuch special na kar pana ki wajah se mujhe aisa mehsus ho raha tha ki main akela suffer nahin kar raha tha, apne saath Saloni ko bhi suffer kara raha tha. Usi waqt maine ye thaan liya, ek din itna successful banunga ki apni Saloni ko kam se kam unke birthday ke din niraash na karoon. Kyunki har khushi pyaar mohabbat se nahin paayi ja sakti, kuch khushiyon ke liye jeb bhari honi chahiye aur ye baat wahi samajh sakta hai, jisko is cheez ki bahut value hai.

30
Iwritewhatyoufeel ka end?

Birthday ke incident ke baad Saloni aur mere beech kisi bhi tarah ki koi daraar nahin aayi par uska mujhe darr zarur tha. Mujhe laga tha ki Saloni shayad mujhe judge kar lengi ki main itna stable nahin hoon. Unhein mere saath nahin rehna chahiye, unka future barbaad ho jayega, etc. Par main khush tha ki mere lowest phase mein bhi unhone mujhe support kiya, jo bahut mushkil se dekhne ko milta hai aaj ke zamane mein.

In fact, job chhutne ke baad jab mere paas paise khatm ho gaye aur kamane ka zariya bhi nahin reh gaya tha tab Saloni ne mujhe financially support kiya, aur main iske liye unka aaj bhi shukrguzaar hoon. Saloni jab jab ye dekhti thi ki mere wallet mein paise nahin hain, tab tab woh mere wallet mein chupke se kabhi ₹500 ka toh kabhi ₹2000 ka note rakh deti thi. Main ye dekh kar bas theher jata tha, speechless ho jata tha, mujhe samajh hi nahin aata tha ki main kaise express karoon apne gratitude ko.

Mujhe bura lagta tha Saloni se paise lena toh main aksar unhein kehta tha, 'Beta, aap nahin rakha karo na paise, mujhe nahin achha lagta.'

'Achha? Mera haq nahin hai aap par koi? Mera itna bhi haq nahin hai ki main aapko thoda support kar saku? Arey mera bas chale toh main duniya ki khushiyan tumhare kadmo mein rakh du, ye chand paise kya hain tumhare aagey. Mujhe pata hai tumhein bhi zarurat rehti hai, tum bhi abhi earn nahin kar rahe ho, toh meri zimmedari hai tumhari har zaroorat ko samjhu aur usey poori karoon. So, please mujhe mat roka karo aap! Main haq samajh ke karti hu apna,' unhone bahut strongly ye baat kahi.

In baaton ka mere paas aksar koi jawaab nahin hota tha, par main apne mann mein humesha ye sochta tha ki main Saloni ke liye itna karoon ki unke paas kabhi kisi cheez ki kami na rahe. Aur main usi maksad par bas kaam kiye ja raha tha.

Hum dono ke birthdays guzar jaane ke baad ab hum bahut practical ho gaye the. Bas ye sochte the ki kaise hum chaar paise kama sakte hain, kahan main job kar sakta hoon, kaise main aagey badh sakta hoon apni life mein, bas yahi discuss karte rehte the. Kabhi woh mujhe koi job profile bhejti toh kabhi main khud kahin interview ke liye jaata. Main Gurgaon mein poore din bas jobs se related kaam hi karta rehta tha.

Is beech mere bhai bhi mujhe kaafi samjhate the ki, kin baaton ka dhyaan mujhe rakhna chahiye interview ke dauraan. Woh mujhe humesha kehte the ki, 'Kabhi bhi samne wale ko aisa mat feel karao ki tumhein doubt hai apni capabilities pe, unhein humesha dikhao ki tum kar sakte ho ye kaam, aur tumse behtar koi aur nahin kar sakta. Jab woh tumhare confidence ko dekhenge, tabhi woh tumhein us position ke liye kaabil samjhenge.'

Kuch failed attempts ke baad jab maine ye wali technique apnai, toh mujhe positive response milne lage. Aath-dus failed interviews ke baad mujhe finally ek company se offer letter aaya, par wahan pe na salary achhi thi, aur kaam bhi bilkul same tha jo main chhod ke aaya tha. Maine Saloni se kaafi discuss bhi kiya is job ko lekar, but hum dono ne yahi conclusion nikala ki isey side mein rakhte hain, aur tab tak kuch aur bhi dhundhte hain, in case koi baat nahin bani, toh at least humare paas ek option toh rahega.

'Anubhav, tum logon se sessions bhi lete the na?' Ek din Saloni ne call pe baat karte dauraan ye sawaal kiya.

'Haan ji, leta tha, but maine band kar diya tha kaafi time pehle,' maine unhein bataya.

'I think you should start it again. Ek source of income tha woh tumhara; thode hi sahi, par kuch toh kama lete the aap uske through. Main aapke post ke comments padhti hoon, log aapse baat karna chahte hain unki relationship problems ko lekar. Agar aapko bhagwaan ne ek talent diya hai, toh aap usko utilize karo. Ismein koi burai nahin hai.' Saloni ne insist kiya.

'But log mujhe judge karte the for expecting a fee in return for relationship advice isliye maine chhod diya, aur ab toh mera page bhi shadow ban ho gaya hai, isliye aur bhi mera mann nahin karta,' maine na karne ki wajah batayi.

'I don't think is mein kuch bhi galat hai, if you're good at something, never do it for free. Aap apne quotes ke through kitni free advice dete ho logon ko, agar aap koi fee charge karte ho for personal sessions, toh is mein kuch bura nahin hai, issey aap ki value hi badhegi. Logon ko jo muft mein mil jaye, uski kadar nahin hoti unhein, chahe woh koi gyaan ho ya samaan.' Unhone mujhe samjhaya ki main galat sochta hoon.

Us conversation ke baad maine is baat ki gehrai ko samjha ki haan is mein kuch bhi galat nahin hai aur apni 'Let's Talk' wali journey bhi dobara shuru kari. Mere

Instagram par lagbhag 64,000 followers the; kabhi DMs ke through, toh kabhi calls ke through main logon se baat karne laga. Chahe thode hi sahi, par at least main itna toh kamane laga ki mera Saloni ke paas aane jaane ka, raaste mein kuch snacks khaane peene ka kharcha nikal jata tha.

Ek din main aur Nimit bhaiya flat pe baithe baat kar rahe the aagey ke plan ke baare mein. Bhai kitchen mein veg pulao bana rahe the, tabhi unhone mujhe aawaz di aur kaha, 'Anu sun, tera Linkedin par account hai?'

'Nahin, woh toh koi professional social media platform hai na?'

'Haan, ussey bahut fayeda hota hai, jobs dhundne mein bhi aur job lagne mein bhi. Tu ek baar account bana le apna, aur teri jo bhi expertise aur interests hain, woh uspe post kar de, ho sakta hai koi aisa employer jise tere jaise bande ki need ho, woh panhuch jaye tujh tak.'

'Haan bhai, bana le, bahut sahi rehta hai uspe. Hum log bhi apne clients dhundhte hain uske through, it's very useful, ho sakta hai tujhe job mil jaye,' Nimit bhaiya ne bhi haami bharte hue kaha.

'Chalo theek hai, bana leta hoon.'

Maine zyada kuch socha nahin, aur uspe account create kar liya, aur jo bhi meri expertise ya skills thi, woh maine saari likh di, jis mein se ek relationship advice bhi thi. Maine apne page ke baare mein bhi mention kiya ki main kitne saal se likh raha hoon aur kitne followers hain mere, mujhe nahin pata is sab information ka Linkedin pe koi kaam hota ya nahin, par mere baare mein jo kuch tha yahi tha.

Un dino meri Saloni se mulaqaat bhi thodi kam ho gayi thi, kyunki main busy ho gaya tha, par humari baat har roz hoti thi. Baat karte karte hi sote the, aur ek dusre ki aawaz se hi uthte the. Jab bhi kabhi main job na lagne ki wajah se demotivated feel karta tha, Saloni mujhe humesha himmat deti thi ye bol ke ki, 'Guruji sab sambhal lenge, tum chinta mat karo, bas apne karm karte jao.' Aur main kabhi ye sunne ke baad behes nahin karta tha unse ki kab hoga ye woh, vishwaas mujhe bhi tha apne bhagwaan par, isliye mehnat karne se peeche nahin hat raha tha.

Ek din metro mein travel karte hue Saloni meri profile scroll kar rahi thi, toh unhone achanak mujhse poochha, 'Ek baat batao, aapke post pe likes bahut kam aate hain, jis hisaab se aapke followers hain, zyada aane chahiye, isn't it?'

'Maine aapko bataya toh tha, mera page shadowban ho gaya hai jiski wajah se mere post explore feed mein nahin jaate, aur mera content naye logon tak panhuchta hi nahin hai,' maine unhein shadowban ka matlab explain kiya.

'Agar ye page ab nahin chalta toh new bana lo, ho sakta hai woh issey bhi zyada achha chale; you never know, aap ek aisi jagah mehnat kiye ja rahe ho jahan se koi outcome nahin hai, toh ek aisi jagah karo mehnat jahan se outcome aane ki kuch ummeed ho,' Saloni ne bahut hi patey ki baat kahi.

'Beta kya baat kar rahi ho, teen saal ki mehnat hai, aise hi waste jaane du?'

'Mehnat toh phir se kar loge aap, Anubhav. My whole point is, jab yahan koi growth nahin hai, aur ye bhi pata hai ki shadowban hone ki wajah se hogi bhi nahin, so why waste time on this page?'

Saloni ki baat sun kar maine gehri saans li, unse nazrein hata kar neeche ki ore dekha aur sochne laga ki baat toh sahi keh rahi hain woh, meri mehnat ka koi fayeda toh ho hi nahin raha, shayad main ek naya page bana ke issey better kar saku. Mere mann mein aksar ye khayaal aata toh tha, par main humesha ignore kar deta tha ye soch kar ki maine mehnat se is mukaam tak panhuchaya hai apne page ko, apni mehnat waste nahin karni, par aaj aisa lag raha hai ki, ek koshish kar lete hain, kya pata kuch achha ho jaye.

Maine wapas unki ore dekha, woh abhi bhi mere reply ka wait kar rahi thi, maine haami bharte hue confidently kaha, 'Let's do this! Ek naya page banate hain, aur dobara shuru karte hain "Iwritewhatyoufeel".'

'I know it's a difficult decision for you, but I'm with you. Tum zaroor successful banoge, I trust you and I'll pray for you.' Saloni ne bhi poora bharosa dikhaya.

Maine smile karte hue unke maathe ko chuma, aur unhein tight se hug kiya. Maine unhi ke haatho se apna naya page banwaya, aur shubharambh kiya.

Halanki mere liye ye bahut mushkil faisla tha, par maine apni Saloni ki baat ko gehrai se samjha, aur practically decision liya, emotionally nahin socha. Mujhe samajh aa gaya tha ki mere liye yahi sahi hai. Maine apne page par bhi announce kiya ki ye page ab band hone wala hai. Ye sun kar mere kayi followers jo mujhe dil se follow kar rahe the, kaafi ghabra gaye aur mere is faisle ko change karne ki baat karne lage. Unhein itna concerned dekh kar mujhe achha laga, mujhe aisa response mila jise dekh kar main bahut zyada khush ho gaya. Maine Saloni ke saath ye experience bhi share kiya, woh bhi bahut khush hui.

Sone se pehle maine apne purane page par post kar diya – 'Follow me on my new account' aur phir main so gaya. Mujhe pata nahin tha ki kitne log follow karenge; ummeed toh bas 1000–2000 ki hi thi, kyunki itne hi likes aate the posts par.

31
Kya Oman hai meri manzil?

Agli subah aankh khulte hi maine mast angdai li aur sabse pehle apna phone dhundha, pillow ke neeche se usey uthaya aur washroom mein jaa kar baith gaya. Maine Instagram open kar ke jab number of followers check kiye toh yakeen hi nahin hua mujhe apni aankhon par. Mere hosh ud gaye ye dekh kar ki mere followers 9,000 se bhi zyada ho gaye the!

Main jaldi se bahar aaya aur Saloni ko call kar ke bataya ki mere 9,000 followers ho gaye, jiski mujhe bilkul ummeed nahin thi. Woh bhi bahut khush hui, aur mujhe congratulate karte hue boli, 'I knew it! Bhai tumhare followers tumhein chahte hain, tumse pyaar karte hain, tumhare content se pyaar karte hain, aur woh tumhein zaroor support karenge, mujhe yakeen hai.'

'I'm so happy right now. Chalo achha hai, now I'll be motivated toh work on my new page,' maine bhi satisfaction ke saath kaha.

'All the best, khub aagey jaaaoooo ...' Saloni ne funny si aawaz mein kaha.

Chhoti chhoti khushiyan jab aap apne partner se share karte ho, aur woh aap ki khushiyon mein aap se bhi zyada khush hote hain, aapke achievements par aapko congratulate karte hain, aap ki feelings ko acknowledge karte hain, toh woh apne aap mein hi ek proud wali feeling hoti hai ki haan, I have the best person in the world.

Us din ke baad se maine apne page par 100 per cent work karna start kiya. New quotes likhne shuru kiye, new stories likhni shuru kari, aur is baar maine English ke saath saath Hindi content bhi likhna shuru kiya. Mujhe vishwaas tha ki mujhse Hindi audience bhi connect karegi, aur kahin na kahin, isse meri growth bhi achhi hogi.

Ek taraf main din raat kaam karta raha, quotes, stories post karta raha, aur dusri taraf jobs ke liye bhi try karta raha aur saath hi saath bhagwaan se bhi pray karta raha ek achhi job ke liye. Bas khayaal mein yahi rehta tha ki ek achhi job mil jayegi, toh Saloni aur meri kahaani muqammal ho jayegi, verna kahin ye mohabbat bhi adhuri na reh jaye. Kabhi kabhi darr lagta tha ye soch kar, phir khud ko samjhata tha, bas yahi silsila chal raha tha meri zindagi mein.

Maine Linkedin par profile toh banai hi thi, usey bhi main roz open kar ke dekhta tha ki koi response aaya hai ya nahin. Main jab bhi dekhta tha, humesha niraash ho kar band kar deta tha. Aadha December beet chuka tha, abhi tak kahin se koi response nahin aaya tha. Jab maine dekha ki Linkedin par koi message nahin aaya hai, toh main bas application band kar hi raha tha, itne mein ek notification aa gayi inbox mein.

Maine khush hote huye socha, chalo kuch toh hulchul hui is par. Maine curiosity ke saath open kiya toh dekha kisi Farhan naam ke ladke ne ek message bheja hua tha.

'Hi Anubhav! I checked out your work on Instagram, impressed by your creativity. I have an opportunity for you

in our company, kindly share your contact number with me, I'll connect with you.'

Mujhe woh message padh ke bahut positive feel hua, aisa laga jaise ek ummeed ne dastak di hai. Maine turant unke saath apna number share kar diya aur wait karne laga unki call ka. Kyunki unka message 2 minutes pehle hi aaya tha toh mujhe ummeed thi ki call par baat bhi ho hi jayegi.

Main bas itna soch hi raha tha ki ek unknown number se Whatsapp par call aa gayi. Number India se bahar ka tha, +968 se start ho raha tha. Mujhe doubt hua ki kahi koi fraud call toh nahin hai, itne international scams hote rehte hain, kahin koi gadbad na ho jaye. Maine call katne ka wait kiya, kyunki main pehle confirm karna chahta tha ki main sahi insaan se toh baat kar raha hoon na.

Us din main ghar par akela tha. Bhai aur unke friend dono office gaye hue the, toh main kisi ke saath kuch share bhi nahin kar paya. Mujhe akele hi handle karni thi ye situation. Inhi khayaalo ke beech usi number se Whatsapp par message aaya,

Hi, this is Farhan Safi, let me know when you're free?

Mujhe ye dekh kar thodi tasalli hui ki chalo koi fraud call nahin hai. Maine unhein turant call back kiya. Unse kareeb 15-20 minutes tak baat chali, jismein unhone mujhse mere baare mein poochha aur mostly mujhse mere relationship problem handling skills ke baare mein jaanne ki koshish kari. Woh mujhe situations dete rahe aur poochte rahe ki is situation mein main kya advise dunga. Mujhe thodi confusion hui ki woh aise sawaal kyun puch rahe hain, but baad mein jab unhone company aur job profile ko introduce kiya tab mujhe samajh aaya ki woh basically mere skills ko parakhne ki koshish kar rahe the, skills jaise ki 'problem handling', 'building relationship with client' aur 'advising clients' jo unke liye best ho investment ke liye.

Baatein mostly advice ki ho rahi thi, aur jo bhi sawaal woh mujhse puch rahe the, main bahut hi confidently jawaab dene ki koshish kar raha tha. Aagey badhte hue unhone mujhe apni company Square Yards ke baare mein bataya aur saath hi saath position bhi batayi, jo ki Business Development Associate ki thi. Phir us conversation mein ek modh aaya:

'So, Anubhav, the salary will be 400 Riyal and your location of work will be Muscat, Oman. Everything will be sponsored – aapka one time aane jaane ka ticket aur visa ka expense, it will be on us. So, aapka kya kehna hai? Do you want toh join us here?'

Main poori tarah shocked ho gaya tha ye sab sun kar, salary aur location dono hi. Sabse pehle toh maine salary calculate kari INR mein convert kar ke, aur jo figure mere samne tha usne mere hosh uda diye the. It was somewhere around ₹75,000. Meri last salary se four times zyada, thoda bahut bhi nahin, four TIMES. Main ek taraf excited bhi tha aur dusri taraf nervous bhi, main zyada kuch nahin janta tha job profile ke baare mein, aur company ka bhi naam pehli baar suna tha, isliye maine direct haan na bolte hue ye kaha, 'Sir, I really appreciate your offer but I need some time toh make a decision on it.'

'Sure, take your time and let me know within a week, as we're finalizing the list of the people who will be joining us here,' unhone reply kiya.

Itna bolte hi woh call kat gayi. Main sar pakad ke baith gaya ki ye sab kya hua mere saath? Is this for real? Koi mazaak toh nahin kar raha hai? Koi prank toh nahin hai, ya koi scam. Kuch samajh mein nahin aa raha tha mujhe. Aisa lag raha tha jaise achanak upar wale ki meher barsi hai mere upar. Guruji ne toh jackpot laga diya mera. Seedha itni badi job woh bhi abroad!

Sabse pehle maine Saloni ko call kar ke bataya.

'Whatt?! Are you serious? Tumhari job Oman mein lagi hai? And salary kya batayi? Seventy-five thousand? Mazaak toh nahin kar rahe ho?' Unke hosh hi ud gaye ye news sun kar.

'Nahin baby, just abhi baat hui hai meri Oman office ke manager se. Baaki I will research thoroughly about this company and all, but filhaal this is what it is. Maine unhein bola hai mujhe time chahiye decide karne ka, so main unhein bataunga agle ek hafte ke andar sabse discuss kar ke,' maine unhein samjhaya.

'Toh karo discuss, wait kiska kar rahe ho? Abhi tak call nahin ki kisi ko?' Woh bhi pressure banane lagi.

'Maine unka phone rakhte hi sabse pehle aapko bataya.'

'Aww, thank youu! Chalo ab sabko phone kar ke batao.'

Mere shareer mein ek current sa daud raha tha, mujhe samajh mein nahin aa raha tha ki ye wakayi mein real hai ya nahin. Main process hi kar raha tha abhi tak ye sab. Phir maine decide kiya ki iske baare mein bhai se discuss karoon. Unka office chal raha tha toh maine unhein text drop kar diya ki free ho kar mujhe inform kar dein ek baar.

Jab tak unki call nahin aa rahi thi, tab tak main country ke baare mein research karne laga internet par. YouTube par bhi wahan ki kayi saari videos thi. Maine jitna padha aur dekha, ussey toh mujhe yahi conclusion mila ki country achhi hai, safe bhi hai, aur India se zyada door bhi nahin hai. Bas 3-3.5 hours ki direct flight hai Delhi toh Muscat.

Mere mann mein bas ek hi sawaal tha ki kya baaki sab is news se okay honge? Mujhe out of country bhejne ke liye?

Ye doubt clear karne ke liye maine sabse pehle Papa ko call kiya. Shuru mein thode haal chaal liye, phir maine unse share kiya.

'Mujhe ek offer aaya hai Muscat, Oman se. Ek job hai real estate company mein, jiske office kaafi countries mein hain. Wahan par mujhe offer kari hai unhone ek job, 400 Riyals salary hai, jo ki India ke hisaab se ₹75,000 ho gaye,' maine poora explain kiya unhein.

Mere papa itne expressive nahin hain. Jab baat real emotions ki aati hai aur ek insaan zyada expressive nahin hota hai toh woh kaise express karta hai itni badi khushi ye manzar bhi dekhne layak tha.

'Arey kaise? Kab lag gayi? Muscat mein job? Kya baat kar raha hai?'

Woh aadhe shocked ho rahe the aur aadhe khush, unhein samajh hi nahin aa raha tha ki woh kya bolein, kya karein.

'Arey suno, Usha? Ye dekho Anu ka phone aaya hai, suno woh kya keh raha hai, pakdo phone.'

Maine literally papa ke bhaagne ki aawaz suni darwaaze ki ore, kyunki mummy in dino dhoop lene ke liye ghar ke bahar baithti thi. Papa diabetic patient hain, aur saath hi saath uric acid hone ki wajah se unke pair bhi kamzor hain. Ye sab kuch jante hue bhi unme najaane kaha se himmat aayi bhaagne ki, aur woh bhaag kar mummy tak panhuche aur unhein aawaz de kar ghar mein bulaya.

Mummy bhi hadbada kar uth kar aayi ghabrayi hui ki aakhir kya baat ho gayi, kya bawaal ho gaya jo itna bhaag daud macha rahe hain papa. Unhone papa ke haath se phone liya aur mujhse baat ki.

'Hello? Kya ho gaya? Beta sab theek toh hai na?' Mummy ne ghabra kar poochha.

'Arey bhai, aap dono pehle shaant ho jao, koi buri khabar nahin hai jo ghabra rahe ho. Achhi khabar hai, ye papa bhi na, dara diya aapko bematlab mein,' maine mummy ko shaant karte hue kaha.

'Achha, phir bata kya achhi khabar hai?' Mummy ki saansein abhi bhi chadi hui thi.

'Mujhe ek job offer aaya hai Oman se. Oman ek country hai Dubai ke paas. Wahan pe ek Indian real estate company hai us mein job ke liye offer aaya hai, aur salary bol rahe hain India ke hisaab se ₹75,000. Abhi maine haan nahin bola hai, kyunki sabse discuss kar ke hi bolunga,' maine unhein bataya.

'Arey waah, bahut bahut mubaarak ho beta aapko. Bahut badhiya khabar sunai hai tumne, dekh lo achhe se sab kuch kya job hai, kaisi hai, phir uske baad bol dena haan unhein.' Mummy ne toh apni taraf se green signal de diya.

'Haan, abhi bhai se aur discuss kar lu, phir haan bolunga,' maine unhein bola.

Mummy se baat karne ke dauraan mere paas bhai ki bhi call aane lagi, toh maine mummy ki call rakh kar unki uthai aur sab kuch unhein bataya.

'Bahut badhiya, chhote! Kaun si company hai, kahan ki hai, woh sab dekh liya tune? Mere saath share kar details, main bhi ek baar check kar leta hoon.' Bhai bhi bahut khush ho gaya.

'Haan, maine thoda bahut dekha hai, baaki aap dekhlo,' maine kaha.

Maine unke saath saari details share kari, aur share karne ke baad maine call rakh di. Mere mann mein bahut si ummeedein jaagne lagi, main bahut se sapne dekhne laga ... abroad jaane ka sapna, paisa kamaane ka sapna, aur is sab ke upar Saloni se shaadi karne ka sapna. Agar main achhi job karoonga toh zaahir si baat hai Saloni ko unke parents ke samne rakhne ke liye point mil jayega aur woh asaani se maan bhi jayenge.

Main mann hi mann bahut khush hone laga tha ye sab soch kar. Bahut positive feel ho raha tha ki finally meri Guruji ne sun li, unhone mujhe ek zariya de diya apne sapne poora karne ka. Ek aisa zariya jo maine kabhi sapne mein bhi nahin socha tha. Aaj yakeen hua bhagwaan ke ghar mein der hai par andher nahin. Unhone mere liye toh master plan banaya hua hai yaar, aur main kaha ye soch raha tha ki mera ab kuch nahin ho sakta. Is opportunity ke aane ke baad ek vision dikh raha hai ki main bhi ab apne sapne pure kar sakunga.

Aisa lag raha tha jaise kisi ne injection mein khushiyan bhar kar meri zindagi mein inject kar di hain aur chaaro ore khushiyan hi khushiyan hain. Lekin, sirf khushiyan hi hain kya? Maine khud se sawaal kiya. Ab tak main ye soch soch kar bahut khush ho raha tha ki meri job lag gayi, main abroad jaunga, paise kamaunga, magar jab mujhe ye reality hit kari ki Saloni se main kitna door ho jaunga, tab mere paseene chhut gaye.

Saloni aur mere beech kitni dooriyan aa jayengi. Main kitna miss karoonga unhein, mil nahin paunga, chhu nahin paunga, unke kareeb ja nahin paunga, bas door baithe hue text aur call pe baat kar sakunga. Woh bhi har waqt nahin, sirf raat mein jab free hounga. Kaise katenge woh din? Ab tak jo khushi se uchhal raha tha main, ab achanak udaas hone laga mann. Ye toh mere dil ka haal tha, Saloni ke dil ka haal toh issey bhi badtar ho gaya tha.

Ab unke dil ka haal kya hai ye jaanne ke liye jab maine unhein call kari, toh dekha woh sirf udaas hi nahin thi, woh toh zor zor se ro rahi thi khud ko kamre mein band karke.

'I don't know, main bahut khush hoon ki aap settle hone ja rahe ho. Kitni achhi job lagi hai aap ki, kitni achhi opportunity mili hai aapko, lekin dil bahut bhaari ho raha hai mera ye soch soch kar ki aap mujhse bahut door ho jaoge. Main jab chahoon aap se mil nahin paungi, meri ek aawaz pe aap mere paas hote the, phir nahin hua karoge. Bahut akeli ho jaungi main yahan.' Woh sisak sisak ke ro rahi thi aur keh rahi thi.

'Mujhe bhi yahi ehsaas hua ki ye job mujhe aapse door le jayegi, Saloni. Magar main ye nahin sochna chahta kyunki ye opportunity hum dono ko ek kar degi aane wale kuch saalon mein. Ye baat aap bhi jaanti ho ki humare liye stability bahut zaroori hai. Ye job mujhe stable hone mein help karegi. Aur waise bhi aisa nahin hai ki main aapse bahut zyada door chala jaunga, Delhi se Muscat hardly 3 ghante ki flight hai. Agar kabhi bhi aisa hota hai ki aapko meri ya mujhe aapki bahut zaroorat hai toh main aa jaunga wahan se, koi bahut mushkil thodi hai, beta,' maine unhein achhe se samjhaya.

'Mujhe nahin pata, bahut mushkil hai mere liye ye sab, main process nahin kar pa rahi hoon abhi bhi, I need time toh accept this.' Saloni ne waqt maanga is sab ko accept karne ke liye.

'Achha, filhaal aap ye sab mat sochiye, waise bhi kaun sa abhi turant kahin jaana hoga. Mere paas toh passport bhi nahin hai, ye sab process hone mein bahut time lagega, beta, tab tak hum dono ek dusre ke saath bahut achhe pal bitayenge, ghumenge, firenge aur khub enjoy karenge, aagey ke baare mein baad mein sochenge,' maine unhein positive side dikhayi.

'Aap mujhe wahan ja kar bhool toh nahin jaogey na?' Saloni ne bahut hi masoomiyat se poochha.

'Tumhein yaad karne se fursat milegi tabhi bhulunga na,' maine hanste hanste chhedte hue kaha.

'Shutupppp! Main tumhein bhulne hi nahin dungi, betaal ki tarah tumhare kandhe pe chadh ke baithi rahungi.' Saloni ne thoda mood light karne ki koshish kari.

'Haha, that's what I always want. Mera saya bann ke chalti raho, bhulne ki naubat hi nahin aayegi,' maine bhi shayraane andaaz mein kaha.

Woh saaye wali baat bol kar maine mann hi mann socha ki saya bhi andheron mein saath chhod deta hai. Kahin aisa na ho jaye ki jaise hi meri zindagi mein andhera aaye, Saloni bhi mera saath chhod dein. Par phir maine ye bhi socha ki jo insaan mere se door jaane ke darr mein aaj itna ro raha hai, woh insaan mera saath kaise chhod dega. Kya ye mumkin hai?

32
Taiyyariyon ka aarambh

2018 khatm hote hote humne ek shubh kaam aur kiya. Woh le aaye jis cheez ki humare ghar mein kayi saalon se kami thi. Woh kami sabne mil kar poori kari aur 31 December, saal ke aakhri din ghar mein pehli nayi car aayi – Baleno. Kuch din ki research ke baad humein sabse achhi deal Rudrapur se mili, Nexa Blue colour ki Baleno car. Usey showroom se lene mummy, bhai aur main gaye the, woh din meri poori family ke liye bahut bada din tha, kyunki last car ko 2012 mein bechne ke baad koi car nahin thi humare paas.

8 saal bagair car ke kaise waqt guzara tha humne ye bas hum hi samajh sakte the. Doston ki car chala ke shauq aur zarooratein poori karte the, ab apni car mein baith kar ek alag hi proud wali feeling aa rahi thi. Ek middle class family ke liye apni khud ki car khareedna bhi sapna hota hai. Aaj jaa kar woh sapna poora hua tha aur iska jashn pure parivaar ne mil kar manaya. Saloni ke saath bhi maine apni khushiyan share kari aur woh bhi bahut khush hui meri family ki is achievement se.

Sabki razamandi se maine Oman ki job ke liye haan bol diya. Sabne bahut support kiya mujhe is decision mein. Saloni ne bhi dil pe patthar rakh kar haan kaha, ghar parivaar ke sabhi logon ne iske liye haan kaha, kyunki unhein bhi ummeed thi ki is opportunity ke zariye main khud ko career mein ek bahut unchi udaan de sakunga aur ghar ke financial conditions ko theek karne mein help bhi karoonga.

Jab job ka final ho hi gaya tha toh mujhe uski tayyari karne ke liye wapas Rampur lautna pada. Rampur lautne ke faisle se bhi Saloni thodi upset ho gayi thi. Shuru ke kuch din toh unhone is cheez ko bakhubi samjha ki mujhe passport apply karna hai, aur bhi kaafi kaam karne hain jo Rampur ya aas paas se ho sakte the isliye mera wahan hona zaroori tha, par unko ummeed thi ki main zyadatar samay Delhi mein rahoon aur unse milta rahu.

Saloni apni jagah par galat nahin thi, unhein bhi zaroorat thi meri aur mere waqt ki, jo main wahan ja kar unhein itna achhe se nahin de paunga, magar mere ghar se bhi yahi expectations aa rahi thi ki main zyadatar samay apne ghar par du, kyunki iske baad main bahut door chala jaunga. Is kashmkash ne mujhe is kadar uljhaya ki main samajh hi nahin pata tha ki main kisko samjhoon aur kisko nahin.

Is sab ke chalte jo humara pyaara sa, khoobsoorat sa rishta tha usmein chhoti chhoti dararein aani shuru ho gayi. Jab jab main Saloni ko apne parivaar ke neeche rakhta tha, woh bahut naraaz ho jaati thi aur unki naraazgi mein humare jhagde hone lagte the, aur jab jab main Saloni ko upar rakhta tha tab tab mujhe apne parents ke taane sunne ko milte ki, 'Tu toh humein bhul hi gaya, tujhe toh ab humari fikar hi nahin hai.'

Aise mein samajh pana behad mushkil hota hai ki aap kiski suno aur kiski nahin, aur mujh mein ye skill nahin tha ki dono ke beech mein balance kaise banaya jaye, kaise dono logon ko apni apni jagah khush rakha jaye. Bahut mushkil hoti ja rahi thi cheezein mere liye. In sab baaton mein Saloni aur mere beech mein dooriyan aane lagi.

Ek taraf Maa ka chehra dikhta tha jo udaas ho jaya karta tha, dusri taraf us pyaar ka chehra jisko paane ke liye ye sab kuch kar raha tha main. Kitni baar maine aise bhi plans banaye ki Saloni ko bagair pata chale subah 7 baje ki bus mein baith kar Delhi ke liye nikal gaya aur unhein surprise diya, time spend kiya aur shaam ki bus pakad ke raat mein ghar aa jata tha. Is tarah ke efforts jab Saloni mere dekhti thi toh unki shikayatein khatm hone lagi.

'Aap aisa nahin kiya karo ki sirf mujhse milne ke liye sardiyon ki subah ko mere paas aao woh bhi bus se hawa khate hue aur wapas raat mein phir chale jao. Aise toh aap bimaar pad jaoge, beta, main itni bhaag daud nahin karwana chahti aapse,' Saloni ne chinta karte hue kaha.

'Arey koi nahin, beta, mera milne ka mann bahut kar raha tha aapse isliye main aaya, aur rukne ka scene bana nahin paya isliye wapas aa gaya,' maine kaha.

'Still, Anubhav. It's very risky. Aap beshaq ek raat ruk jao kahin, par same day mat lauta karo,' unhone zor diya.

Unhein mera is tarah up down kar ke milna kabhi pasand nahin aata tha isliye main jab bhi jata tha koshish karta tha ki ek raat kahin ruk kar wapas lautu. Kabhi Ritabh ke paas Noida mein ruk jaata tha toh kabhi Bhai ke paas Gurgaon mein. Is tarah Saloni ko bhi ek tasalli rehti thi ki mere liye zyada mushkil nahin ho rahi hain.

Jis insaan se main jab chahta tha tab mil liya karta tha, har roz milne laga tha main, ab usse mile bagair hafte beetne lage the. Maine bhi unse ek promise kiya tha ki jab tak main yahan hoon, main zyada se zyada time dunga aapko, aur usi promise ko fulfil karne ke chakkar mein ye bhaag daud hoti thi.

Is bhaag daud mein Saloni ko jab bhi ye dikhta tha ki mera wallet khaali ho gaya hai, woh humesha ki tarah kuch na kuch paise rakh diya karti thi. Halanki mujhe unka is tarah paise rakhna kabhi pasand nahin aaya, magar ek baat thi, issey saaf zaahir hota tha ki humara relationship sirf girlfriend-boyfriend tak seemit nahin hai, woh mujhe bilkul apne husband ki tarah treat karti thi, jismein bharpoor respect thi, pyaar tha, care thi aur support tha mere liye.

Maine passport apply kar diya tha aur usey aane mein kam se kam chalees din lagne the. Tab tak aagey ki koi bhi process nahin ho sakti thi, isliye sab logon ko bas ab intezaar mere passport ka tha. Oman ke logon se bhi main touch mein tha aur unhein sab updates de raha tha. Main bahut zyada excited tha is nayi shuruaat ke liye, maine bahut sapne dekh liye the is job se jude, bahut se khwaab dekh liye jis mein kabhi main wahan se surprise dene aa raha hoon Saloni ko aur baaki sab ko, toh kabhi wahan baitha hua miss kar raha hoon, ye sab mere dimaag mein har waqt chalta rehta tha.

Main har pal bas yahi sochta tha ki mere Guruji ne meri kismat ko kis kadar moda hai, jis insaan ne kabhi sapne mein bhi nahin socha tha ki woh job karne India se bahar jayega, uski itni badhiya job laga di unhone. Main har pal apne Guruji ka shukrana karta tha itni behtar zindagi, itne behtar logon ke liye. Meri zindagi mein jo ho raha hai sab unhi ki wajah se ho raha hai, wahi ab naye raaste banayenge, aur wahi ab mujhe meri manzil tak bhi panhuchayenge.

Chalees din ke intezaar ke baad finally ye din bhi aaya. Main papa ke saath andar room mein baitha hua tha aur unhein Facebook ke kisi feature ke baare mein bata raha tha. Mummy bahar baithi hui thi aas pados ki auntiyon ke saath aur baatein kar rahi thi. Tabhi ghar ki bell baji aur bahar se aawaz aayi,

'Agrawal Jiiiii...'

Ye aawaz humare postman ki thi jo humesha isi tone, aur accent mein aawaz dete the. Main fatafat uth kar bahar gaya aur unse poochha, 'Kiski post hai?'

'Ye Anubhav Agrawal ka passport hai,' unhone parcel ki taraf dekhte hue kaha.

'Main hi hoon, laiye,' maine badi khushi se unhein bataya aur unse parcel liya.

Idhar papa mere peeche peeche aa gaye the, aur jaise hi unhein pata chala ki passport hai, unhone postman ko ₹100 ka ek note de diya. Maine papa se poochha, 'Ye kis liye?'

'Beta jab postman kuch khushi ki khabar lata hai toh unhein ye de dena chahiye, ek chhota si tip,' Papa ne kaha.

'Achha, ye badhiya hai, chalo aajao aap andar, dekhte hain khol kar,' maine excited ho kar kaha.

Main ye bol kar andar jaane laga aur papa gate ke bahar jhaank kar mummy ko aawaz dene lage taaki sabke saath mein is khushiyon ke post ko khol sakein. Udhar mummy bhi jaldi jaldi aayi kyunki unhein bhi andaza ho gaya tha ki kuch achha aaya hai, tabhi papa unhein aawaz de kar is tarah bula rahe hain.

Hum teeno andar room mein baithe hue usey unwrap kar rahe the, mummy aur papa ki aankhon mein ek alag hi excitement tha, uski sabse badi wajah ye bhi thi ki ye passport humare ghar ka sabse pehla passport tha. Ab tak na koi India se bahar gaya tha aur na kisi ne passport banwaya tha. Pehle passport ke aane se is baat ka andaaza lagaya jaa sakta hai ki ye baat kitni badi thi poori family ke liye. Sab khamosh the, par sab ke mann mein hazaron khayal aa rahe the, kuch khushi ke the, toh kuch gham bhare; khushi is baat ki thi ki ye manzil tak panhuchne ka ek padav tha jo aaj poora ho gaya, aur gham is baat ka ki manzil pe panhuchne ke liye peeche bahut kuch chhod kar jana padega.

Maine waqt milte hi Saloni ke saath bhi share kiya, unke saath bhi wahi hua. Khushi bhi thi aur gham bhi. Phir maine unhein bhi sambhala aur waada kiya ke main jald aaunga unke paas, taaki hum khub time spend kar sakein, ghum fir sakein aur shopping kar sakein Oman ke liye.

Office mein bhi maine apni passport details share kar di thi, jiske baad unhone kuch medical tests ke liye kaha jiske baad woh visa ke liye apply karte.

In sab taiyyariyon mein maine bahut koshish kari ki main sabko achhe se time de saku, kyunki main kisi bhi afsos ke saath nahin jana chahta tha. Isliye main Rampur mein bhi time de raha tha, aur Delhi bhi aana jana laga hua tha mera.

Us din main Delhi hi aa raha tha apne test ke kaam se. Main ab tak Saloni ke saath sirf Delhi mein hi ghumta tha, kabhi kisi restaurant, toh kabhi kisi cafe, zyadatar dates humari cafes aur restaurants mein hi guzarti thi. Ab tak ek baar bhi hum Delhi ke bahar kahin nahin gaye, kyunki Saloni ke upar restrictions ki talvaar humesha latki rehti thi, aur is relationship se bhi sab anjaan the, toh woh sab manage kar pana bhi bada mushkil ho jata tha, magar mera mann manta hi nahin tha.

'Saloni, kahin chalte hain na bahar, aise time manage karenge ki shaam dhalne se pehle ghar bhi aa jayein. You know I crave for this, kahin long drive par jana aapke saath, aapka itna sara time milna, subah se shaam tak ka saath milna, ye sab karne ko mera dil bahut tadpata hai,' maine unse ek haan ki ummeed karte hue kaha.

'Aapko kya lagta hai, main nahin crave karti? Even I crave for it, par aap jante ho na, agar kisi ko pata chala toh main sambhal nahin paungi cheezein, shaq bhi ho gaya toh main bahut phans jaungi,' Saloni ne apni majboori batayi.

'Main humesha samajh leta tha ye sab baatein jab bhi aap kehti thi, par aaj mera bahut mann hai, aap jaanti hain main kuch time mein chala jaunga Oman, phir pata nahin kab mauka mile.'

Saloni bahut badi duvidha mein phans gayi, kyunki na woh mujhe naraaz kar sakti thi aur na hi apne ghar mein kisi ko pata chalne de sakti thi, isliye kuch der sochne ke baad unhone ek plan banaya.

'Ek kaam karte hain, main apne clinic mein bolti hoon ki mujhe ek emergency ki wajah se ghar jana hai, aur hum phir chalte hain Murthal. Apni drive bhi ho jayegi aur saath mein lunch bhi kar lenge.'

'DONE!' maine bahut khushi se kaha.

Maine apna test ka plan change kar ke agle din ka appointment liya aur ghar pe bhi bol diya ki main kal tak wapas aaunga. Iske baad main excited ho kar drive karta hua Saloni ke clinic ke bahar panhucha jahan unki internship chal rahi thi. Saloni abhi andar hi thi, main bahar wait karne laga. Unhein aane mein kuch der thi, toh maine socha ki is road ke end mein ek bouquet wala hai, ussey main ek pyara sa gulaab le leta hoon, Saloni ko bahut achha lagega.

Main U-turn le kar wahan panhucha aur phool wale bhaiya se ek gulaab ka phool lekar wapas aa gaya aur wahin wait karne laga. Itni der mein Saloni bhi aa gayi apni friends ke saath aur unhein bye bye bol kar car mein jaldi se aa kar baith gayi.

'Gulaab si ho tum, paas aate hi mehek uthti hai zindagi meri,' maine ye kehte hue Saloni ke aaagey gulaab kiya.

Unke cheeks red ho gaye aur unhone mujhe ek pyara sa hug kiya aur kaha.

'I love you, mere shayar.'

Phir hum nikal gaye apne safar par. Badhiya gungunate hue, meethi meethi baatein karte hue, ek dusre ko chhedte pyaar karte hue, hum kareeb 1 baje tak Murthal panhuch gaye aur wahan humne Garam Dharam Dhaba pe khana khaya. Wahan ke lazeez khane ka anand lete hue hum dono nikalne ki taiyyari karne lage.

Jaate samay automatically ek playlist chal rahi thi jismein sab fun wale songs the, jispe hum dono badhiya vibe karte hue aaye, par jab hum laut rahe the, toh achanak kuch aise songs play hue, jisne hum dono ke mood ko kaafi badal diya.

Ek song play hua, *'Raaz Aankhein Teri'* jo Saloni ne suna nahin tha, par woh song maine suna tha aur jab main woh song gaa raha tha lyrics ke saath toh Saloni gaate hue mujhe dekh rahi thi. Har lafz par Saloni gaur farma rahi thi aur dekhte hi dekhte unki aankhein namm ho gayi. Jab maine unki taraf dekha toh woh aur bhi zyada emotional ho gayi. Main car chala raha tha, maine dheere se car road ke side mein lagayi, aur unke chehre ko dono haathon se thaam kar maine unse poochha, 'Kya ho gaya, beta?'

'I will miss you a lot,' unhone aankhon mein ashq liye kaha.

Ye sun kar mere aansu meri aankho tak panhuch hi gaye the par maine apne aansuon ko behne se roka, kyunki main nahin chahta tha is situation mein woh mujhe sambhale jab ki mujhe unhein sambhalna tha.

'Beta, main aapke paas hi hoon, aur aapke paas hi rahunga. Ye dooriyan kab khatm ho jayengi pata bhi nahin chalega, bas kuch waqt ki baat hai. I know you're very strong!' maine unhein samjhaya.

'Main duniya ke liye strong hoon, par aapke samne kamzor pad jaati hoon,' unhone gham se bhari hui aawaz mein kaha.

'Main banunga na aap ki himmat, aap ki taaqat,' maine unhein himmat di.

Ye sun kar jo rona unhone roka hua tha, woh achanak se nikal gaya aur unhone aagey badhkar mujhe apne seene se lagaya aur zor se kaha, 'I love you so much.'

Us ek hug ne mujhe bahut himmat di, aagey badhne ki aur kamyaab hone ki. Phir maine unhein ye kehte hue bharosa dilaya, 'Mujhe nahin pata jis maqsad se ja raha hoon main, woh maqsad poora hoga ya nahin. Main bas ye kehna chahta hoon aapse, ye bharosa dilana chahta hoon aapko ki main chahe samandar ke us paar rahoon ya is paar, main rahunga aapka, mera dil dhadkega sirf aapke liye, meri har saans guzregi aapko chhute hue. Yakeen manna, mere liye bhi utna hi mushkil hai jitna aapke liye, bas, maine khud ko roka hua hai, taaki aap majboot raho.

'Main ye ummeed lekar ja raha hoon ki aapki har khwahish poori karoonga, bas aap intezaar karna mera. Aap hi meri himmat hogi wahan door baithe hue, aapke chehre ko dekh kar har din ki shuruaat karoonga, aap bhi apni har dua mein mujhe yaad rakhna, aur dua karna ki hum saath zaroor ho ek din, ye mushkilein usi modh par aakar khatm ho, jis modh par mujhe tum milo. Tum mera intezaar karti hui, aur main tumhara. Karogi na?' maine bahut ummeed se poochha.

'Beshaq karoongi,' unhone ye kehte hi gale laga liya mujhe.

33
Judaiyaan

Us din hum dono ko ek ehsaas ho chuka tha ki ab judai ka samay kareeb aa raha hai, bhale hi ek maqsad ke liye hi sahi par ek dusre se juda hone ja rahe the hum, na jaane phir kab milenge, kab dobara ek dusre ko chhu payenge, kab ek dusre ki aankhon mein aankhein daal kar ek dusre ke liye jo pyaar panap raha hai usey dekh payenge, ek dusre ke hontho ko chum payenge, gale laga kar ro payenge, na jaane phir kab muskurahat dikhegi ek dusre ke chehre par.

Woh jo aakhri ka waqt main Saloni ke saath guzaar raha tha, mujhe pata tha ye bahut aham waqt hai, ye laut ke nahin ayega. Maine suna tha is tarah ki jobs mein ghar wapas lautna bahut mushkil ho jata hai, isliye is baat ka dukh liye main Saloni ke saath har din guzaar raha tha, koshish karta tha ki unke chehre ki muskaan barkarar rahe, koshish karta tha ki main unka hausa na tootne du.

31 March ki shaam thi, main Rampur mein tha, apne ek friend Siddhant ke saath momos khaane aaya hua tha, itne mein mere phone par ek notification aayi. Maine pocket se nikaal ke dekha toh ek email aaya tha Square Yards ke ek employee ka. Maine fatafat woh email khola toh dekha usmein mere Oman jaane ka waqt likha tha, jo ki tha 12 April shaam 7.30 baje. Ye samay meri flight ka tha.

Jis cheez ka itne mahine se wait kar raha tha main, aaj woh cheez mere samne thi, kam se kam itna toh pata chal hi gaya ki samne kab aayegi. Main turant thoda side mein aaya aur seedhe Saloni ko call kiya. Unhone pick nahin kiya kyunki woh apni family ke saath baithi thi, phir maine wait kiya ki woh thoda free ho kar mujhe call kar lein.

Itne mein maine Siddhant se ghar chalne ke liye kaha, ghar panhuch kar maine papa aur mummy dono ke saath share kiya. Mummy thoda emotional ho gayi, aur papa ne gehri lambi saans li. Unke chehre par saaf dikhayi de raha tha ki woh kitna hold kar rahe hain apne aap ko. Maa toh aksar apne emotions dikha deti hain aansu baha kar, zaahir kar ke apni feelings, par papa, woh kabhi apne emotions nahin dikhate, woh chhupate hain and woh clearly dikhta hai unke chehre par.

Jab kaafi der tak Saloni ki koi call nahin aayi, toh maine unhein woh email forward kar diya. Phir dheere dheere baaki ke family members ko bataya gaya phone kar ke ki main 12 April ko ja raha hoon. Sab logo ne apne apne hisse ki khushiyan zaahir kari aur blessings di future ke liye.

Raat hote hi sab bed par chale gaye aur main bhi apne bed par let gaya. Bas thodi hi der hui thi phone use kiye hue ki samne se Saloni ki call aa gayi,

'Anubhav, le jao yaar yahan se mujhe, mera bahut mann kharab hota hai ab yahan,' unhone rote rote kaha.

Maine apni baat ko side mein rakh kar unke baare mein poochha kyunki is waqt woh zyada zaroori tha, 'Kya hua, beta? Phir koi jhagda hua mummy papa ke saath?'

'Mera jhagda nahin hua, par main thak jaati hoon in logon ke beech sab sort karane ke chakkar mein, bahut suffocating ho jata hai yaar kabhi kabhi,' unhone pareshaan ho kar kaha.

Saloni ke ghar ka mahaul kabhi kabhi aisa roop leleta tha ki ladaiya kaafi aagey tak badh jaati thi, jinko sort karane mein Saloni kaafi frustrate hoti thi. Main samajhta tha ki ek toxic mahaul mein insaan bahut frustrate ho jata hai, aur woh jab bhi aisi kisi ladai se guzar kar mere paas aati thi toh humesha yahi kehti thi ki, le jao mujhe yahan se.

Ab le jana toh mumkin sirf shaadi kar ke hi hoga, toh maine unko filhaal sambhalne ke liye pyaar se chup karaya aur manaya, taaki unka mood achha ho jaye, aur woh us zone se bahar aa jayein. Jab thodi der mein woh theek hui, uske baad maine unhein bataya, 'Aapne email check kar li?'

'Nahin yaar, in sab ladaiyon mein mujhe time nahin mila. By the way, kaun si email?' unhone kaha.

'Main 12 April ko ja raha hoon. Visa aur tickets aa gaye,' maine bataya.

'Oh finally! Aa gayi aapke jaane ki date. Phir aap shopping karne kab aa rahe ho?' unhone baat ko shopping ki taraf mod diya.

'Banata hoon plan is week mein hi,' maine kaha.

'Theek hai, intezaar karoongi aapka aur suno, thoda samay lekar aana, aisa na ho ek-do din mein hi chale jao,' unhone ek aakhri request ki.

'Haan baba, main do-teen din ke liye aa jaunga, aap chinta mat kariye,' maine unhein tasalli di.

Us din ke baad agle paanch-chehh din maine apne maa baap ke saath waqt bitaya, unko mehsus karaya ki main unki wajah se ja pa raha hoon aur unka shukriya ada kiya. Tab unhone mujhe ek baat batayi jo mujhe nahin pata thi.

'Jab maine graduation kari thi tab mere paas ek offer aaya tha Kuwait se, haan shayad Kuwait hi thi country, toh wahan se offer aaya tha ek job ka jo us zamane mein ₹40,000 de rahi thi. Tab government job ki salary bhi ₹2,000 hoti thi. Par main ja nahin paya kyunki papa ke paas us waqt itne paise nahin the jo mujhe bhej sakte. Maine zid bhi nahin ki jaane ki kyunki main un par pressure nahin dalna chahta tha, aur aaj itne saal baad wahi opportunity tere paas aayi, toh maine thaan liya chahe jaise kar ke karoon par tujhe bhejunga zaroor.' Papa ne ye kissa bataya.

Woh baat sun kar main sochne laga ki yaar, humare parents humare liye kitne sacrifices karte hain, kitna kuch karte hain jo shayad unhein bhi unke bachpan mein nahin mila. Apna pet kaat ke bachhe paalte hain parents, taaki unko duniya ki saari cheezein de sakein. Khud bhale hi bhukhe rahein, par majaal hai jo unke bachhe bhukhe soyein ek raat bhi.

Phir bhi hum bachhe kitni baar sawaal uthate hain apne maa baap par ki unhone humare liye aakhir kiya hi kya hai. Dusron se compare karte hain ki us dost ke parents ne uske liye ye ye kiya, aapne nahin kiya. Hum ye nahin samajhte ki humare maa baap humare liye woh sab kuch karte hain jo woh kar sakte hain, aur kayi baar woh bhi jo woh kar nahin sakte par phir bhi humari khushiyon ke liye koi na koi arrangements kar ke unko poora karte hain.

Mujhe wahan bhejne ke liye bhi mere papa ne koi LIC ki policy surrender ki taaki ussey milne wale paison se woh mujhe Oman bhej sakein. Us waqt meri bhi majboori thi jo mujhe zaroorat ke waqt madad mangni padi apni family se verna graduation ke baad ek baar bhi ab tak maine paise nahin mange apne parents se. Aur ye paise bhi main lautaunga zaroor. Ye sab maine soch liya tha.

Aksar parents bachhon ke liye jo karte hain woh uske return mein ye expect nahin karte ki woh unko paise lautayein ya kuch bhi, woh bas ye expect karte hain ki is sab ke badle hum unki respect karein, unhein pyaar karein, aur unke budhape mein unhein kahin chhod ke na jayein. Main is sab ke liye poori tarah taiyyar tha, mere andar apne parents ke liye aur bhi respect badh chuki thi.

Us din baaton baaton mein maine papa se ye bhi share kiya ki mujhe kuch kapdon ki zaroorat rahegi aur kuch accessories jo mere kaam aayengi wahan office mein. Itna sunte hi papa ne mummy se kaha, 'Dekh lo isko jitne bhi paison ki zaroorat ho dedo isko, main tumhein baad mein de dunga.'

Mummy ne mujhe turant ₹10,000 rupees de diye aur haath mein rakhte hue poochha, 'Itne mein kaam ho jayega tera?'

'Arey bade araam se, bach gaye toh main de dunga wapas,' maine khushi se kaha.

'Bach gaye toh rakh liyo, tere kaam aayenge aagey,' mummy ne kaha.

Maine khushi khushi woh paise rakh liye aur agle din nikalne ki taiyyari karne laga. Yahan sab logon ki baat chal rahi thi ki kaun kitna prepare hai mere jaane ko lekar, par main khud kitna prepare tha is sab ke liye, na main ab tak kisi ko bata paya tha aur na khud jaan paya tha. Us din maine apne bistar par lete lete socha ki kya main wakayi mein taiyyar hoon iske liye? Mere mann se jawaab *Haan* aaya, main taiyyar tha apni family ki support karne ke liye, main taiyyar tha Saloni ke saath shaadi karne ke liye, aur is sab mein ye job meri bahut madad karegi.

Is ek job, is opportunity se maine aur mere se jude har ek shaqs ne itni ummeed laga li thi ki hum mein se kisi ne bhi ye nahin socha ki agar ye work out nahin kiya, fir kya hoga? Maine bhi nahin socha tha aur sach kahoon toh main ye sab negative cheezein nahin sochna chahta tha, main positive rehna chahta tha. Par insaan humesha yahi galti karta hai, 'Na' ke liye kabhi prepare hi nahin karta khud ko, humesha cheezein work out ho jayein aisa zaroori thodi hai. Kya hoga meri kismat mein ye toh waqt hi batayega.

Iske baad main Saloni ke paas kuch din bitane Delhi aa gaya tha aur Ritabh ke yahan ruka hua tha. Humne plan kiya tha ki shopping ko hum last day par chhod denge aur tab tak milenge, time spend karenge, ghumenge firenge. Is dauraan maine Ritabh aur Rajiv ke saath bhi share kiya ki main Oman ja raha hoon. Un dono ka reaction bhi lajawaab tha, dono shocked ho gaye aur pagalon jaisi harkatein karne lage, kabhi sawaal puchte, kabhi naachne lagte khushi se. Bahut hi iconic reaction tha unka aur mujhe ye dekh kar bahut hi zyada khushi hui.

Bahut kam dost hote hain jo aap ki kamyabi se khush hote hain, verna bahut se log toh bas jalte hi rehte hain. Mujhe bahut garv hai apne in dono doston par.

Saloni aur maine teen din bahut enjoy kiya, memories banayi, ghumte firte humne bahut waqt guzara ek dusre ke saath aur phir aakhri din aaya jo ki shopping ka tha. Mujhse zyada toh woh excited thi meri shopping ke liye, kyunki Saloni ko sach mein apni se zyada meri shopping karna pasand hai. Main seedhe unse mall ke bahar hi mila aur woh ek chhote bachhe ki tarah excited ho rahi thi, unki ye energy dekh kar main bahut khush hua aur humne andar jaa kar apni shopping start kardi.

Shopping ke dauraan mujhe realise hi nahin hua ki mere saare paise khatm ho gaye. Excitement mein maine ye socha hi nahin ki meri pocket kitna allow kar rahi hai. Mujhe jo samajh aaya maine le liya, mujhe thoda regret toh hua par maine ye emotion share nahin kiya Saloni ke saath, verna unhein aisa lagta ki unki wajah se main ye feel kar raha hoon.

Jab hum mall se bahar aane lage toh raaste mein ek showroom mein rakhe ek blazer par Saloni ki nazar padi, aur unhone chalte chalte mujhe showroom ki ore kheench liya.

'Iska L size available hai?' Saloni ne salesperson se poochha.

'Yes ma'am,' unhone jawaab diya.

Maine Saloni se halke se kaha, 'Baba, abhi mere paas aur paise nahin hai.'

'This one is on me, aap bas pehenna, mujhe bahut achha lagega.' Maine Saloni ko bahut rokne ki koshish kari par unhone mujhe yahi bola.

'Oman ja rahe ho, meri di hui cheez wahan jab pehnoge toh mujhe bahut achha lagega. You'll look professional in this blazer. Achhi achhi pics click karke bhejna mujhe.'

Itni der mein woh L size blazer lekar aaye aur Saloni ne mujhe try karne ko kaha. Jab maine woh blazer pehna toh wakayi mein achha lag raha tha. Mere munh se yahi nikla, 'Wow, this is nice.'

'Hai naa? I told you!' Saloni ne excitement mein kaha.

'Kamaal hai, tumne door se ek nazar mein ye pasand kar liya aur agar main hota toh poora mall ghum leta par kuch samajh nahin pata,' maine kaha.

'Yahi toh baat hai humari beteee! Kya hi hota tumhara mere bagair!' unhone khud ki tareef karte hue kaha.

'Haha, aisi baat bhi nahin hai, kuch toh ho hi jata.' Maine bhi unki taang kheenchi.

'Haan, dikhta hai mujhe. Shopping karni bhi nahin aati hai, aaye bade, zyada bano mat khud ko ab!'

Is tarah ek dusre ki taang kheenchna chalta rehta tha humara aur dono bahut enjoy karte the, bina offend hue. Fir finally humne woh blazer liya aur shopping par full stop lagaya. Woh din bhi bas khatm hone wala tha, din dhalne ko ho raha tha, hum dono parking mein panhuche. Mera dil kaafi zor zor se dhadak raha tha, kyunki, ye woh din tha jab main Saloni se jaane se pehle aakhri baar mil raha tha, iske baad main seedha flight wale din Delhi aata.

Lift ka gate khulte hi hum dono car parking ki ore badhne lage, apni car mein hum dono jaise hi baithe, Saloni achanak foot foot ke rone lagi. Maine unhein gale laga liya aur unhone mujhe ussey bhi zyada tight pakad liya.

'I can't hold it anymore!' Kaafi tez dhadkanon ke saath maine unse kaha.

Us shaam mujhse bhi ruka nahin gaya, main bhi hold karte karte pareshaan ho gaya tha, aur mera bhi rona nikal gaya. Us parking mein hum dono car mein baithe hue ek dusre ko seene se jakad ke ro rahe the, aur apne andar ke dabe emotions nikal rahe the. Bahut pretend kar liya ki strong hain, par kya hi strong banenge hum dono ek dusre ke liye, chhoti chhoti khushiyan gham share karne wale log kaise ek dusre se itna bada emotion chhupa sakenge. Mumkin hi nahin hai.

Us shaam humne roka nahin khud ko aur jee bhar ke roye, aansu poche ek dusre ke aur apne jazbaat bayaan karte karte fir roye. Aur ye silsila kareeb aadha ghanta chalta raha. Bahut mushkil hota hai apne insaan se door jana. Ek aisa insaan jiske aap sabse zyada kareeb rehna chahte hain, sabse zyada jude rehna chahte hain jisse, ussey juda hone ka gham bahut bada hota hai. Main un lamhon mein ye gham mehsus kar pa raha tha.

'Maine aapke liye kuch likha hai, padhogi?' maine Saloni ki ore dekhte hue kaha.

'Aap kuch kaho karne ke liye aur main na karoon, aisa mumkin hai bhala?' unhone haami bharte hue kaha.

Is baar maine apne phone mein nahin, ek paper pe apni feelings likhi thi, ye dekh kar Saloni aur bhi zyada happy ho gayi aur mere haath se paper le kar padhna shuru kiya.

Poojta hoon us din ko jis din tujhse meri pehli baar baat hui. Pata nahin tha, koi itna khaas hone wala hai, shayad sabse zyada khaas. Sochta hoon uper wale ko kahan itni fursat hai logon ke dukh dard sunne se, ki tujhe banaya mere liye or bhej diya mere paas.

Phir kya, waqt guzarta gaya, baatein badhti gayi, fir kuch alag ehsaas hua, haan humein bhi pyaar hua. Pata nahin vo kya hai, jo mujhe tujhse jode rakhta hai, par jo bhi hai, bahut khoobsoorat hai.

Jab jab tujhse naraaz hota hoon, tera intezaar karta hoon, jab jab baat nahin ho rahi hoti hai, main intezaar karta hoon ki tu aaye mujhse kuch kahe, mana le, sab kuch theek karde. Shayad ye choti choti baatey tu nazarandaaz kar deti hai, par rooth ke bhi dhyaan main sirf tujhi pe deta hoon.

Tujhse jude hain meri zindagi ke har sukh aur dukh. Kabhi bhul ho gayi ho ya anjaane me tumse kabhi badtameezi se kuch bol diya ho toh usey meri nadaani samjh ke maaf kar dena, par khud ko meri liye kabhi mat badalna.

Baat hoti thi ghanto or ehsaas bhi nahin hota tha ki kab samay beet gaya. Vo ehsaas kabhi apne zehen se utarna mat. Main jaanta hoon ki main hoon thoda emotional, lekin khush hoon, kyunki tumhare sath hoon. Bas tum saath mat chhodna, chahe maut aa jaye par ye haath mat chhodna.

Pata nahin waqt aaj kis mod pe le aaya hai.

Khushkismati kahoon ya badkismati, lekin na chah ke bhi door jana pad raha hai, kahin door des ek alag duniya mein, sab kuch hoga wahan bhi par phir bhi ek kami rahegi, tumhari, tumhari maujudgi ki, tumhare ek touch ki.

Achha nahin lag raha, lekin ye bhi sochta hoon ki agar gaya nahin toh tumhein apni biwi kaise banaunga? Main bas itna janta hoon ki ye kuch saalo ki judaai humesha ke liye ek dusre ka bana degi humein.

Tu intezaar me aansu bahana, main mehnat ka khoon paseena bahaunga. Ek ek boond tujhpe kurbaan kardunga. Bas, meri hoke rehna, main dawa karta hoon us behte hue har aansu ki kasam, papa se ek din hath maang ke le jaunga...

Tum chalogi na?'

Us din shabdon se nahin, aankhon se jawaab mila mujhe, un namm aankhon se.

34
Kaanto bhara safar

Saloni ko jaane se pehle final goodbye bol kar ghar laut aaya. Sirf do din baaki the, aur in do dino mein main apne har dost se mila jo Rampur mein hi rehte the, sabko bataya maine ki main ja raha hoon Muscat, Oman. Sab logon ka reaction bahut shocking tha. Kuch log surprise hue toh kuch chehron mein maine ek jealousy bhi dekhi, jo ki expected thi. Par maine zyada dhyaan nahin diya.

Ab in 2 dino mein maine jo bhi chhoti moti cheezein hoti hain jo hum end moment par bhul jaate hain, woh sab cheezon ki list banayi aur ikatthi karna shuru kardi. Bareilly se bhaiya bhi aa gaye the mujhe Delhi Airport pe drop karne ke liye. Mujhe ye dekh kar achha laga ki, meri poori family mere saath thi mere jaane se pehle.

Woh 12 April ki subah bhi aayi jab mere jaane ka din aa gaya. Us din subah ko uth kar jab main ready hua toh sabse pehle apne ghar ke mandir mein mathha teka, bhagwaan se aashirwaad liya aur dua maangi ki sab kuch theek rakhein woh. Sab log ek ek kar ke ready hue aur ghar se nikalne ke liye car mein baithne lage. Main gate ko lock kar raha tha aur karne ke baad jab peeche muda toh apne ghar aur aas paas ke log, aur poori colony par ek nazar feri, us waqt aisa mehsus ho raha tha ki kitna miss karne wala hoon main ye sab.

Aankhein namm ho rahi thi par behne nahin diye aansu, rok liya khud ko, aur bahut himmat juta kar car mein baitha. Sabse pehle aankhein band kari, aur haath jod kar bhagwaan ka naam liya, aur phir chal diya Delhi ke liye.

Chaar ghante ki drive ke baad hum airport panhuch gaye. Maine socha tha main 5 baje tak andar chala jaunga. Kyunki main kayi saalon baad airport par aaya tha, toh koi problem na ho isliye main kaafi time lekar chal raha tha. 4.30 tak hum panhuch gaye airport. Sab ke chehro par ek udaasi thi, aur ye khushi zaahir kar pana bhi sab ke liye mushkil ho raha tha ki main ek flight se Oman ja raha hoon apne career ki ek nayi shuruaat karne, asmaan mein ek nayi udaan bharne.

Main samajh sakta tha ki mujhse itna attach hone ki wajah se sab log is baat se zyada dukhi the ki main kaafi door ja raha tha sab se. Papa mummy ka first experience tha airport par. Unhone kabhi airplane mein safar nahin kiya, toh unke liye airport kaafi fascinating jagah thi. Airport ke nazaare dekhne mein, papa mummy ke kayi sawaalon ke jawaab dete dete samay guzarta chala gaya aur woh ghadi bhi aa gayi jab main andar jaane wala tha.

Mujhe sab chhodne aaye the, par main ek shaqs ko bahut miss kar raha tha, meri Saloni ko. Kaash woh bhi aa sakti toh kitna sukoon milta meri aankhon ko, par unki majbooriyon ki kadar kari maine, aur bagair kisi shikayat aur naraazgi dikhaye maine khud ko sambhala. Jab mehsus hua ki chalna chahiye ab, tab maine ek ek kar ke sabke pair chhuye, mummy papa, aur dono bhai, kyunki main sabse chhota tha aur mujhe sabhi ke aashirwaad ki bahut zaroorat thi is safar ko shuru karne ke liye.

Phir maine bags uthaye aur lag gaya gate number 3 ke queue mein. Baaki sab log queue se thoda door khade hue the. Maine sabko ishara kiya jaane ke liye, toh peeche mudne se pehle papa ne ek baat kahi, 'Beta, agar zara sa bhi lage ki kuch ho nahin pa raha hai ya mann na lage, ya kuch bhi samajh na aaye, toh 2 second mat lagana aane se pehle. Kuch na kuch kar lenge yahan par bhi, bahut kuch mil jayega.'

Papa ki ye baat mere dil ko chhu gayi. Unhone jo bharosa dilaya ki mere liye ghar ke darwaaze humesha khule hain, ye dekh kar mera dil bhar aaya. Kyunki kayi baar aap jab ummeedon ka bojh lekar jaate hain aur cheezein nahin work out karti toh aap bojh ke neeche dab jaate hain, aap ek guilt mein chale jaate hain ki kya munh lekar jaunga main wapas.

Phir bhi maine ye socha ki main poore dil-o-jaan se kaam karoonga, mehnat karoonga, aur khud ko prove karoonga. Main ye bilkul bhi nahin chahta ki koi disappoint ho meri haar se aur lautna meri haar se kam nahin hoga. Bas in ummeedon ke saath apne samaan liye airport ki saari formalities poori kari aur khamoshi se jaa kar baith gaya waiting area mein.

Saloni ko kaafi miss kar raha tha toh maine unhein video call kar li aur unse kuch der baat karne laga. Woh mujhe bahut sara luck wish kar rahi thi aur bahut sara pyaar bhej rahi thi. Saloni se baat karte waqt mujhe ehsaas hua ki mujhe unse baat kar ke bahut himmat milti hai. Saloni ki energy itni positive rehti hai ki woh mujhe poori tarah positive kar deti hain aur main full charge ho jata hoon aagey badhne ke liye full throttle ke saath.

Jab pyaar sahi insaan se hota hai tab aisa hi hota hai, zindagi mein rangon ki bauchhar is kadar hoti hai ki aap ye nahin samajh paate ki ye sach hai ya koi sapna. Meri zindagi ki 2 hi sabse haseen cheezein thi, ek mera khoobsoorat parivaar, aur dusra mera sabse sona pyaar aur main sau baar shukriya ada karta hoon bhagwaan ka in dono cheezo ke liye meri zindagi mein.

Saloni se kuch der baat ki aur kuch der ek badi si sheeshe ki deewar se door airplanes ki landing aur take off dekhta raha. Bachpan se hi mujhe bahut shauq tha airplane ka aur humesha se sapna tha mera ismein safar karne ka. Halaanki ek baar ye sapna poora ho chuka tha, par woh kayi saal pehle hua tha. Ye dusra mauka tha aur pehli international trip, aur ab main nervous se zyada excited tha is journey ke liye.

Kareeb 7.15 baje boarding shuru ho gayi, aur main plane mein baith gaya, baithne ke baad maine fir Saloni ko call kiya aur unse tab tak baat karta raha jab tak plane mein announcement nahin ho gaya phone switch off karne ka.

'Baby plane ke land hote hi mujhe ek message kar dena, aur apna dhyaan rakhna. Main wahan aapke saath nahin hoon, par yahan se main koi kami nahin chhodungi aapka dhyaan rakhne mein, aap chinta mat kariyega. Your Choi will always be there with you, toh love you and protect you from everything.'

'Main bhi is ek samandar paar se tumhein har pal pyaar karoonga, har pal yaad karoonga. Intezaar karna mera, main zaroor lautunga ek din.'

Hum dono ne ek dusre se namm aankhon ke saath vida li aur call rakhdi.

Sabko inform kar diya ki main nikal gaya hoon aur plane dheere dheere sarakta hua runway tak panhuch gaya. Take off shuru karne se kuch second pehle hi maine bhagwaan se khud ko protect karne ki dua maangi, taaki us anjaan desh mein main safe rahoon aur is dua ke khatm hote hi plane ne bhi tezi dikhayi raftaar mein aur take off kar liya.

Flight ke dauraan main apne earphones laga ke kabhi songs sunta toh kabhi phone mein offline games khelta. 3.5 hours ki flight thi toh time pass karne ke liye kuch na kuch kar raha tha. Window se bahar jhank kar kayi hazaaron feet upar se city lights dekh kar us city ka name guess karta. Khud ki company enjoy kar raha tha main itne anjaan logon ke beech. Phir ek samay aaya jab plane samandar ke upar se fly kar raha tha. Raat ke samay mein kuch dikhayi nahin de raha tha, toh apne phone mein hi dhyaan laga raha tha main.

Ab tak main kaafi normal tha, kyunki maine dusri country ki ek light tak nahin dekhi thi, par 3 ghante poore hone par announcement hua ki hum Oman ki territory mein aa gaye hain aur Muscat hum aadhe ghante mein land karenge. Us waqt mujhe aisa laga ki main kitna peeche chhod aaya India ko, kitna door aa gaya India se, woh moment tha jab mujhe thoda nervous feel ho raha tha.

Dheere dheere plane neeche aane laga aur mujhe street lights dikhayi dene lagi, door door tak yellow street lights dikh rahi thi, jaise jaise aur neeche aaya plane poora Muscat ka view dikhne laga. Mere munh se bas ek hi word nikla, 'Wow!' no doubt Muscat bahut sundar city hai, aur uski khubsoorti raat mein saaf jhalak rahi thi.

Flight ka samay poora hua aur main flight se bahar aa gaya. Itni safai thi wahan ke airport par, jiska koi jawaab nahin, sheeshe ki tarah tiles chamak rahi thi, usmein apni tasveer dikhayi de rahi thi. Mera first impression Muscat ko lekar kaafi achha tha, sheher achha tha, par logon ko test karna abhi bhi baaki tha.

Mujhe mere ek colleague ne poora samjha diya tha ki mujhe kahan se cab karni hai aur address kya hai humare ghar ka jahan main stay karne wala hoon. Maine uske according cab kari aur nikal pada apne naye thikaane ki ore. Left hand drive wali cars mein pehli baar baith kar bada ajeeb lag raha tha, par ye bhi aaj experience kar liya.

Ek nazar mein mujhe sheher bahut pasand aaya, yahan mujhe woh cars dikh rahi thi jinhein maine ab tak bas games mein chalaya hai ya YouTube par dekha hai, toh ye cheez mujhe bahut excite kar rahi thi. Ab tak sab kuch sahi chal raha tha, siwaye ek cheez ke. Maine ek ek kar ke sabko call kiya jo bhi mere colleagues hain, par wahan panhuchne ke baad se koi meri call pick nahin kar raha tha, jis wajah se main chinta karne laga.

Ye kaisa coincidence tha ki ek bhi banda meri call pick nahin kar raha, mujhe cab driver ne drop bhi kar diya par mujhe samajh hi nahin aa raha tha ki main wahan andar jaau kaise. Kareeb aadhe ghante main us sunsaan jagah par khada raha tab mere paas ek unknown number se call aaya.

'Hello Anubhav, kahan ho tum?'

'Kaun?'

'Main Atul, tumhara flatmate hoon, tum aa gaye Muscat?'

'Haan yaar, main location par aa gaya jo mujhe batayi thi, aur main bahut der se sabko call kar raha hoon koi pick nahin kar raha.'

'Arey yaar saare cricket khelne aaye hue hain ground mein, is wajah se koi pick nahin kar pa raha tha, maine abhi dekha phone, chalo 5 minutes ruko, main aa raha hoon wahan par.'

Us call ko rakhte hi maine raahat ki saans li. Anjaan desh mein, anjaan sheher mein agar koi aapka call na pick kare toh ghabrahat si hone lagti hai, ek betrayal wali feeling aati hai. Lekin ab achha lag raha tha.

Kareeb 5–10 minutes mein Atul aa gaya aur mujhe apne saath upar le gaya. Bahar se toh woh ghar theek lag raha tha, par jab maine andar jaa kar rooms ki condition dekhi toh main shocked ho gaya. Halki si ek mehek thi us room ki jo mujhe pasand nahin aa rahi thi. Line se gadde bichhe the, kisi pe chaadar thi toh kisi pe nahin, har bande ka samaan uske samne rakha hua tha aur ek mattress khali thi toh mujhe wahan settle hone ke liye kaha. Mujhe woh jagah bahut unhygienic lagi toh maine ussey poochha, 'Saurabh bhi yahin ruka hua hai?'

'Nahin, Saurabh ka dusra room hai, uske room mein kam log hain, tum chaho toh wahan bhi settle ho sakte ho. Uski key usi ke paas hai, woh jab aaye tab wahan chale jana, tab tak yahan rakh lo samaan.'

'Haan ye theek rahega. Thanks, buddy.'

'Aur kaisa chal raha hai yahan pe sab? Job wagairah kaisi hai?'

'Bhai, job ka scene toh aisa hai, agar kaam karoge toh sab badhiya hai, aur agar kaam nahin karoge toh salary tak rok lete hain yahan par.'

'Wtf? Salary nahin dete?'

'Haan bhai, sales ki job hai, paise tabhi denge jab inko sales milegi.'

Atul ne mujhe poora kaam samjhaya, kaise karte hain, kya karte hain. Ye sun kar toh mere aur bhi zyada hosh ud gaye. Maine kabhi life mein sales nahin ki aur na hi meri personality aisi hai ki main kisi ko kuch bech saku. Is situation mein mere dimaag mein woh thought aaya jismein kehte hain na ki door ke dhol suhaane. Wahan India mein baith kar toh bahut achha lag raha tha ki itni achhi salary hai, ye hai woh hai, abroad mein job hai, par yahan par toh log alag hi dukh lekar chal rahe hain.

Idhar Saloni bhi messages pe messages kar rahi thi janne ke liye ki sab theek hai ya nahin, toh apna luggage rakh kar main ghar ke bahar aaya road ki taraf aur wahan Saloni ko call kar ke ab tak ka experience batane laga. Maine Saloni ke saath share kiya ki yahan sales ka kaam hai, project bechne hain, logon ko invest karane ke liye convince karna hai.

'Arey sab ho jayega, aap chinta mat karo. Ek insaan se mil kar aap judge nahin kar sakte ki office ka mahaul kaisa hai. Ho sakta hai woh bahut poor performer ho is wajah se usko dikkat aa rahi hai, aap kar loge mujhe poora vishwaas hai.'

Saloni ki baat sun kar mujhe woh bhi theek lagi, par deep down main janta tha khud ko aur apni kabiliyat ko aur is baat ko ki ye mere liye bahut difficult hone wala hai. Jahan main ek anjaan insaan se Hello Hi nahin kar sakta, wahan main cold calling kar ke kaise kisi ko convince karoonga? It's going toh be a very difficult task for me.

Us raat main chain se so nahin paya, saari raat karwate badalta raha is bechaini mein ki kahin mera bura sapna sach na ho jaye. Woh bura sapna jahan main khud ko failure ke roop mein dekhta hoon. Sab log hasenge mujh par, loser samjhenge mujhe.

Office bhi 5 minutes ke walking distance par tha, subah hote hi main ready ho kar office panhucha aur sab se mila. Farhan sir se bhi mila jinhone interview liya tha mera, woh wahan manager the. Morning meeting mein unhone mujhe introduce karaya sab ke saath aur usi meeting mein sabki progress bhi discuss kar rahe the woh. Poor progress mein kayi log shaamil the, jinmein Atul bhi tha, uski itni buri tarah fatkaar lagayi bhari meeting mein, jisko dekh kar toh main sehem hi gaya ki kahin mujhe ye din na dekhna pad jaye.

Ab tak sabhi logon ka behaviour mujhe kaafi achha lag raha tha, sab hansi mazaak karne wale log the, aur apne kaam ko lekar bhi kaafi dedicated the. Kuch logon se baat karta toh woh mujhe dara dete the ki kaafi mushkil kaam hai, lekin kuch log mujhe kaafi motivate bhi karte the ki sab ho jayega tum chinta mat karo, hum mil kar sab sikha denge tumhein.

Asgar, Amir, Zeeshan, Atul, Saurabh, Anwar, Tapan, ye sab log bade jolly nature ke the, aur sab log India ke alag alag parts se the. Koi UP se tha, koi Kashmir se, koi Karnataka se toh koi Maharashtra se tha. Sab logon ke saath thodi thodi der baitha aur knowledge gain karne ki koshish kari sales se related, unke saath share bhi kiya ki meri ye first sales job hai, toh unhone bharosa dilaya ki woh log mil kar help karenge aagey badhane mein.

Mera visa 30 April ko expire ho raha tha, aur safe side ke liye meri return ki ticket bhi booked thi company ki taraf se. Agar company ko mera kaam pasand aata hai toh main continue karoonga verna mujhe ye log wapas bhej denge. Mere paas 18 din the khud ko prove karne ke liye. Mujhe ye saaf nazar aa raha tha ki mera safar kaanto bhara hai, bahut mushkilein aayengi, bahut takleefein aane wali hain mere raaste mein, par mujhe kisi bhi haal mein khud ko prove karna hai.

35
Hawaon ka rukh badalne laga

Muscat jitna khoobsoorat sheher tha, ussey jude experiences utne kharaab hote ja rahe the. Job profile ke hisaab se mujhe roz logon se calls pe baat karni padti thi, unhein convince karna padta tha meeting ke liye jo ki pahaad todne jaisa tha mere liye. Pachaas mein se do log ready hote the milne ke liye, aur jab woh ready hote the toh unse meeting karne jana padta tha. Aur uske baad kitni baar toh woh log milte nahin the proper tareeke se, ya ghumate rehte the. Ye sab physically aur mentally itni buri tarah thaka raha tha mujhe ki main samajh nahin pa raha tha ki main kya karoon.

Har subah ka routine tha mera, sabse pehle uthte hi Saloni ko ek wakeup picture click karke bhejna, fir uske baad mummy se baat karna call par, aur phir office mein punch-in kar ke wahi calls karna unknown Indians ko jo Muscat mein rehte hain. Main shuruaat mein kisi se share nahin kar pa raha tha, kyunki ye sab agar main kisi se share karta toh sab log yahi sochte ki shuruaat mein ye haal hai toh aagey kya hoga.

Main har din yahi sochta tha ki ye pressure meri jaan lelega, aise mein mujhe sabse zyada agar kisi se ummeed thi support ki, toh woh bas Saloni hi thi.

'All good, beta?'

'Kahan yaar! Ye aisa kaam hai jo na toh maine zindagi mein kabhi kiya hai, aur na mujhe samajh mein aa raha hai ki main kaise karoon aur kya karoon. Main logon ko calls karta hoon toh woh kitni baar toh gaali de kar phone rakh dete hain. Ek taraf maine itni izzat kamayi hai, ki log mujhse sir keh ke baat karte hain aur dusri taraf ye job jo mujhe respect ke badle disrespect de rahi hai, aap mujhe bataiye main kya karoon?' Us waqt mujhe jo bhi feel ho raha tha woh sab maine keh diya.

'Dekho, I know aap ye kaam pehli baar kar rahe ho, but aap ye socho na ki agar aapne ek baar isko achhe se seekh liya toh aap isse achha paisa kama sakte ho. Har investment par aapko mota incentive milega, aap stress le kar kaam mat karo, I know aapko kaisa lag raha hai, par seriously, main hoon aapko support karne ke liye.' Saloni ne money motivation ke through mujhe aagey badhne ki himmat di.

'Chalo theek hai dekhta hu.'

Maine bhi socha new environment mein dhalne mein time lagta hai, kam se kam hafta dus din de kar dekhta hu, shayad kuch improvement aaye mere andar.

Har din ka routine ban gaya tha, office jana, fir meetings ke liye nikal jana kisi na kisi ke saath aur sheher ghumna, logon se milna. Is sab se main at least ye toh seekh hi raha tha ki kaise mila jata hai, kaise call pe baat ki jaati hai. Thoda thoda confidence aana shuru ho gaya tha mere andar, magar abhi tak main sirf kisi na kisi support par chal raha tha, ab tak akele na main kahin gaya tha aur na hi meri himmat hoti thi.

Muscat mein ek beach bhi tha, jiska naam tha Qurum Beach, jisko dekhne ki mere andar humesha ek icchha rehti thi, kyunki maine life mein kabhi samandar aur beaches nahin dekhe the. Samandar toh mujhe apne office se bhi dikh jata tha, par beach wahan se thoda door tha jisko main ab tak dekh nahin paya tha. Halanki cruise aur bade bade ships bhi maine nahin dekhe the ab tak jo maine Muscat mein dekh liye the.

Toh zindagi mein aisi bahut si cheezein ho rahi thi mere saath jo ab tak kabhi hui nahin thi, par wahan reh kar mujhe woh sab dekhne ko mil jata tha, toh bahut achha lagta tha. Par ye sab kaafi nahin tha mujhe wahan rokne ke liye. Is tarah ki luxuries aur lifestyle ki ek cost thi, jo ki thi woh job, jo mere sar ke upar se ja rahi thi.

Jaise jaise din beet rahe the, mera stress level aur irritation level dono badhta ja raha tha, mujhe samajh mein nahin aa raha tha ki main kaise deal karoon is situation se. Sirf ek hi insaan tha jiske saath main saare emotions share kar pata tha, woh thi Saloni. Ab Saloni ke saath bhi ek situation thi, pehle hum kabhi bhi mil sakte the, woh sukh unka maine chheen liya jab main Rampur chala gaya 4 months ke liye, uske baad Oman aane ke baad na ab mil sakta aur baat bhi nahin ho pati thi har waqt.

Iski wajah se woh bhi meri raah takte hue kitni baar toh mujh par hi bhadak jaati thi. Humare jhagde is kadar badh gaye ki baatein kayi baar sambhal nahin paati thi aur mutthi si chhut jaati thi.

'Saloni, you don't understand what I'm going through!'

'I don't understand? Main pagalon ki tarah tumhara sara din intezaar karti hoon is ummeed mein ki ab aaogey, ab baat hogi, par phir bhi tum itni late aate ho. 1.5 ghante ke time difference ke chakkar mein mujhe har ek cheez uske according samajhni padti hai, tum raat ke 11, 12 baje tak ghar aate ho jab yahan pe 1-1:30 baj rahe hote hain. Mujhe bhi subah jana hota hai college, zara sa time milta hai baat karne ka usme bhi tum thake itne hote ho ki main mann bhar ke baat tak nahin kar paati tumse, aur is sab ke bawajud main tumse shikayat tak nahin karti aur uske baad bhi tumhein aisa lagta hai ki main tumhein nahin samajhti?' Saloni ne apne mann ki saari bhadaas mujh par nikaal di.

'Bhai toh main bhi yahan pagal hi ho raha hoon, Saloni. Mujhse kaam ho nahin raha hai, din ke 100 calls ke target poore karne hain woh alag, aur koi time nahin hai ghar jaane ka, jab tak raat mein sab log office laut nahin jaate aur team meeting ho nahin jaati tab tak woh ghar nahin jaane dete. Yahan mere haath mein kuch nahin hai yaar, hota toh main kabhi tumhare saath aisa treatment karta?'

Saloni aur meri expectations kaafi clash ho rahi thi, woh apni jagah par galat nahin thi, bas unke liye bhi ye sab kaafi naya tha toh adjust karne mein kaafi dikkat ho rahi thi unhein. Lekin ye dikkat kam ho jaye toh zyada achha hai, main nahin chahta tha ki unki ye dikkat kaise bhi karke badhe. Mujhe aaye hue saat din ho gaye the jismein se pichli 4 raatein lagatar hum dono ki ladaiyan hui thi.

Main wahan door baitha hua bas yahi sochta tha ki main jiske liye ye sab kar raha hoon, agar wahi mujhe nahin samjhega toh aakhir kaun samjhega? Mujhe sabse zyada zarurat thi Saloni ke support ki par jab zindagi ke sabse mushkil exams aaye toh unka support dagmaga sa raha tha. Mujhe lag raha tha ki dheere dheere shayad woh is cheez ko samajh lengi aur wapas strongly mujhe support karne aayengi.

Humein relationship mein aaye hue kareeb 7 months hone ja rahe the aur in 7 months mein ek baar bhi aisa nahin hua ki humari ladayi hui ho raat mein aur hum bina usey solve kiye soye ho, magar woh pehli raat thi jab Saloni ne gusse mein phone rakha aur mud kar phone tak nahin kiya. Maine phir bhi dimaag thanda hone par call kiya par shayad woh so chuki hongi, unhone call pick nahin kiya.

Jis insaan ne aaj tak aisa nahin kiya ho, woh agar badal raha hai, toh sawaal toh khade honge hi na. Mere mann mein ek bahut bada sawaal khada ho raha tha ki aakhir aisa kaise hua, par afsos jawaab dene ke liye woh thi nahin. Maine phir agle din baat kari unse kaam se waqt milne par.

'Mujhe pata nahin chala, main so gayi thi.'

Har din humari ladai ho rahi thi, aur har din hum dono bagair ladaiyon ko suljhaye so rahe the, jo relationship ki shuruaat se ab tak nahin hua tha. Jis cheez ko lekar hum dono bahut proud rehte the, aaj woh sab bikharta nazar aa raha tha. Maine aksar logon se kahaniyan suni thi ki long distance relationship work out kabhi nahin karta, par ab mujhe darr lagne laga tha ki kahin dusron ki kahaniyon mein jo hota hai, woh mere saath na ho jaye.

Ek taraf kaam ki tension, dusri taraf relationship ki bhi tension, samajh mein nahin aa raha tha ki kaun sahi hai aur kaun nahin. Kabhi main theek karne jata tha toh Saloni ready nahin hoti thi cheezein theek karne ke liye, aur jab woh aati thi toh mera mann itna kharaab hota tha ki cheezein theek hone ki bajaye aur bhi zyada kharaab ho gayi thi.

Maine socha main Saloni ki close friends ke through apni problems ko fix karne ki koshish karta hoon, toh maine Vanshu ko text kiya, 'Sun yaar, teri ek help chahiye.'

Maine Vanshika ke reply ka kareeb do din tak wait kiya, usne dekh toh liya par reply nahin kiya. Mujhe bahut hi betrayed feel ho raha tha, aisa lag raha tha jaise woh mujhe dhokha de rahi hain, ek bahut hi toxic feeling aa rahi thi mujhe.

Main sara din office mein baitha hua bas ye sochta raha ki aakhir kya hua hai meri Saloni ko. Main aisi jagah tha jahan mera koi apna nahin tha, jahan main roun bhi toh koi sunne wala nahin tha, chup karane wala nahin tha, aise mein agar main apne pyaar se ummeed karta tha ki woh kam se kam mere rone ki aawaz hi sun le. Achhe se console karke thodi jaan daal de shareer mein, aur woh bhi na ho, toh aisa lagta hai jaise is duniya mein koi apna nahin hai mera. Aas paas kayi chehre dikhte the par us bheed mein bhi ab akela mehsus karne laga tha main.

25 April aa chuki thi, aur wapas aane mein ab bas paanch hi din baaki the. Kaam ki agar baat karein toh kaam mujhe nahin samajh aa raha tha, aur main kaam ki taraf se poori tarah hopeless ho gaya tha. Mujhe 1 per cent bhi ab ummeed nahin thi ki mera yahan kuch ho sakta hai, aur isi ke saath saath mujhe bahut depressed feel ho raha tha. Poore time overthinking kar raha tha main.

Ek toh job ka itna stress chal raha tha, main agar office mein rehte hue zyada der phone pe personal calls aur texts karoon toh koi na koi mujhe tok deta tha jiski wajah se main apni bigdi hui cheez ko sahi tak nahin kar pa raha tha.

'Anubhav, tumhare paas time hai baat karne ka ya nahin hai?'

Saloni ke itne aggressive texts dekh kar mujhe mann hi nahin karta tha reply karne ka. Aisa lagta tha har baat pe taane maar rahi hain, aur taane ek aisi cheez hain jo teer ki tarah chubhte hain mujhe, jiske baad mujhe bahut irritation hoti hai, aur usi ki wajah se mere aur Saloni ke beech mein bahut zyada communication gap aa gaya.

Aisa lag raha tha jaise history repeat ho rahi hai. Zoya ke case mein long distance hone ke baad communication gap aa gaya tha aur mere saath dhokha ho gaya tha. Yahan is case mein bhi kuch aisa ho raha tha aur mere darr ka level high hota ja raha tha. Ab aisa lag raha tha ki koi buri khabar dastak dene wali hai.

36
Sab kuch khatm?

Struggle karte karte chaar din aur beet gaye aur aa gayi woh tareekh jiska mujhe intezaar tha. Aaj 30 April thi, ye din shayad meri Oman ki journey ka aakhri din hone wala tha, aur iski shuruaat ek bahut kharaab note par hui. Maine ummeed bhi nahin ki thi utni kharaab hui. Meri performance pathetic hoti ja rahi thi, aur uske consequences mujhe ek na ek din face karne hi the. Maine socha nahin tha ki aisa din bhi mujhe dekhna padega, par sach toh yahi hai ki zindagi har din dikhati hai, khoobsoorat se khoobsoorat aur badsoorat se badsoorat.

Us din ek bahut hi bura sapna dekh kar meri waqt se kaafi pehle aankh khul gayi. Jab maine phone mein dekha toh abhi sirf 7 baj rahe the, aur mera uthne ka samay 8 baje ka rehta hai. Ghabraya hua, gehri saansein leta main utha toh dekha buri tarah paseene aa rahe the. Sapne ko yaad karne ki koshish kari toh yaad aaya ki main paani mein doob raha tha. Mujhe haqeeqat mein tairna bhi nahin aata, toh soch kar hi mere paseene chhut gaye the.

Maine dobara sone ki kaafi koshish kari par so nahin paya. toh maine socha ab uth hi jata hoon, aaraam se ready ho kar office jaunga. 9 baje ke kareeb jab main office panhucha toh mujhe mere manager ne apne cabin mein bulaya aur bula kar mujhe sunana shuru kiya.

'Anubhav, tumhein pichle paanch din se dekh raha hoon, na koi meeting hai aur na koi conversion? Ye kya tamasha laga ke rakha hai tumne? Yahan free ki roti todne aaye ho tum? Agar tumse nahin ho raha hai toh saaf mana kar do, bekaar mein hum tumhari wajah se ek deserving employee ki jagah nahin le sakte yaar.'

Kuch der daantne ke baad unhone mujhe ultimatum diya ki agar maine din khatm hone se pehle 5 meetings close kar li toh hi main kaam kar sakta hoon aagey verna nahin. Main wahan toh unhein bol diya ki main koshish karoonga, par mujhe pata tha, jo main 17 din mein nahin kar saka woh main ek din mein kaise karta.

Is sab ki wajah se mera mood bahut zyada kharaab ho gaya. Cabin se bahar aane par mujhe Asgar bhai apne saath bahar le gaye aur unhone mujhse poochha ki andar kya baat hui. Jab maine unhein saari baat batayi toh uske baad unhone mujhse ek hi baat kahi, 'Main tumhari help karoonga 5 meetings close karne mein, koi bahut badi baat nahin hai. Humne ek din mein 7-8 meetings tak close kari hain, nahin bhi hui toh main apni meetings tumhare naam par register kara dunga, par tum zyada stress mat lena.'

Ye sun kar mujhe aisa laga jaise ek bada bhai ek chhote bhai ki help kar raha hai. Mujhe bahut achha laga, aur maine unhein gale laga kar kaha, 'Thank you Asgar bhai, aapne yahan paraye desh mein bada hi apnapan mehsus kara diya.'

Unhone mere hausle ko bahut badhaya, par kahin na kahin main ye baat janta tha ki main aaj inka sahara lekar aagey badh jaunga par ye kab tak chalega? Mujhe independent banna padega, aur woh mujhe is job mein impossible nazar aa raha tha.

Phir bhi ek chhoti si ummeed lekar nikal gaya office se meetings ki talaash mein. Office mein kaam karne ke do tareeke the, ya toh aap meetings pehle se final karo calls par, ya aap random logon se milo bahar market mein jo Indians hain aur Muscat mein reh rahe hain.

Subah se shaam ho gayi, main itni bereham dhoop mein bhatakta raha darbadar aur mujhse ek bhi meeting close nahin hui. Maine socha ki main Mutrah Souq jata hoon, wahan sabse zyada Indians ki shops aur showrooms hain. Wahan bhi maine bahut try kiya par mera luck nahin chala. Woh din itna manhoos tha ki main bata nahin sakta. Issey pehle main jitni baar bhi Mutrah Souq aaya tha, mujhe koi na koi mil jata tha aur main meetings successfully kar leta tha, par na jaane main kaun si manhoos ghadi mein gaya wahan, us din ek bhi Indian nahin dikha, aur lagbhag sabhi Indians ne apni shop badha di thi, aur jo thode bahut dikh bhi rahe the woh baat karne mein interested nahin the.

Kitne logon ne toh mujhe aise dutkara jaise main koi bhikhari hoon. Main itna toot gaya tha ye sab jhel kar ki ab mujh mein taakat bhi baaki nahin thi is sab ko face karne ki. Bahut bure bure khayaal aa rahe the mujhe. Kabhi aisa lag raha tha jaise khud ko kuch kar lu, par phir apno ke chehre yaad aa jaate the, aur rok leta tha khud ko. Par us din jaise saari hadein paar ho gayi, beizzati ki, khud ko failure mehsus karne ki, khud ko loser manne ki, aur khud ko nakaabil samajhne ki.

Soch soch ke sar fata ja raha tha toh socha subah se ab tak Saloni se baat nahin hui hai, ek baar unse baat kar leta hoon, maybe thoda behtar mehsus karoon. Maine samandar kinaare ek public bench par baith kar side maine apna blazer nikal ke rakha aur Saloni ko call lagayi. Ek call kari, do kari, phir teesri baar bhi kari, lekin Saloni call pick hi nahin kar rahi thi.

Mujhe tension hone lagi ki wahan sab theek toh hoga na. Mera mann nahin maan raha tha toh maine Vanshu ko call kiya, aur usne ek baar mein hi pick kar li call. Maine ussey poochha, 'Vanshu! Saloni call pick nahin kar rahi hain? Woh kahan hain?'

'Woh yahin hain, main deti hoon phone.'

Vanshu ne Saloni ko aawaz laga kar kaha Anubhav ka phone hai. Unhone Vanshu ke haath se phone liya aur kaha, 'Haan ji bolo?' Saloni ka woh hello bahut behka behka sa lag raha tha, jaise unhone drink ki hui thi.

'Kab se try kar raha hoon aapka phone, aap kyun nahin pick kar rahi thi meri calls?' maine ruansi aawaz mein bola.

Mujhe ummeed thi ki shayad meri ye aawaz sun kar Saloni concern show karengi par afsos main galat sabit hua. Unhone sirf jawaab diya aur kuch nahin.

'Maine dekha nahin, mera phone silent par reh gaya hoga. Aaj college mein cultural fest hai so main yahin hoon.'

'Main aapko bahut...' Issey pehle ki main poori baat keh pata, Saloni ki taraf se kaafi shor aane laga, shayad unki dost keh rahi thi unhein phone rakhne ke liye aur unke saath chalne ke liye. Unhone poori baat sune bagair phone rakh diya ye kehte hue, 'Achha, main baad mein baat karti hoon free ho ke.'

Us lamhein mein mujhe bas aisa mehsus hua ki meri Saloni itni insensitive kab ho gayi? Usey zara bhi fikar nahin hai meri? Zara bhi parwah nahin hai meri? Meri yahan marne jaisi haalat ho gayi hai par woh hai ki samajh hi nahin rahi hai mujhe!

Main itna burden le kar chal raha tha apne sar pe, par wahan sambhalne wala toh door koi sunne wala tak nahin tha. Main sabse ummeed nahin karta ki koi mujhe sune, mujhe samjhe, bas ek hi insaan se karta hoon, aur woh insaan bhi jab apni duniya mein busy rehta hai toh aisa lagta hai kiske liye kar raha hoon yaar main ye sab? Jo insaan mere aansu nikalne se pehle rok leta tha woh aaj mere aansu nahin pehchaan pa raha hai.

Mere Oman aane ke baad meri relationship bhi ulat palat ho gayi aur iske saath saath meri zindagi bhi. Saare sapne toot gaye the, aur rishta bhi is kadar dagmaga raha tha ki zara si hawa chalti mushkilon ki or woh poori tarah bikhar jayega.

Main call ke baad in khayalon mein hi dooba hua tha, tabhi mere phone par ek notification aayi, jo ki snapchat ki thi. Jab maine phone unlock kiya toh dekha Vanshika ne ek story post ki hai, jiski streak mere paas bhi aayi hai. Maine jab open kiya toh woh ek video thi, jismein Saloni dance kar rahi thi, kaafi masti mein jhoomti nazar aa rahi thi woh.

Ye video dekh kar mera dimaag pehle se kayi guna zyada kharaab ho gaya. Idhar main, jismein jeene ki tamanna bhi ab baaki nahin thi, aur udhar woh jo masti mein jhoom rahi thi. Kya ye dekh kar mera khoon jalna banta nahin hai? Kya ye mera khoon khaulane ki liye kaafi nahin hai? Ye thi Saloni ki care mere liye? Ye hai unka so called pyaar? Mere munh pe mera phone rakh kar tum masti mein jhoom rahe ho yaar, aur kya dekhna baaki reh gaya tha ab?

Saloni ke is behaviour ne mujhe poori tarah tod ke rakh diya. Ek toh sar par failure ka tag mujhe pareshaan kar raha tha, dusri taraf meri relationship poori tarah bikhar gayi thi. Is job ka safar bhi ab khatm hone ko aa gaya, ab agar main wapas chala bhi jaun toh aakhir kya kar paunga apni zindagi mein? Meri degree kisi kaam nahin aane wali, wapas unhi BPO jaisi jobs mein gaya toh Saloni se shaadi karna toh impossible ho jayega. Unke papa mummy kabhi mere haath mein unka haath nahin rakhna chahenge.

Ab tak maine apni zindagi mein bahut logon ko positive kiya tha unhein advice de kar aur samjha kar, par aaj main khud fail ho gaya tha positive feel karne mein. Mere andar koi tamanna baaki nahin thi aur jeene ki. Mujhe keval suicidal feel ho raha tha. Paas se guzarti gaadiyan aur raah par chalte log mujhe aise dikhayi dene lage the jaise woh sab meri jaan lene ke liye meri taraf tezi se daude chale aa rahe hain.

Jitni door tak nazar ja rahi thi, har shaqs mujhe dekh raha tha aur *'Failure'* keh ke chidha raha tha, hans rahe the log mere upar, mujhe aawazein sunayi de rahi thi logon ke hansne ki, aur mere kareeb aa rahe the ye cheekhte chillate hue, ye sab mere dimaag par bahut zyada haavi hota ja raha tha.

Is duniya se aati hui itni negative energy ne mujhe meri aankhein band karne par majboor kar diya aur aankhein band karte hi mujhe tarah tarah ke flashes dikhayi dene lage. Pehle apne parents ka chehra, phir Saloni ka chehra, phir ek ek kar ke apne sabhi family members ka chehra. Har guzarte second mein hazaaron tasveerein chamak maar rahi thi mere dimaag mein. Itni zyada processing mera mind ab kar nahin pa raha tha.

Gir gaya mera hausla, toot gayi sab ummeedein, mujhe khud ko khatm kar lena hi ek sahi faisla laga, issey zyada na main kuch soch pa raha tha aur na sochna chahta tha. Shayad yahi ek sahi raasta tha jo mujhe humesha ke liye mukt kar dega is duniya ki sabhi problems se, sabhi failure aur loser wale tags se.

Main apni bench se utha, aur mud kar dekha toh poora samandar tha jo shor kar raha tha kinaare se takrate hue, aisa lag raha tha ki pukaar raha hai mujhe khud mein samet lene ke liye. Main apne kadam aagey badhane laga. Har kadam jo main rakh raha tha, woh mujhe keh raha tha ki main failure hoon, loser hoon, aur ye baatein mujhe aagey badhne ke liye majboor kar rahi thi.

Mera aakhri kadam samandar ke paani ki ore badh raha tha tabhi peeche se ek aawaz aayi.

'Aisa mat karna ...'

To be continued!

Jab lage ki ab zindagi ki kitaab khatm hone wali hai,
Yakeen manna, sirf ek adhyaay khatm hua hai,
Ek nayi shuruaat honi baaki hai mere dost!

Acknowledgements

While completing this book, I was reminded of the incredible support system that surrounded me throughout this journey. I am deeply grateful to everyone who contributed to its creation.

First and foremost, I would like to express my deepest gratitude to the divine light and my beloved Guruji, for showering his unwavering love and blessings upon me. Guruji, you gave me strength to write and complete this book. Jai Guruji.

I would like to extend a special thanks to my beloved wife, Saloni. I'm loving this transition from just 'Saloni' to 'my beloved wife, Saloni.' Your unconditional love, patience and understanding have been my rock throughout this process. Thank you for believing in me, for the countless late nights you spent encouraging me, and for your endless support. This book would not have been possible without you.

To my family, your love and support have been the bedrock upon which I've built my dreams. Thank you for always standing by my side, for your constant encouragement and for inspiring me to reach for the stars.

To my publisher, HarperCollins Publishers India, for believing in my vision and giving me the platform to share my story with the world. Your support has been crucial to my success.

I am profoundly grateful to all my readers. The overwhelming success of my first book, *Why Not Me?: A Feeling of Millions*, was beyond anything I could have ever imagined. Your enthusiasm and support have been the driving force behind this endeavour. Your messages, reviews and kind words have meant the world to me. Thank you for embracing my work and for your continued encouragement.

This book, this community and I, wouldn't have been possible without you all.

About the Author

Author, life coach, healer and emotional wellness expert, **Anubhav Agrawal** is the founder of Iwritewhatyoufeel®, an online poetry community which has over 5 million followers on social media. His earlier books, *Why Not Me?: A Feeling of Millions* (Hinglish and English editions), *Mindf**ked: When It's 4 a.m. and You Can't Stop Overthinking* (Hinglish and English editions) and *Hands Down: The Simplest Ways To Move On* (Hinglish), are bestselling titles.

He earned a Master of Business Administration degree before embarking on his journey as a writer. He is a certified life coach and has been helping people heal through his wellness programmes, meditation and advice.

You can follow him:
Website: anubhavagrawal.com
Instagram: @iwritewhatyoufeel
Facebook: iwritewhatyoufeel
YouTube: anubhavagrawal

HarperCollins *Publishers* India

At HarperCollins India, we believe in telling the best stories and finding the widest readership for our books in every format possible. We started publishing in 1992; a great deal has changed since then, but what has remained constant is the passion with which our authors write their books, the love with which readers receive them, and the sheer joy and excitement that we as publishers feel in being a part of the publishing process.

Over the years, we've had the pleasure of publishing some of the finest writing from the subcontinent and around the world, including several award-winning titles and some of the biggest bestsellers in India's publishing history. But nothing has meant more to us than the fact that millions of people have read the books we published, and that somewhere, a book of ours might have made a difference.

As we look to the future, we go back to that one word— a word which has been a driving force for us all these years.

Read.